本书为湖南省哲学社会科学基金一般项目“学前数学学习困难儿童的执行功能干预研究”(15YBA266)的研究成果
获湖南师范大学教育学“双一流”学科建设项目资助

5—6 岁数学学习困难儿童教育干预研究

湘潭大学出版社

前　言

在强调培养“完整儿童”，去“小学化”的学前教育改革背景下，儿童的各方面发展和教育受到了教育者的重视。尤其是学前儿童的数学教育，这是因为数学教育对儿童的现在及未来的发展都极其重要，但是又是学前教育中教师心中的难点和家长心中的焦虑点。于是，有的地方出现各种培训班乱象，诸如“加法口诀班”“幼升小数学衔接班”；或者对学前儿童进行各种题海战术和机械加减法训练来达到数学教育的目的。这些教育怪相在一定程度上缓解了家长的焦虑，却可能对儿童数学学习的兴趣和数学能力的发展带来负面的影响。而且，教师和家长面对“屡教不会”的儿童或者数学学习困难的时候，要么一筹莫展，要么选择放弃。如何对学前儿童进行“去小学化”的数学教育和如何帮助数学学习有困难的幼儿似乎是个难题。

首先，我们要从根源去思考数学教育的问题。数学的本质到底是什么？幼儿学习数学的根本目的是什么？通常，我们都认为数学是世界上最精确、简洁的语言，它可以从数与形的角度丰富我们对生活世界的阐释和理解；借助于数学游戏，儿童可以打开通向数学世界的大门，向外可以建构更广阔的天地，向内可以建构更丰富更自由的精神世界。其次，我们要意识到学前阶段儿童的发展特点决定了他们是从生活中、游戏中汲取数学的养分，自主地建构其数学能力，感受和体验数学的美好，发展其数学学习兴趣和数学思维。推动儿童数学认知能力发展的真正动力是意义逻辑，而不是数理逻辑。因此，如果成人坚持以最高效的方式一股脑地将数学知识灌输给他们，让他们在反复练习和机械的训练中学习数学，儿童就会把数学当成禁锢其自由和游戏的枷锁。最后，我们都知道有效的教育或者干预是建立在儿童现有的水平上，帮助他们基于已有的经验来建构新知。因此，理解数学学习困难儿童的数学学习路径或者发展轨迹尤其重要。只有这样，教育者才能理解儿童数学思维与数学学习的方式，以及如何帮助数学学习困难儿童更好地学习数学。

已有的研究为我们提供了一些参考，由于数学学习困难儿童的个体差异较大，每个儿童面临的学习困难可能都不一样，这就需要我们教育者有足够的耐心去观察、识别儿童的学习过程，并且给予适宜的支持。

2015年12月，周欣教授引领下的我们课题组出版了《儿童早期数学学习困难成因与干预》一书后，我们陆续收到了来自研究学者、幼儿园教师以及家长的来信，对如何针对不同类型早期潜在的数学学习困难的儿童进行数学学习的干预提出了各种问题。几年前，本想出版本书来回答这些问题，念及还想进一步追踪儿童发展，希望静待花开。后来追踪的样本大量流失，但是能够回来报告的少量样本已经能够在一定程度上证明我们的教育干预的持续有效性。至此，我们已经倍感欣慰。可以肯定的是，我们的研究最大的价值和贡献在于再一次提示了广大教育者和家长，关注在数学学习方面存在困难的儿童（尽管这个比例较小），尽早干预，可以重构学前儿童数学学习的信心和能力，并且可能避免儿童未来持续性数学学习困难。但是，需要指出的是，我们并没有探究出一种保证立竿见影、百试百灵并放之四海而皆准的教育方案，能够在短时间内帮助数学学习困难儿童摆脱困境。我们尽可能详细地描述干预方案和过程，并且总结出能够供大家参考的框架和经验。但是，实际干预过程中，还是需要教育者能够根据儿童的实际状况和即时表现灵活调整的。

值得再次申明的是，我们沿用了“数学学习困难儿童”一词，是指的潜在数学学习困难儿童，并不是给幼儿贴上数学学习困难的标签，而是提示我们在早期就出现了可能未来成为真正的数学学习困难儿童。最后，感谢我的导师周欣教授对本书的精心付出，与我共同完成此生最重要的一部著作！感谢参与研究的幼儿园教师和孩子们！感谢我的家人们！

康丹

2021年10月27日

目 录

第一章 绪 论

第一节 研究背景

儿童早期非正式的数概念知识和语言对于儿童在小学阶段学习复杂的知识和技能起着非常关键的作用（Lewis & Fisher，2016）。早期儿童的数学能力是儿童进入小学后的正式数学知识的基础（Jordan，Kaplan，Locuniak，& Ramineni，2007）；儿童在学校的数学知识是将来学业成就的重要预测因子（Duncan，Dowsett，Claessens，Magnuson，Huston，Klebanov，& Japel，2007）。数学能力的发展表现出一定的稳定性，学前阶段的数感能预测小学一年级、三年级、五年级、八年级甚至高中的数学成绩（Duncan，Dowsett，Claessens，Magnuson，Huston，Klebanov，& Japel，2007；Jordan，Kaplan，Ramineni，& Locuniak，2009）。在控制了智力、年龄、母亲的教育水平后，早期数学知识和技能仍能预测从学前班到小学六年级的数学技能（McClelland，Acock，& Morriso，2006）。可见，学前阶段是儿童数学能力发展的关键阶段，掌握基本的数概念是儿童进一步理解更加复杂的数学问题和获得灵活的问题解决技能的基础（Baroody，2003）。重视学前儿童数学能力的发展对儿童个体未来数学能力的发展非常重要。对儿童数学教育活动的观察和评估，了解儿童数学能力发展的总体水平，也能在很大程度上反映幼教机构的教育质量，并为教育质量改善提供有用的信息。①

早期数学能力的重要性已经引起了各研究领域的关注。近年来，越来越多的心理学和教育学的研究已经关注到早期数学学习和数学学习困难。国外的研究发现，中小学儿童数学学习困难的检出率为3%—14%（Barbaresi，Katusic，Colligan，Weaver，& Jacobsen，2005；Shalev，2007）。我国中学生数学学习困难检出率

① 周欣．对学前儿童数学学习与发展监测评估价值取向的思考［J］．学前教育研究，2017（05）：3－9.

为6%—7%（陈康，2014）。目前，国外对于学前儿童数学学习困难的研究已有不少，但对数学学习困难儿童的检出率尚没有定论。儿童数学能力的发展是一个累积的过程（Entwisle，Alexander，& Olson，2005），"随着年龄的增长，数学学习困难儿童在数概念、数数、运算等方面表现出持续的学习困难"①。如果不尽早对数学学习困难儿童进行关注和干预，他们在数学学习方面将会越来越差。

数学学习困难可以追溯到儿童在早期的数学能力方面的缺陷，例如在理解数字、数量关系和简单运算方面的困难（Gersten，2005）。从学前阶段和小学一年级数学学习就开始落后于同伴的儿童，这种差距并不会随着年级的增长而消失，而是会持续下去（Bodovski & Farkas，2007），甚至差距会越来越大（Morgan，Farkas，& Wu，2011）。因此，越早对数学学习困难儿童进行干预，效果越好（Morgan，Farkas，&Wu，2009）。尽管儿童的学业成绩在童年期具有一定的稳定性，但是儿童的数学成长轨迹显示了暂时性的波动和根本性的转变两种情况并存的现象（Kowaleski，Jones，& Duncan，1998）。因此，诊断出存在数学学习困难倾向的儿童，并且考察儿童的数学能力缺陷，对早期表现出数学学习困难的儿童尽早进行关注和鉴别非常的重要，因为数学表现中可靠的预测指标可以帮助教育者们确定那些目前或以后很可能在数学学习上有困难的儿童，这就迫切需要一个良好的工具进行鉴别和诊断。② 此外，高质量的学前教育干预项目对于数学学习困难儿童的认知和学业技能的发展有显著的积极影响（Karoly，Kilburn，& Cannon，2005）。通过适宜的教育干预可以提高数学学习困难儿童的数学能力。早期的预防与干预对儿童的数学学习发展起着非常重要的作用，通过干预提高儿童早期的数学能力可以预防将来的数学学习失败。

目前，国内对中小学学生数学学习困难的研究已经做了不少，但是对于学前期儿童数学学习困难的关注较少，相关的研究很少。从理论界到实践领域，对于学前阶段的数学学习困难的认识甚少。如何鉴别学前阶段的数学学习困难儿童？学前阶段数学学习困难儿童存在哪些数学能力缺陷和认知缺陷？学前阶段数学学习困难儿童的行为表现有哪些？如何对这些数学学习困难儿童进行干预？这些都是有待深入探究的问题。解决这些问题不但可以在理论上丰富对早期儿童数学学习和发展的认识，还能为早期数学学习困难儿童设计个性化的干预方案提供理论基础。同时，也可以为广大幼儿教师提供实践的指南，帮助那些在幼儿园阶段就

① Badian，N. A.（1983）. Dyscalculia and nonverbal disorders of learning. *Progress in learning disabilities*，5，235－264.

② 申芸芝．数学学习困难儿童的早期鉴别与干预［J］．现代特殊教育，2017（01）：53－56.

表现出数学学习困难的儿童提高数学学习能力。

第二节 研究意义

教育干预对儿童数学能力的提升和改善具有重要的理论价值和实践意义。“对不同年龄阶段学习困难者的教育干预研究，不但造福学习困难者本人，丰富和发展学校心理学、教育心理学的理论和知识，更能促进儿童青少年的全面发展，提高人口素质，进而推动和谐社会和教育公平的实现。”① 可见，对早期数学学习困难儿童进行干预，不仅可以丰富理论知识，还是推动社会和谐和教育公平的重要举措。

1 理论意义

首先，为预防和干预儿童早期的数学学习困难提供理论依据。早期数学学习困难儿童的教育干预可以预防儿童进入小学以后的正式数学学习的困难。有效的预防和干预，需要具备两个前提和基础：第一是对早期数学学习困难进行明确的诊断；第二是要借鉴已有的研究和实践进行干预设计。鉴别数学学习困难儿童基本的数学能力缺陷和研究支持这些数学能力发展的一般认知缺陷是干预的前提和基础（Östergren & Träff, 2013）。通过考察和分析儿童数学能力发展和一般认知能力的缺陷，使教育干预符合数学学习困难儿童的学习与发展状况，初步形成较为科学的鉴别和干预理论，是本研究最主要的目标。

其次，建构了对5—6岁数学学习困难儿童进行教育干预的理论框架。本研究在研究文献和总结前人干预经验的基础上，以《3—6岁儿童发展与教育指南》和《幼儿园教育指导纲要》为依据，以建构主义、干预—反应模式（Response to intervention，简称RTI）等理论为基础，尝试建构对5—6岁数学学习困难儿童进行教育干预的理论框架，并验证了干预的有效性。这一理论框架既确定了干预的目标和内容，也分析了干预的过程和方法，为未来的相关研究提供了参考。

再次，本研究进一步丰富了早期数学学习困难儿童的学习和发展理论。数学学习困难干预是心理学和教育学领域的一个重点研究问题。学前阶段就能发现有的儿童的数学能力比一般儿童差（Ginsburg，1997）。我国对学前阶段数学学习困

① 俞国良，王琦．毕生发展视角：学习困难者的教育干预与展望［J］．中国特殊教育，2013（12）：59－64.

难儿童的研究还处于起步阶段，纵向跟踪的干预研究还比较少。本研究对 5—6 岁数学学习困难儿童进行教育干预的跟踪研究，深入地对数学学习困难儿童的转化过程及机制进行了理论和实践探索，深化了数学学习困难儿童数学能力发展的应用理论。

最后，本研究深入探讨了数学能力与执行功能的关系。学前阶段儿童的一些技能，如数数、运算等，对于未来的学业非常重要，能为未来的基础知识和进一步的学业技能的发展创造坚实的基础（Pagani，Fitzpatrick，Archambault，& Janosz，2010）。一般性认知技能如执行功能、加工速度等对于早期儿童学习这些数学技能非常重要（Bodrova & Leong，2006）。目前关于学前阶段数学学习困难儿童的数学能力与执行功能的研究，主要是通过相关分析和回归分析考察两者之间的关系，干预的实验研究相对比较少。本研究采用两种干预方式来考察数学学习困难儿童的数学能力与执行功能发展的关系。为揭示个体数学认知发展的内在规律提供了一个新的视角，为对学习困难儿童进行干预提供了更广阔的思路。

2 实践意义

首先，唤起教师和家长对学前阶段数学学习困难儿童的重视。儿童数学学习困难从早期就开始了，特别是对于处境不利的儿童，他们与正常儿童的差距从学前阶段就开始存在（Hart & Risley，1995）。在传统的学前儿童数学教育中，教师“比较关注的是如何教，较少关注儿童的数学认知发展的特点和个别差异”①。数学学习困难儿童没有得到充分的关注，他们可能在数学学习中需要个别化的帮助和支持。通过本研究可以引发教师和家长对早期儿童数学能力发展的重视，特别是对于早期就存在数学学习困难儿童的关注。尽早发现这些在数学学习方面存在困难的儿童，并且进行及时的干预和学习监控，让他们在入小学之前缩小或消除与其他正常儿童之间的差距。

其次，有助于教师提高数学教育的有效性。本研究揭示数学能力和执行功能的关系、数学学习困难的内在原理和干预机制，总结干预过程的策略和经验。这些理论对于实践工作者有重要的指导作用，可以提高教师对数学学习困难儿童发展和教育的认识，并帮助他们灵活地运用这些理论改进教学设计和教学方法。例如，设计教学活动时可能会启发教师重新考虑学前儿童在学习新的数概念的过程

① 周欣，黄瑾．杨宗华．幼儿园综合课程中的数学教育［M］．南京：南京师范大学出版社，2012：36.

中，数学任务对工作记忆的要求和儿童使用哪些策略解决问题（Case & Okamoto, 1996）。教师正确认识儿童早期数学能力和执行功能的个体差异，科学地发展适宜性教育，实施个别化教学，这样既有助于教师提高对一般儿童的数学学习和发展的认识，也有利于教师为数学学习困难儿童的学习提供更有效的指导和帮助。

最后，本研究不仅对所研究的被试儿童产生了积极和深远的影响，对广大的数学学习困难儿童而言也是个福音。本研究对数学学习困难儿童进行教育干预不仅丰富了这些儿童的数学学习经验，提高了数学技能或者执行功能技能，还促进了儿童数学能力的发展。通过游戏的方式培养他们的数学学习兴趣，对他们将来的学习也能产生积极的影响。本研究有关如何对每个数学学习困难儿童实施个别化干预的经验以及提高儿童数学能力的有效途径，还可以推广运用于对其他的早期数学学习困难儿童的干预。

第三节 研究问题

1 本研究的主要问题

我国现阶段对于学前阶段的数学学习困难还未能较全面、系统地揭示数学学习困难儿童数学能力发展规律与实质。本研究以5—6岁学前儿童为研究对象，从一个较大的样本中鉴别出数学学习困难儿童。首先分析数学学习困难儿童数学能力缺陷和执行功能缺陷，然后依据数学学习困难儿童存在的缺陷设计教育干预方案，对数学学习困难儿童进行教育干预，采用量化研究和质的研究相结合的方法分析教育干预的过程和干预的效果。从个案分析的角度详细阐述对不同个体如何实施教育干预并考察干预的效果。

研究主要聚焦以下几个问题：

1. 如何对学前数学学习困难儿童进行鉴别？
2. 数学学习困难儿童在数学能力上表现出的缺陷有哪些？
3. 数学学习困难儿童执行功能的缺陷有哪些？
4. 学前阶段数学学习困难儿童执行功能与数学能力关系是怎样的？
5. 如何对数学学习困难儿童进行数学干预？
6. 如何对数学学习困难儿童进行执行功能干预？
7. 数学干预或执行功能干预对数学学习困难儿童数学能力发展的影响是

什么？

8. 数学干预或执行功能干预对数学学习困难儿童执行功能发展的影响是什么？

9. 不同个案儿童的数学能力（执行功能）缺陷的干预过程、方法和效果是怎样的？

2 本书的结构

本书各章节具体内容如下：

第一章“绪论”，主要介绍了研究问题的背景、研究的意义和研究的问题，并对书中涉及的核心概念进行了界定。

第二章“文献综述”，主要从“数学学习困难的界定”“数学学习困难儿童的数学能力缺陷和执行功能缺陷”“数学学习困难儿童数学能力和执行功能的关系”“对数学学习困难儿童进行数学干预的研究”“对儿童进行执行功能干预的研究”“数学学习困难干预的理论基础”“对已有文献的评析 ”七个方面进行文献梳理。

第三章“研究设计”，主要包括以下几个部分：“研究的总体思路及框架”“量化研究设计”“干预方案的研究设计”“个案分析和干预策略的研究设计”。

第四章“5—6 岁数学学习困难儿童的鉴别及诊断”，一共包括四个实验。对考察工具《早期儿童数学能力测试》的中文版进行了信效度检验；运用这个工具对数学学习困难儿童进行鉴别和数学学习困难儿童的数学能力缺陷诊断、数学学习困难儿童的执行功能缺陷诊断，分析 5—6 岁数学学习困难儿童数学能力和执行功能的关系。

第五章“对 5—6 岁数学学习困难儿童的教育干预”，具体从三个方面分析了教育干预的影响：一是数学干预或执行功能干预方式对数学学习困难儿童数学能力的影响，二是数学干预或执行功能干预对数学学习困难儿童执行功能的影响，三是 5—6 岁数学学习困难儿童数学能力的成长轨迹。

第六章“5—6 岁数学学习困难儿童的干预个案研究”，包括对数学学习困难儿童的数学干预个案分析和对数学学习困难儿童的执行功能干预个案分析。

第七章“5—6 岁数学学习困难儿童的干预策略研究”，主要采用质的研究方法分析干预者在干预过程中采用的策略。

第八章“综合讨论”，包括“5—6 岁数学学习困难儿童数学能力和执行功能的缺陷”“ 5—6 岁数学学习困难儿童数学能力和执行功能的关系”，以及“对

5—6 岁数学学习困难儿童干预的有效策略和效果”三个部分的内容。

第九章“研究结论、教育建议和研究的不足之处”总结了全书的主要结论，并提出了相应的教育建议，同时也分析了本书研究的不足之处。

第四节　核心概念

本书的核心概念包括：数学能力、数学学习困难、执行功能（工作记忆、转换能力、抑制控制）。

1 数学能力

学前儿童已经具备了较好的数学能力，他们能够数数，掌握了简单的加法和减法运算，能够理解数的组合、简单的符号表征、心理数字线、数字识别、数的比较等（Ginsburg，1988），这些数学能力对他们今后的学习和发展非常重要（Berch，2005）。然而，各个研究中对数学能力的界定尚未一致。一种观点认为，数学能力是“顺利而有效地完成数学活动的个性心理特征”[①]。另一种观点则认为，数学能力结构包括“传统的三种基本数学能力（运算能力、逻辑思维能力、空间想象能力）和五种数学思维品质（思维的深刻性、灵活性、独创性、批判性、敏捷性）”[②]。这两种概念界定在一定程度上反映了数学学习的思维本质，但是没有从数学学科领域的角度来界定其组成成分。美国幼儿教育协会（2000）把儿童数学能力标准分成掌握学习内容的能力和学习过程中表现出来的能力两个部分。掌握学习内容的能力是指儿童在应该知道的数学内容上表现出的能力（比如知道数词，会做简单的算术等），而学习过程中表现出来的能力是指儿童是如何学习、理解和运用数学的（比如运用数学表达交流、解决生活中的问题等）（Graf，2009）。从教育目标的角度也许可以对这两个维度进行理解和区分，但是从实践或评价的角度有时却很难把它们截然区分开来。

借鉴已有的研究定义，在本研究中将“数学能力”定义为早期儿童顺利而有效地完成数学活动的个性心理特征，具体表现为对数和数的关系的理解和运用的能力。学前儿童的数学能力主要包括非正式数学能力和初步的正式数学能力。非正式数学能力是指在学校数学教学之外形成的能力，一般可在日常生活情景和

① 胡中锋．中小学生数学能力结构研究述评［J］．课程·教材·教法，2001（6）：45－48.

② 林崇德．学习与发展：中小学生心理能力发展与培养［M］．北京：北京师范大学出版社，2003：12.

游戏中习得，它与传统的正式的书面符号表征或者运用数字计算不一样（Ginsburg，1977），这些非正式数学能力并不需要正式的数学教学就可以形成，而且这些能力都是可塑的，可以通过适宜性的、有针对性的指导得到提高（Baroody，Eiland，& Thompson，2009；Siegler & Ramani，2009）。如在本研究中，非正式数学能力主要指数数、数的比较、简单数学运算、数概念。正式的数学学习能力一般是指学校里教的数概念和技能，包括传统的运用书面数字符号和书面运算（Ginsburg，1977）。学前阶段也能够掌握一些初步的正式数学知识技能，如数字读写。本研究中正式数学能力指的是正式数字读写、正式数学运算、正式数学事实、正式数概念。正式数学能力不是本研究讨论的主要部分。

2 数学学习困难

有必要运用有效的筛查工具来确定哪些儿童在数学学习方面存在困难，并且需要更多的支持（National Research Council，2001），研究数学学习困难儿童数学学习的发展轨迹和核心缺陷，并确定数学学习困难儿童在哪些领域需要密集干预。对数学学习困难儿童的界定和筛选是干预的第一步。数学学习困难儿童主要指那些在数学发展水平上低于平均水平，显著落后于同伴的儿童（Fuchs，Fuchs，& Prentice，2004）。确切地说，数学学习困难儿童是“指智力和身体发育状况正常，但数学得分明显低于同龄儿童的异质群体”①。基于这一定义，很多研究中采用临界值来筛选数学学习困难儿童。

借鉴已有的研究中的定义，本研究中的数学学习困难儿童指智力属于正常范围，但是数学能力水平明显低于同龄幼儿，可以通过干预让他们取得进步的儿童。本研究中对数学学习困难的定义借鉴了被广泛接受的筛选模式，采用了数学能力的得分最低10%作为数学学习困难儿童的临界值。需要指出的是，“早期数学学习困难的诊断并非是给这些儿童贴上负面的标签，而是试图尽早确定发展水平低下的原因，尽早提供有针对性的干预”②。

---

① Geary，D. C.（1993）. Mathematical disabilities：cognitive，neuropsychological，and genetic components. *Psychological bulletin*，114（2），345－362.

② 周欣，赵振国，李娟，康丹，田丽丽，吕雪，程阳春，徐晶晶，李正清，汪光珩．认知因素对儿童早期数学学习困难的影响［J］．学前教育研究，2013（11）：3－13.

3 执行功能

执行功能（Executive Function，简称 EF）的概念，近年来受到了心理学、神经科学和教育诸领域的较大关注，初步达成的共识认为，儿童早期执行功能的发展对儿童的学习、学业成就乃至一生的发展与成功有着极为重要的影响。执行功能是一种认知模型，它由效应器的输出元素，包括抑制、工作记忆、做出反应所必需的组织策略等组成（Baddeley，1996）。也有研究把执行功能当成认知神经机制，是指个体在实现某一特定目标时，以灵活、优化的方式控制多种认知加工过程协同操作的认知神经机制（Funahashis，2001），或者把执行功能当成各种认知机制的调节机制，它通过操作认知加工过程调节人类的动态性认知（Miyake，Friedman，Emerson，Witzki，Howerter，& Wager，2000），又或者把执行功能定义为对复杂认知活动的自我调节和以明确的目标为导向的活动过程（Isquith，Gioia，& Espy，2004）。

人类的认知加工系统是一个资源有限的系统（Baddeley，1996）。执行功能主要负责调节这个系统的认知过程，对输入的信息进行存储和加工，灵活处理各种有效信息，并能控制无关信息对认知加工过程的干扰，使个体的行动行为变得有目的、有秩序。图 1－4－1 介绍了执行功能的几个主要组成部分及其在认知系统中各自发挥的作用。对成人数据的大样本的因子分析研究也已经确认了工作记忆（Huizinga，Dolan，& van der Molan，2006）、抑制控制（Brocki & Bohlin，1999）、认知灵活性转换（转换能力）（van der Sluis，de Jong，& van der Leij，2007）是执行功能系统的三个关键组成部分，在更复杂的计划和元认知任务中涉及综合协调这些组成部分的过程。执行功能包含三个成分（Miyake et al.，2000）：（1）监控、保持或更新工作记忆（工作记忆或刷新）；（2）在任务或者各种心理活动之间灵活转换；（3）抑制主导或者优势的反应。

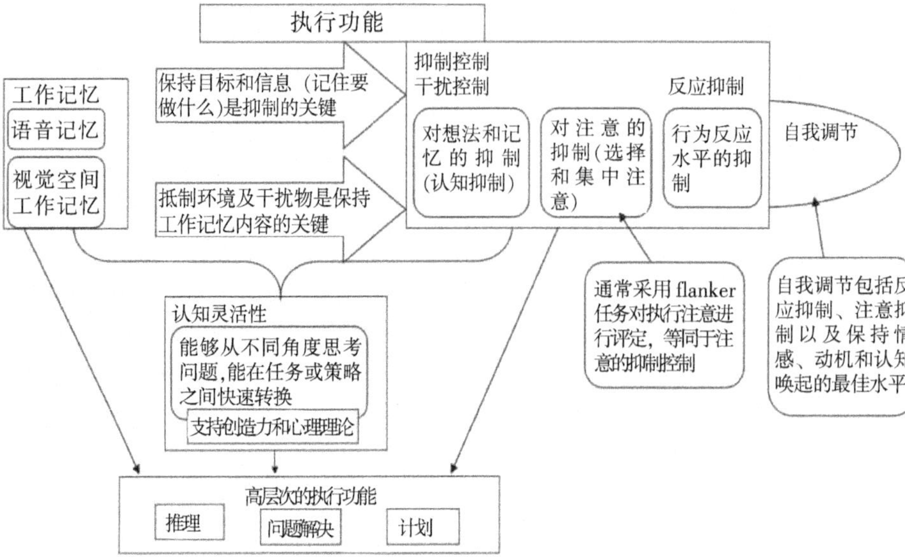

图1-4-1　执行功能结构图①

3.1 **工作记忆**（working memory）

作为执行功能子成分的工作记忆是监控并灵活更新贮存的信息，是个体保存信息并且根据新呈现的信息不断更新记忆内容的过程。因此，工作记忆不是简单地将与任务有关的信息保持在短时记忆中，其本质在于对工作记忆中的信息进行积极的加工和处理（Baddeley，2010）。工作记忆在许多复杂的认知活动中起着重要作用。它在表象、言语、创造、计划、学习、推理、思维、问题解决和决策等高级认知活动中起着非常重要的作用，是思维过程的一个基础支撑结构（Baddeley，2003）。

3.2 **转换能力**（switch）

转换能力是指在不同任务、操作和心理活动之间来回转换的过程（Monsell，1996），既包括"注意的转换"，也包括"任务的转换"（Miyake et al.，2000）。转换的特征是，从一个不相关的任务规则或策略中解脱出来，同时激活另一个更合适的规则或策略。也就是说，转换是指个体根据不同的规则要求，在不同的任务或心理定势之间进行转换，克服心理定势效应的影响并保持思维和动作的灵活性的过程（Miller，Müller，Giesbrecht，Carpendale，& Kerns，2013）。从一个任务

① 引自：Diamond，A.（2013）. Executive functions. *Annual review of psychology*，64，135-168.

转换到另外一个任务，反应时越长，有时会伴随着正确率的降低（Metcalfe & Campbell, 2010）。

3.3 抑制控制（inhibition）

抑制控制是指个体在目标指导下有意识地抑制占主导的、自动的或者优势的反应。表现为对个体认知过程或认知内容进行抑制控制，对认知过程中的优势或自动化反应进行有意识的抑制控制（Miyake et al., 2000）。“抑制是一个主动的压抑过程，它能防止无关信息进入并保存在工作记忆中，进而保证认知过程的完整性。”[1]它的作用主要体现在：阻止与当前任务无关的信息进入工作记忆；控制与当前任务无关的信息，专注于当前的任务（蔡丹，2009）。

---

① Harnishfeger, K. K.（1995）. The development of cognitive inhibition. *Interference and inhibition in cognition*, 175 – 204.

第二章　文献综述

数学能力的发展既受到先天内在机制的影响，也受到后天习得数学知识的一般性学习机制的影响（Geary, 2006）。儿童数学能力的发展是一个以生理机制为基础，在与环境、文化互动的过程中通过自身的努力主动建构的过程。如果儿童进入小学时出现数学学习困难，那么这种学习困难会一直持续到小学末期（Geary, 2013）。很多数学学习困难儿童在入学前就已经在数学学习方面表现出落后于同龄儿童（Duncan et al.，2007）。因此，对学前儿童进行数学学习困难的鉴别、诊断和干预对他们未来的数学学业成绩非常重要。

对早期儿童数学学习困难机制以及影响因素的深入研究是给数学学习困难儿童提供干预的关键。从已有的研究可以看出，影响早期儿童数学能力发展机制的研究主要集中在两个维度：特定领域能力和一般认知能力。数学能力的各个组成部分，如对数量的理解、数字识别、数字线概念、数数等是预测数学能力发展的特定领域因子，称为特定领域能力（Hannula，Lepola，& Lehtinen，2010）。而执行功能如短时记忆、加工速度、智商等这些既能够预测数学能力同时也能够预测其他方面的学业成就的因子，称为一般认知能力（Passolunghi，Mammarella，& Alto'e, 2008）。近年来关于数学学习困难的研究重点集中于数学学习困难的界定、数学学习困难中的严重困难学生及其特点、教育干预研究等（Peteers & Ouvrier – Buffet, 2019）。

学前阶段是儿童数学能力和执行功能快速发展的时期，这个时期对于数学学习困难的预防与干预都具有独特的价值。早在 2008 年美国国家数学教育顾问小组已经提出了运用有效的教学对早期数学学习困难儿童进行数学干预的重要性（NMAP, 2008）。执行功能对儿童数学能力的发展起着重要的作用，对整个认知发展起着调控的作用。近年来，国外的实证研究发现，对儿童进行执行功能的干预是有效的（Dilmond, 2012）。已有研究为本研究提供了理论依据和实践基础。本章将从以下几个部分对文献进行回顾：数学学习困难的界定、数学学习困难儿童的数学能力缺陷和执行功能缺陷、数学学习困难儿童数学能力和执行功能的关系、对数学学习困难儿童进行数学干预的研究、对数学学习困难儿童进行执行功能干预的研究、对数学学习困难干预的理论基础，最后对已有的文献进行评析。

第一节 数学学习困难的界定

1 数学学习困难的定义

学界对数学学习困难的定义尚未达成共识。国内外研究者对于数学学习困难的界定标准不统一，研究中鉴别研究被试的标准也不同，在不同的研究中数学学习困难儿童的内涵有很大的差别。1962 年，科可（Kirk）最早提出学习困难的定义："学习困难指个体在一种或多种过程中表现出的落后、障碍或发展的延缓，这些过程涉及说话、语感、阅读、书写或其它学科的学习。学习困难有可能是脑功能失调所导致的心理残障和或情绪行为紊乱，但并非智力落后、感觉剥夺或不利的文化与教学因素造成的结果。"①这一概念明确提出了学习困难儿童是属于智力正常的群体。1975 年《美国障碍儿童教育法》出台，这部法令要求人们能够正确并有科学依据地界定和鉴别有学习困难的儿童。1976 年，美国国家学习困难联合委员会（National Joint Committee of Learning Disability，NJCLD）确定了学习困难的操作定义："如果学生具有以下情况就被认为是学习困难：接受适当的教育仍不能在适当的年龄达到一定的能力水平；在以下几个方面中有一项或一项以上学业和智力水平间存在严重不一致：口语表达、听力理解、基本阅读技巧、阅读理解、书面表达、数学运算和数学推理。"②当时，学习困难被界定为在考虑年龄和先前教育经历的前提下，在一个或多个领域学业成就低于期望成就水平的 50%。

由于学习困难本身的复杂性和对其内涵理解的差异性，对学习困难的内涵和外延的理解存在着不一致的看法。1980 年，NJCLD 对学习困难的定义做了补充："在听、说、读、写、推理或数学能力的获得和使用方面表现出明显的困难的异质性群体。他们的这些困难源于个体内在的个体机制或者是由于中枢神经系统功能障碍引起的。尽管学习困难可能是由于其他条件引起的（例如感觉障碍、精神

① 转引自 Haring，N. G.，Bateman，B. D.，Gleason，C. B.，& Kronick，D. （1977）. Teaching the learning disabled child. *Englewood Cliffs. New Jersey. Prentice - Hall*，*Inc*，143.

② 转引自 Lerner，J. W.（2000）. *Learning disabilities*：*Theories*，*diagnosis and t eaching strategies*（*eight edition*）. Boston，New York. Houghton，Mifflin Company，232.

发育迟缓、社会和情感障碍）或者环境影响（例如，文化差异、缺乏或者不当的教学、心理因素），但是这些条件不是直接导致或者影响学习困难的因素”①。这个定义认为学习困难者是一个异质性群体，学习困难主要是由个体的内在机制引起的。不同学科领域的学习困难具有不同的原因和表现，因此对不同学科领域的学习困难的研究非常重要。

1997 年，美国卫生部与教育部的学习困难机构协调委员会（ICLD）对学习困难的界定被较多学者接受：“学习困难儿童是一个概括的术语，它是一个由异质困难构成的群体。这些困难表现为听、说、读、写、推理、数学运算能力的获得或使用上存在明显的困难。这些困难源于个人内在的因素，可能是由中枢神经系统功能失调所致，而且在人的整个生命周期都可能发生。自我调节行为、社会知觉和人际互动的问题可能会与学习困难共存，但它们不是引起学习困难的原因，虽然学习困难可能与其他障碍类型（如感觉障碍、智力落后、严重的情绪困扰）同时存在，或者与外部环境（如文化差异、不足或不当的教学）同时发生，但不是这些类型或影响的直接结果。”②这个概念与 1980 年 NJCLD 提出的概念差别不大，补充说明了学习障碍在人的一生中的任何一个时期都有可能会发生。

数学学习障碍（Mathematics learning disability）是学习障碍的一个亚类型。2001 年美国教育与技能部将其定义为：“数学障碍是影响儿童获得数学技能的一种状况，他们在了解简单的数字概念方面存在困难，缺乏领会数字的直觉能力，在学习数学事实和程序性数学知识方面存在问题。即使他们能够运用正确的数学方法或者得出正确的答案，也是机械、呆板、不灵活的，而且他们对自己的答案缺乏自信。数学学习障碍被认定为一种特质性的学习障碍，是在数学学习方面存在困难。”③在近些年的研究中，研究者“慢慢不太使用‘学习障碍’这个词，而是更加倾向使用‘学习困难’来取代”④。

钱在森（1995）提出：“学习困难指的是智力正常，但学习效果低下，达不到国家规定的教学大纲要求的学生。”⑤胥兴春认为：“数学学习困难指的是由于数学能力的缺损而导致的学生在数学学习上的落后，即明显落后于同年龄或同年

---

① 转引自佟月华．学习障碍与社会技能缺失的关系［J］．中国特殊教育，2004（10）：38－42.

② 转引自毛荣建．学习障碍儿童教育概论［M］．天津：天津教育出版社，2007：16.

③ 转引自 Berch, D. B., & Mazzocco, M. M.（2007）. *Why Is Math So Hard for Some Children? The Nature and Origins of Mathematical Learning Difficulties and Disabilities.* Brookes Publishing Company, 25.

④ Gersten, R., Jordan, N. C., & Flojo, J. R.（2005）. Early identification and interventions for students with mathematics difficulties. *Journal of learning disabilities*, 38（4）, 293－304.

⑤ 钱在森．学习困难学生教育的理论与实践［M］．上海：上海科技教育出版社，1995：72.

级的水平现象。”[①]钟启泉提出：“学习困难是智力属于正常范围，但是由于各自不同的原因，学习成绩未能达到同其智力水准相称的学业不良的学生，而这种不良是可逆的，在一定的补救教育的条件下是可以发生变化的。”[②]因此，对数学学习困难的定义都是基于对个体智商处于平均或者平均水平以上、感官功能正常、有足够的受教育机会、其他方面和情感发展正常。而且，这种学习困难可以通过教育补救。在这些前提之下，数学技能的缺陷才能被定义为数学学习困难。

对数学学习困难的准确定义还需要进一步识别数学困难模型的核心成分，这类似于阅读技能的核心成分由识别、流畅和理解组成的，鉴别数学学习技能成分也是非常重要的（Geary，2005）。有的研究认为“数感”是早期儿童数学能力的核心成分，并提出可以依据儿童数感发展状况来诊断儿童的数学能力发展水平（Jorden et al.，2009）。对于这一结论还需要进一步的研究来证实。

2 数学学习困难的鉴别

国内外对学习困难的甄别和定义，在各个研究中采用的标准不同。较多的研究运用“基于差异”的方式对学习困难进行鉴别，主要是指数学学习困难儿童在学业成绩与智力之间存在比较大的差异（Geary，Hamson，& Hoard，2000）。这种模式以学业成绩和智力水平的差异为主要依据，通过数学测试和智力测试来鉴别数学学习困难儿童。国内一些数学学习困难的研究较广泛地运用了这种模式，如张树东、董奇在确定发展性数学学习困难的儿童时，采用的方法就是测量儿童的心理潜能与数学成绩之间不一致或数学成绩的年级水平低于他实际所在年级2个年级水平（张树东，董奇，2004）。陈英和等人通过对儿童学业成绩与智力成绩的标准分之间的差异比较确定数学学习困难儿童（陈英和，赵延芹，张可娟，2004）。美国在很长一段时间内对学习困难的界定也是基于智力与学习成绩的差异，但是这种甄别方式遭到了质疑（Geary，1990；Geary et al.，1991）。智商可以预测的范围非常广泛，很难验证其效度，不能用智商来鉴别学习困难儿童，用学业成绩分数区分学习困难儿童更有效（Amedeo，Angiulli，Linda，& Siegel，2003），“‘基于差异’的诊断模式逐渐不再被人使用。”[③]由此采用“基于标准”

---

① 胥兴春．数学学习困难及其心理分析［J］．中国特殊教育，2003（3）：52－55.

② 钟启泉．差生心理与教育［M］．上海：上海教育出版社，2003：62.

③ Fletcher，J. M.，Francis，D. J.，Shaywitz，S. E.，Lyon，G. R.，Foorman，B. R.，Stuebing，K. K.，& Shaywitz，B. A.（1998）．Intelligence testing and the discrepancy model for children with learning disabilities. *Learning Disabilities Research & Practice*，13（4），186－203.

的方式越来越被研究者认可，并被广泛运用到研究中，这个模式主要根据 NJCLD 设定的“纳入、排除和需要”三个标准来确定数学学习困难儿童。“纳入”是指学业成绩或者标准化测试分数显著低于正常儿童水平；“排除”是指学习困难需要排除智商低于正常水平、具有感官问题、以及智力发展落后于常人或由于文化差异等导致的数学学习困难儿童；“需要”是指这些学习困难的儿童需要成人对他们提供帮助、干预和指导。

现阶段的研究中对数学学习困难的界定一般是采用标准化数学测查工具进行测查，按照一定的比例（例如 10%、25%）选出数学成绩最低端的儿童，接着运用智商测查排除智力低下的儿童，再在此基础上运用其他方法排除由于其他特殊因素引起的学习困难儿童。如国外的一些研究采用标准化数学测验，有的选取数学得分最低 25%—30% 的儿童作为预选范围，从中排除了智商低下（低于 80 分或者 70 分）的儿童，再依据临床诊断排除生理原因引起学习困难的儿童，剩下的为研究对象（Geary, Hamson, & Hoard, 2000）。国内也有的研究采用了这个方法筛选中小学生的数学学习困难儿童，如在朱莉琪、李晓东和林国珍等人的研究中都是运用了这种方法来进行筛选，他们的样本满足以下三个条件：智商正常；数学成绩最末端的 10%—30%；教师评定其数学成绩“差”（朱莉琪，1999；李晓东，张向葵，沃建中，2002；林国珍，2006）。还有一些研究将数学学习困难儿童的筛选标准定为最低分数的 35% 或者低于平均分数的儿童（Fuchs, Fuchs, & Prentice, 2004）。采用 30% 左右的标准作为筛选数学学习困难的临界值是为了筛选那些在某些数学问题上持续有学习困难的儿童（Geary, Hamson, & Hoard, 2000）。数学能力包括多个方面，有的儿童在某些方面可能表现比较好，在另外一些方面可能存在学习困难，但是他们的数学成绩总分不一定低。提高临界值的标准也许可以避免“遗漏”在数学学习的某些方面存在困难的儿童，但是同时也可能会发生“错选”，也就是说可能会把一些非数学学习困难的儿童鉴别为数学学习困难儿童。

不少研究都采用了 25% 左右作为筛选标准，用这种方式进行数学学习困难儿童的鉴别还存在一些问题，有的儿童在第一年筛选时被鉴定为数学学习困难儿童，但是在第二年的数学标准化测试中有可能就不再是数学学习困难了，用这个标准来划分数学学习困难儿童可能并不适合（Geary, 2000）。因此，格瑞（Geary）的研究对于数学学习困难儿童的鉴别标准一般控制在 10% 以下，如他在 2004 年用分数最低的 10% 作为数学学习困难的界定标准，2005 年的研究中甚至采用了数学学习困难儿童的选择比例则是采用数学成绩最低的 5%—8% 作为数学学习困难组（Geary，2004；Geary & Hoard，2005）。在对 3—6 岁儿童跟踪研究中，也有研究选取最低的 10% 作为数学学习困难儿童。他们认为，采用这个标准比采用教师的观察和评价的方法来鉴别数学学习困难儿童更加准确（Michèle，Mazzocco，& Kover，2007）。

数学学习困难组儿童（最低 10%）和低分组儿童（11%—25%）在数学能力上存在着显著性差异（Murphy，Mazzocc，Hanich，& Early，2007）。在一项运用三个界定标准对 226 个孩子从学前班到小学三年级进行的跟踪研究中，界定数学得分低于 10% 为数学学习困难组，得分处于 11%—25% 的为低分组，得分高于 25% 的为正常儿童组。运用《早期儿童数学能力测试》（TEMA）作为数学能力的评价工具，比较儿童 4 年的数学能力的得分和增长率，正常儿童组比数学学习困难组和低分组增长更快。在二年级时数学成绩的增长开始出现了明显不同，低分组比数学学习困难组增长更快。因此，在数学能力方面，数学学习困难组和低分组可能是两个异质群体，不同百分比的划分直接影响到数学学习困难组儿童的内涵和特征（Murphy，Mazzocc，Hanich，& Early，2007）。

有跟踪研究提出，对学前阶段数学学习困难儿童的甄别和筛选标准应该在数学得分最低的 20% 左右。该研究发现幼儿 4 岁时正式和非正式的数学能力、视觉空间推理和快速自动命名的原始分数成绩能够预测小学二年级和三年级的数学学习困难。运用标准分建立起来的统计模型发现，80%—83% 可以作为学前儿童数学学习困难与非数学学习困难的分界线。也就是说，早期数学学习困难儿童比例为 17%—20%（Mazzocco & Thompson，2005）。尽管各个研究者对于数学学习困难组的百分位临界值的认定不同，但是“差异标准”模式已经被大多数学者所接受。在现今大多数的研究中，数学学习困难儿童都是在群体中处于低分段的儿童。大多数研究者把数学成绩分数最低的 10% 作为数学学习困难组，把得分范围在 10%—35% 之间的儿童界定为低分组（Geary，2004）。

教师在实践教学中，也可以通过观察和互动了解儿童的一些数学学习行为和状况。如果 5—6 岁儿童不知道基本数字的名称，无法把小集合的数量与数字对应起来，没有建立起基数概念，不了解简单的加法和减法，那么，就可以判断这个儿童可能是数学学习困难的儿童（Gersten，Jordan，& Flojo，2005）。这些观测的指标可以作为诊断早期数学学习困难的一些辅助手段和补充说明。此外，从已有的研究可以看出，对于数学学习困难鉴别的标准有差异，得出的结论也可能存在差异，研究证明了数学能力最低的 10% 和 11%—25% 之间是有显著差异的。而且，这两个组在数学能力发展上的速度也不一样。因此，从事研究时最好能够将这两个组的儿童进行区分。

3 数学学习困难的原因

数学学习困难发生的原因可能需要从多个角度综合考虑。以往的研究从儿童自身（如心理发展特点、认知、情感、学习动机、社会性发展等方面）以及外在环境（如家庭资源、同伴关系）等几个维度进行了研究。如有的研究表明，导致数学学习困难的原因可能是智力问题、学习动机、解决问题技能、记忆能力、学习策略的获得及运用、语言能力等（陶金花，袁国桢，程灶火，2006）。另外，一个非常重要的原因可能是儿童接受的数学教育不适合他们的学习特点（Carnine，1997）。有研究者总结了四个引发学习困难的缺陷，分别是神经系统缺陷、注意力缺陷、学习动机不足及信息加工问题（牛卫华，张梅玲，2000）。“数学学习困难的儿童在学习动机上表现为动机不足、不稳定、持续时间短，且多为外部动机；而学习成绩优秀的儿童有稳定的学习动机，且多为对数学本身的内部动机。”①尽管造成每个儿童数学学习困难的原因不一样，但是仍然可以找到他们的一般性特点（Mercer，1997；Rivera，1997）。一般说来，数学学习困难儿童可能存在记忆力缺陷，导致他们在获取和记忆数学知识方面存在困难（Geary，2011）；在解决数学问题的过程中表现出缺乏运用认知和元认知策略的能力，无法解释自己的学习策略（Elawar，1992）；迁移能力差，无法将已有的经验迁移到新的情境中去（Siegel & Ryan，1989）。从脑科学的角度分析，引起数学学习困难的可能原因是儿童的左右脑激活不足，操作智力与语言智力发展不平衡（郭玉峰，潘冬花，2006）。

越来越多的研究者从认知角度分析数学学习困难产生的原因以及两者的关系。近十年来，数学学习困难的认知心理学方面的研究取得了丰硕的成果。数学学习困难儿童与正常儿童的一个显著差异是认知过程上的差异（Johnson，Humphrey，Mellara，Woods，& Swanson，2010）。认知过程在很大程度上可以解释数学学习困难儿童与正常儿童的学习差异。在数学学习困难的研究中，虽然对造成数学学习困难儿童数学成就低下的认知相关因素及其关联强度有比较一致的研究结论，比如，涉及语言加工的特定的阅读技能、执行功能、视觉空间工作记忆等，但对数学学习困难儿童一般认知的核心缺陷却没有达成共识。

对认知因素的研究已成为近年来学习困难研究中的热点，研究的视角大多集

---

① 胥兴春．数学学习困难及其心理分析［J］．中国特殊教育，2003（3）：53－56.

中在执行功能和工作记忆上。大量研究均发现，早期数学学习困难儿童在数学事实提取方面表现出持续性的落后；在限定时间的简单计算任务中，他们在精确性和流畅性上都比一般同伴要差。对于解决多步骤的数学问题而言，直接从长时记忆中提取数学事实能够大大减轻工作记忆负担，降低错误率。在进行算术运算时，运用计数程序需要依靠工作记忆，工作记忆和数字知识之间有很高的正相关，数学学习困难儿童的工作记忆广度比那些数学成绩正常的儿童更差（Swanson & Beebe, 2004）。克拉克等人（Clark, Pritchard, & Woodward, 2010）的研究发现，儿童4岁时的执行功能成绩与6岁时的数学成绩相关，执行功能的考察可能有助于鉴别早期数学学习困难。而且，他们认为，对执行功能的干预有可能是早期数学教育有用的组成部分。布尔等提出抑制控制和工作记忆缺陷是导致数学学习困难的重要因素（Bull & Scerif, 2001）。也有研究认为早期数学学习困难显示了工作记忆缺陷，并且认为工作记忆的缺陷可能是引起他们数学学习困难的最重要原因（Kyttälä, Aunio, & Hautamäki, 2010）。

对数学学习困难儿童数学学习过程的了解有助于我们更好地理解数学学习困难儿童的学习特点以及缺陷，但是现有的研究大多数都是运用相关分析、回归分析来解释数学学习结果，而很少有研究关注数学学习过程，运用质的研究方法描述学习过程的研究更是极少。数学学习困难儿童学习过程的研究有利于研究者分析儿童数学学习问题、需要、反应及学习困难的原因，从而能够为干预提供有效的依据。

第二节　数学学习困难儿童的数学能力缺陷和执行功能缺陷

1 数学学习困难儿童的数学能力缺陷

早期儿童的数知识是儿童数学能力的重要预测因子，即使在控制了领域一般性认知得分后，这种预测性关系仍然显著（Jordan, Kaplan, Ramineni, & Locuniak, 2009）。数学学习困难儿童在数学学习方面的缺陷，包括对数数原则的理解水平很低（Geary, Bow - Thomas, & Yao, 1992）、数学事实的提取困难（Geary & Hoard, 2001）、运算不准确、数学问题表征能力差（Osad, 1998），而且在问题解决方面也存在困难（Das, Naglieri, & Kirby, 1994）。

不管是不是阅读/数学双困，数学学习困难儿童在提取数学事实和运算方面均存在困难（Geary & Hoard, 2001; Shalev & Gross - Tsur, 2001）。例如，在一项跟踪研究中，将180名7—9岁的儿童分成4组：数学学习困难但阅读正常组、数学和阅读双困组、阅读困难但数学正常组以及数学和阅读都正常组。4组儿童的发展速率没有显著性差异。在三年级末，数学学习困难组儿童的成绩比双困组儿童在问题解决方面的成绩好，但是运算方面并无显著的差异。所有的数学学习困难儿童，在数学事实掌握和运算流畅性方面都存在缺陷（Geary & Hoard, 2001）。数数和数数策略能有效预测儿童的数学学习成绩（Geary, Hamson, & Hoard, 2000）。而数学学习困难儿童的数数“是一种机械的记忆活动，更准确的是，对于他们来说，数数是一种标准化的机械活动，只能手指着一系列具体的物体从左到右地数”①，这说明数学学习困难儿童没有掌握好基数原则（Geary, Hoard, & Hamson, 1999）。这是早期儿童数学能力差的非常重要的表现之一。儿童数学学习困难还表现出心算能力差、回忆数学事实差、概念性知识和程序性知识的掌握都有困难、学习书面表征困难。解决应用题需要运用到程序性知识，所以会涉及运算的策略和运算。然而，数学学习困难儿童不懂得在什么时候运用这些策略以及如何灵活运用这些策略。策略的运用往往是数学学习困难儿童的一个重要的薄弱点，他们选择的策略单一刻板（Geary, 2004）。

儿童在早期数学发展过程中会逐渐完成从手指计数到口头数数，再到记忆提取的转化过程，在运算方面，儿童随着年龄的增长会采用一些更抽象、更复杂、更简便、更高级的学习策略来解决加法和减法问题。但是有数学学习困难的儿童的这种转化非常缓慢，掌握数学事实困难是数学学习困难儿童最明显的特征，而且在运算时错误率比较高（Goldman, Pellegrino, & Mertz, 1988）。数学学习困难儿童在运用数数、操作和解决问题的程序方面比正常儿童差，常常倾向于采用不成熟的策略（Geary, 1990）。与普通同伴相比，数学学习困难儿童在完成相关计算任务时，更加倾向于使用全部数（counting - all）策略，而不是更为简单有效的接着数（counting - on）策略。

数学学习较差的学生往往难以摆脱问题的具体内容，难以把问题的各种数学成分联系起来。因此，数学学习困难儿童的问题表征方式非常单一，缺乏有效性（胥兴春, 2002）。数学操作活动的流畅性是早期儿童数学学习的重要标记，流畅性与儿童关于运算原则的基础知识有关。而且，运算的流畅性是其他方面数学学习的重要基础（Jordan, Hanich, & Kaplan, 2003a）。运算缺乏流畅性是低年级

① Geary, D. C., & Hoard, M. K. (2005). Learning disabilities in arithmetic and mathematics: Theoretical and empirical perspectives. In J. I. D. Campbell (Ed.), *Handbook of mathematical cognition*. New York: Psychology Press, 253 - 267.

儿童数学学习困难的一个重要特征（Geary，2004），运算的流畅性涉及基本运算的准确性、效率和灵活性。运算缺乏流畅性必须尽早发现和诊断，否则将会延续到整个小学阶段甚至是高中阶段。而且，数学学习困难儿童在心理数字线方面的表现也落后于同龄正常儿童（Geary，Hoard，Byrd - Craven，Nugent，& Numtee，2007）。

此外，数学学习困难儿童对数学语言的理解也存在困难。有一项研究运用自编材料对小学数学学习困难儿童和正常儿童进行纸笔测试。结果发现，数学学习困难儿童在将自然语言转换为数学语言时缺乏空间想象，不擅长利用自然语言中表示图形信息的文字；而且数学学习困难儿童的数学符号文字化和数学符号图形化的能力都不足（向友余，华国栋，2008）。这些研究为有效地筛选潜在的数学学习困难和提供有效的干预提供了理论基础。

脑科学研究发现，数学学习困难源于大脑的顶回沟（Wilson & Dehaene，2007）。数学学习困难的核心缺陷有可能是近似数表征系统的缺陷（ANS）（Dehaene，2011）。这个近似数表征系统是儿童数知识和运算能力发展的基础系统。如果儿童在这个系统上存在缺陷，那么儿童对理解数字的符号表征和非符号表征过程都将存在困难。因此采用一些类似两个数的比较大小（如 7 大还是 8 大？哪个数更接近 8，是 2 还是 6?）、数字线问题（让儿童在 1—10 的数字线中找到 6 的位置），以及用运算来检验儿童的数感（Wilson & Dehaene，2007）。现在研究一般运用的数感概念比 ANS 的意义更加宽泛一些。“早期儿童的数感包括：目测、比较数值大小、数的模式（Number pattern）、计数、简单的算术运算能力。”① 3—6 岁儿童的数感与数的比较和表征、运算相关。例如不需要通过数数，直接感知 3 或者少于 3 个物体的数量；数 5 个以上的集合并且知道最后一个物体的数代表集合的数量；数字大小的比较；比较数值大小（如 5 是 2 再加上 3）；通过增加或者减少感受 5 以内集合的变化。不管是数学学习困难组还是低分组都表现出较差的数感（Geary，2010），数学学习困难儿童表现在数感方面的困难，如运用心理数字线比较数字大小和把文字应用题转换为运算方式（Jordan，Hanich，& Kaplan，2003）。德斯特等人（Desoete et al.，2011）以在两次时间点数学能力都处于最低的 10% 的 5—6 岁儿童作为研究对象，发现这些儿童在非符号近似值表征系统方面存在缺陷。

---

① Jordan，N. C.，Kaplan，D.，Nabors Oláh，L.，& Locuniak，M. N.（2006）. Number sense growth in kindergarten：A longitudinal investigation of children at risk for mathematics difficulties. *Child development*，77（1），153 – 175.

数感（number sense）可以很好地预测未来的数学学习成绩，学前阶段的数感与小学三年级的数学成绩的相关是 0.63（Jordan et al.，2009）。较差的数感是早期数学学习困难的另一个重要表现特征（Jordan et al.，2006），也可能是导致儿童在正式的数学学习中学习困难的原因（Baroody & Rosu，2006）。数感的缺陷是早期数学学习困难儿童的重要标志和导致儿童持续学习困难的重要原因之一（Mazzocco，Feigenson，& Halberda，2011）。

2 数学学习困难儿童的执行功能缺陷

数学学习困难儿童在一般认知能力方面的缺陷，体现在他们的语言短时记忆（Geary，Hamson，& Hoard，2000）、语音记忆（Cirino，Carlson，Francis，& Fletcher，2004）、工作记忆、执行功能等方面均不如一般儿童（Geary，Hoard，Nugent，& Bailey，2012）。对学前儿童的研究发现，数学学习困难儿童在抑制、转换、工作记忆等方面都落后于正常儿童（Bull，2008）；工作记忆缺陷会影响到学前儿童在计算过程中的策略运用（刘颂，2008）。数学学习困难儿童在言语、视觉空间以及被动存储和积极的执行功能方面都比一般儿童差，说明数学学习困难儿童存在一般的认知缺陷（Geary，Hoard，Byrd - Craven，Nugent，& Numtee，2007）。对 5—8 岁儿童的跟踪研究发现，数学学习困难儿童具有工作记忆缺陷，而且他们的数学发展轨迹与正常儿童不同（Murphy，Mazzocco，Hanich，& Early，2007）。一般数学学习困难表现为工作记忆能力有限（Geary，Hoard，Byrd - Craven，Nugent，& Numtee，2007），他们无法在心理水平上进行抽象的运算，因此无法进行数序基本事实提取。将幼儿园到小学三年级的儿童分成数学学习困难组、低分组和正常组，结果发现数学学习困难组儿童在语音工作记忆、视觉工作记忆、抑制、转换方面均存在缺陷（Geary，2011）。

工作记忆可以预测数数任务的表现，是学前儿童学习数数技能的基本前提（Kyttälä，Aunio，& Hautamäki，2010）。数学学习困难组和非数学学习困难组的视觉空间记忆的得分都与儿童早期的数学技能有密切关系（Jordan，Kaplan，Locuniak，& Ramineni，2007），工作记忆差会影响儿童基本学业技能的获得（Passolunghi，Vercelloni，& Schadee，2007）。执行功能对儿童的数学学习十分重要，儿童的数学学习离不开执行功能的支撑。有必要进一步探索学前儿童的执行功能缺陷与数学能力缺陷，并进一步分析两者之间的关系。

第三节 数学学习困难儿童数学能力和执行功能的关系

儿童的数学学习可能与很多认知过程相关，如智商、语言、工作记忆、执行功能、注意控制、语音意识、空间能力和加工速度等，都与数学能力相关（Alloway, & Passolonghi, 2011; Swanson, 2004）。韦克斯勒智力量表所包含的晶体和流体的智力与数学能力相关（Geary, 2011）。对11岁儿童的跟踪研究发现，智商可以解释超过一半的数学能力的变异（Deary, Strand, Smith, & Fernandes, 2007）。数知识和工作记忆共同预测数学技能（Geary, 2011）。对小学儿童的研究认为，执行功能是通过数知识的中介作用间接影响运算能力的（Cirino, 2011）。结构方程模型的研究发现，工作记忆和数数是数学能力最重要的预测因子（Passolunghi et al., 2007）。学前阶段和小学低年级儿童的执行功能，特别是工作记忆和抑制控制，是数学能力的重要预测因子。

儿童学习数学的成功可能需要依赖于一系列的个人、社会和教育因素。执行功能（包括工作记忆、抑制控制和灵活转换能力）对儿童数学能力的发展起着关键作用；而且数学学习与执行功能之间的相关程度比其他学科之间的相关程度都要高（Cragg & Gilmore, 2014）。儿童的数学学习与执行功能的关系非常密切（Bull & Scerif, 2001）。数学学习困难应该归因于执行功能领域的障碍（Geary, 2004; Bull, 2001）。在儿童的数学学习过程中，执行功能是提高学习效率的一个关键因素。以下这些研究分别从执行功能的三个组成部分考察其与数学能力的关系。

1 抑制控制与数学学习困难

抑制控制可以预测数学成绩（Brock, Rimm－Kaufman, Nathanson, & Grimm, 2009）。抑制控制可以解释刚入学儿童的数学和阅读成绩（Steele, Karmiloff, Cornish, & Scerif, 2012），对于5岁儿童而言，抑制控制对数学能力的解释力度超过了阅读能力（Willoughby, Blair, Wirth, & Greenberg, 2012）。对于学前儿童而言，与阅读能力相比，数学能力与抑制控制的关系更加密切。另外一项对2—5岁儿童的研究发现，在控制了年龄、母亲教育背景和儿童语言词汇能力等因素后，抑制控制和工作记忆都能很好地预测早期儿童的数学能力；当控制了其他执行功能成分的影响后，只有抑制控制可以单独解释数学能力的变化（Espy et al., 2004）。布尔（Bull, 2001）等用颜色斯特鲁普（Stroop）和数字斯特鲁普任务研究小学一年级计算困难儿童的抑制反应能力，结果只有数字干扰情境与计算能力有关。帕什拉赫（Passolunghi，2001）的研究发现，抑制控制差是造成儿童解决计算问题困难的更基本的原因。斯露易斯（Sluis，2005）等用快速命名数字、字母、数量任务测查 4—5 年级计算困难儿童、阅读困难儿童、双困儿童、对照组儿童的抑制控制，结果发现，计算困难儿童完成数字和数量的命名任务明显低于其他三组儿童。皮特等（Peter & Leij，2005）以数学学习困难儿童为被试，就短时记忆、工作记忆与算术应用题解决之间的关系进行了一系列研究，其结果支持"数学学习困难儿童在抑制控制方面普遍有缺陷"的假设。数学学习困难儿童执行功能较差，抑制非靶向刺激和无关信息进入工作记忆的能力不足（Passolunghi & Siegel，2003）。可见，数学学习困难儿童存在的抑制缺陷是其数学障碍的重要原因之一。

德汉尼等人（Dehaene，2006）认为，数字的大小表征是以空间特征为基础的，数学学习困难组儿童不能有效辨别大小冲突，说明数学学习困难儿童对冲突信息的抑制控制不足，但是抑制控制与数学成绩之间并不存在直接关系（Dehaene & Cohen，2006）。此外，也有一些研究结果却得出不同的结论。如布尔和海伦（Bull & Helen，2001）对 7 岁儿童的研究发现，数学能力与色词干扰任务中需要抑制参与的任务的得分不存在相关。麦克林（Mclean，1999）使用威斯康星分类测验对 9 岁数学学习障碍儿童的抑制控制进行测查，发现数学学习障碍儿童在划消任务（crossing out task）上与对照组差异不显著。

2 转换功能与数学学习困难

布尔（Bull，2004）发现，转换功能可以预测数学成绩。他在先前研究的基础上，采用威斯康星卡片分类测验、双任务测验、斯特鲁普（Stroop）任务以及数字广度任务对执行功能进行测量，结果表明，除了双重任务外，其他任务测量都与儿童的数学能力有显著相关；他们在排除了阅读能力以及智商的影响后，不同数学能力的儿童仍在威斯康星卡片分类任务上有显著差异，而且那些在威斯康星卡片分类测验上表现不佳的儿童，其主要困难在于从一种分类转换到另一种分类，以及由此产生的多种连续性反应错误（Bull，2008）。罗克（Rourke，2008）在对小学儿童的实验研究中发现，转换功能不好的儿童，在计算时犯错率更高。麦克林和赫尺（Mclean & Hitch，2007）的研究证实了计算困难儿童在连线任务的完成上要比正常儿童慢，转换功能通过对多级数学问题中的策略和解决方法之间的交替支持来影响数学成绩。如果 7 岁儿童的转换能力差则会出现数学学习困难，他们是在数学运算方面存在学习困难；这些儿童在解决新的任务时表现比正常儿童差，因为这些新任务的完成需要他们从常用的策略转换到用直接提取的策略来解决（Bull & Scerif, 2001）。

斯路易斯（Sluis, 2006）的研究发现，在转换任务中失败的儿童通常是数学学习困难儿童或者双困儿童，而单纯阅读困难的儿童可能能够通过转换功能的任务测试。然而，有的研究却发现了转换功能与数学成绩之间没有关系（Espy et al., 2004；Van der Sluis et al., 2004）。如布莱尔等（Blair & Razza, 2007）发现，3—5 岁儿童的转换功能与数学能力之间没有关系，但是抑制与数学能力之间呈现显著性相关。艾普森等人在对 2—5 岁儿童的研究中发现，转换功能不能预测儿童的数学能力（Espy, McDiarmid, Cwik, Stalets, Hamby, & Senn, 2004）。

3 工作记忆与儿童数学学习困难

工作记忆会影响儿童在学校的数学成绩，这是因为儿童数学学习中的数数、数学运算以及理解数学文字应用题等过程，都需要工作记忆的参与或者把暂时储存的信息与长时记忆中的信息整合起来。工作记忆与数学成绩相关，而且是非常重要的影响因素（Raghubar, Barnes, & Hecht, 2010）。而且，工作记忆能很好地预测数学技能（Kroesbergen, Van de Rijt, & Van Luit, 2007；Passolunghi, Vercelloni, & Schadee, 2007）。工作记忆能力差的儿童在解决问题时采用不成熟的策略，在程序性数学学习中错误率高，以及数学事实提取能力差（Geary, Hoard, Nugent, & Byrd - Craven, 2005），他们在 7 岁时的数学成绩明显落后于他们的同龄同伴（Gathercole, Pickering, Knight, & Stegmann, 2004）。工作记忆的刷新与数学成绩关系非常密切，当工作记忆提高时，数学成绩就提高了（Van der Ven et al., 2011）。

具体的工作记忆对数学加工的作用的精确描述还需要进一步研究。早期数学学习困难儿童存在工作记忆缺陷，但是每个数学学习困难儿童的具体的工作记忆的缺陷并不一致（Kyttälä, Aunio, & Hàutamäki, 2010）。在对语音回路对儿童数学学习作用的研究中，得出的结论不一致。有的研究认为，数学事实提取与语音工作记忆相关，语音工作记忆最能预测小学一年级儿童加法成绩（Grube & Barth, 2004）。但是，在另外一个对 6—7 岁和 8—9 岁儿童的加法运算的研究中，却发现语音工作记忆得分低对 8—9 岁儿童有很大的影响，而对 6—7 岁儿童没有影响（McKenzie, Bull, & Gray, 2003），在这个研究中语音工作记忆对 6—7 岁儿童的加法运算影响不大。可能语音工作记忆在不同的年龄阶段对儿童数学学习的影响是不同的，而且产生这种影响的机制很复杂。

早期儿童比学龄儿童更加依赖于视觉空间记忆（McKenzie et al.，2003），这个研究对6—7岁儿童和8—9岁儿童进行了两种情境的加法测试，一种情境是在语音信息干扰下进行的，另外一种情境是视觉空间的信息干扰。结果发现，6—7岁儿童的加法成绩受到视觉空间信息的干扰，而不受语音信息的干扰；8—9岁儿童在两种情境下的抗干扰能力比较强。这可能证明了6—7岁儿童完成数学任务时需要视觉空间记忆的数字心理表征。早期儿童在解决简单加法问题时借助于假想情境的成绩比抽象数字运算的成绩更好（Hughes，1986）。霍尔姆斯和亚当斯支持这个观点，认为视觉空间记忆可以为儿童提供一个心理运算空间，这个心理运算空间帮助儿童把抽象的数字运算表征成具体操作完成运算（Holmes & Adams，2006）。工作记忆空间越大的儿童越倾向于采用直接提取的策略来解决简单的加法和减法问题（Barrouillet & Lépine，2005）。

4 执行功能对数学学习困难的预测

儿童执行功能的障碍会导致数学学习困难。视觉空间工作记忆、类别转换和抑制控制的成绩不佳，与童年中期的数学学习困难相关（D'Amico & Guarnela，2005）。布尔和塞尔夫（Bull & Scerif，2001）发现，儿童7岁时测查的工作记忆、抑制控制以及注意灵活性成绩与当时的数学能力有显著相关。布尔等使用增长曲线模型来检验4岁时基于临床测验得出的执行功能成绩与5、6、7岁时的阅读和数学成绩之间的关系。结果表明，工作记忆、抑制控制、计划、监控能力与后来的数学成绩之间存在着相关。而且，他还进一步证明了执行功能可以预测数学能力的高低，数学能力较差的儿童抑制控制能力不足（Bull et al.，2008）。6岁和7岁儿童在命名任务中的抑制控制分数与他们9岁和11岁以后的数学成绩和语音解码能力呈显著相关（Mazzocco & Kover，2007）。而且，更加复杂的转换能力能预测7岁及7岁以后的数学成绩（Van der Sluis，de Jong，& Van der Leij，2004）。还有研究发现，儿童仅仅使用抑制控制或者转换能力来解决数学问题时都不会出现困难，但是如果要使用两种能力的组合来解决复杂的数学问题时就会出现困难（Van der Sluis et al.，2007）。工作记忆可以显著地预测数学成绩（Kroesbergen，Van der Rijt，& VanLuit，2007；Passolunghi，Vercelloni，& Schadee，2007）。斯旺森等人（Swanson & Kim，2007）的研究发现，在预测小学阶段儿童的数学成绩时，工作记忆的贡献独立于命名速度，能够解释74%的数学成绩、执行功能和储存系统对儿童数学成绩的预测作用。

在科尔曼等人（Kolkman，Meijke，Hoijtink，Herbert，Kroesbergen，Evelyneseman，& Paul，2013）的研究中，对47名5岁儿童进行了执行功能与数的比较能力的测查，然后对其中21名儿童进行了旨在提高儿童数的比较的干预。贝叶斯分析（Bayesian analyses）结果显示，工作记忆比抑制控制更能预测儿童在数的比较方面的个别差异。而且，儿童在工作记忆方面的分数越高，干预之后他们在数字线估计上面的成绩提高得越多。这个结果表明了数字大小技能确实需要依赖于工作记忆。

按照数学能力分数把一年级和二年级儿童分成了低分组和正常组，对儿童的执行功能的三个成分（抑制控制、转换和工作记忆）进行了测查。运用重复测量方差分析和差异分析法来检测哪个因子的预测值最高。两个组之间的抑制控制和工作记忆之间存在显著性差异。工作记忆任务对学习困难的预测值最高，甚至超过了早期的数学能力对数学学习困难的预测值（Toll，Van der Ven，Kroesbergen，& Van Luit，2012）。

对更加年幼的儿童的执行功能与数学学习的研究也得到了类似的结论。研究选取了228名学前儿童（男孩115名，女孩113名）作为研究对象，在儿童3岁时进行了系列执行功能测查，在他们4岁时进行了早期非正式数学能力评估，在他们6岁时进行数学能力测查。儿童4岁时执行功能与6岁时的数学能力之间存在非常显著的相关，在考虑了早期非正式数学能力、社会经济地位、语言和速度加工等因素后，仍然存在着非常显著的相关。这个研究还发现，在执行功能与数学能力的相关性方面女孩高于男孩。这个研究强调了执行功能在预测儿童从非正式的数学学习转换到正式数学学习过程中存在的困难具有独特的价值（Clark，Pritchard，& Woodward，2010）。

国内学者文萍和张莉（2007）对64名小学一年级儿童的执行功能（抑制、转换、刷新）和数学能力的关系进行研究，发现数学能力与执行功能任务存在显著相关，抑制、转换和刷新对数学能力均存在显著的回归效应。这说明抑制功能、转换功能和刷新功能对数学能力都会产生直接影响，且抑制功能还通过转换功能和刷新功能对数学能力产生间接的影响（文萍，张莉，2007）。斯旺森的研究发现，学习困难儿童不仅在数学问题解决方面成绩不佳，而且在执行功能任务上也存在差异。即使是与能力相匹配而年龄却更小的儿童相比，学习困难儿童的执行功能成绩也相对较差（Swanson，2007）。

从已有的研究可以发现，儿童数学加工过程非常依赖于执行功能，且具体不同成分的执行功能在数学学习中的作用不一样。虽然执行功能与广义的智力定义相关程度很高，但是执行功能对数学的影响超越了智商（Blair，2002）。执行功能各个成分对数学的影响随着从学前阶段到小学各自影响的程度是不同的（Brocki & Bohlin，2004）。已有的研究结论虽然存在不一致的研究结果，但是可以肯定的是，执行功能是数学能力发展的一个重要认知机制。执行功能的各个成分是如何作用于学前儿童的数学学习的还需要进一步的深入研究。

第四节　对数学学习困难儿童进行数学干预的研究

数学干预能够有效地减小数学学习困难儿童与正常儿童的差距（Gervasoni，2001），干预开始得越早对儿童的发展越有利，早期预防是最有效的干预方式（Brandt，1993）。按照数学学习困难儿童的核心缺陷假说，对数学学习困难儿童进行干预也存在两种模式，一种是干预儿童的特点领域能力，即进行数学能力的干预；另外一种是对儿童一般认知能力进行干预，本研究集中探讨执行功能的干预。

1 对儿童数学干预的有效方式

1.1 游戏

早期儿童非正式的数概念和技能不是通过正式的教学获得的，而是通过游戏、观察或其他方式获得的（Mazzocco，2005）。充满趣味的游戏既可以提高儿童基本数学知识和技能，也能提高儿童学习数学的动机。掷骰子游戏是一种可以用来提高儿童数数技能的游戏（McConkey & McEvoy，1986），5 岁儿童在父母的陪伴下玩游戏可以在数数、数字学列知识、数字识别技能方面得到提高（Peters，1998）。游戏教学具有潜在的优势，因为它是在一个有意义的社会情境中发生的，而且对儿童具有吸引力，能调动儿童的参与动机（Bragg，2003）。要使干预有效，一个很重要的因素就是需要在儿童最近发展区内提供"鹰架"（Siegler，1998）。成人的介入对儿童的发展非常重要，成人与儿童的互动能使儿童获得的益处更大（Siegler，1998）。有研究运用游戏和数学故事对 23 个 5 岁儿童进行了干预，促进了干预组儿童数学能力的发展；干预的有效性具有长期效应。这个研究证明了玩数字游戏、读数学故事以及数字韵律儿歌都是能够提高早期儿童数学能力的有效方式（Young - Loveridge，2004）。另外一个研究中分别对 5 岁儿童（55 人）和 7 岁儿童（128 人）进行了数学干预研究，5 岁儿童组主要采用父母参与的小组游戏；7 岁儿童探索多种方式将游戏融入数学课程中，包括父母和儿童一起玩游戏。该研究详细记录了儿童玩游戏的过程，并运用一对一测查方法收集了儿童数学发展的数据。结果表明，当成人能够敏感地感觉到儿童在游戏中的发展需要并帮助儿童在原来的基础上扩展学习时，游戏是提高儿童数学学习能力的最佳途径。其中能促进儿童发展的一个重要的因素就是父母在游戏中与儿童的讨论（Young - Loveridge，Peters，& Carr，1998）。

一种提高学前儿童数学能力的方法是在他们开始正式学习数学之前玩棋类游戏（Siegler & Ramani，2008）。棋类游戏中蕴含着大量的数学学习内容，如数字线、计数、大小比较、空间感等。棋类游戏给儿童提供了认识和发展心理数字线、练习数数和数字识别的机会，这些对提高儿童数学能力非常重要。为了证明棋类活动对儿童数学学习干预的有效性，对来自低收入家庭的两组儿童，分别让儿童玩 1—10 方格的“斜坡与楼梯”游戏和另外一种同样有方块但是只有颜色变化而没有数字变化的游戏。每次 15—20 分钟，干预 4 次后，棋类游戏干预组儿童的很多项数学技能有了显著的提高，包括数数、数字识别、数字大小比较以及数字线估计。这些进步具有一定的稳定性，至少持续了 9 个星期（Ramaniand & Siegler，2008）。另外的研究发现，从学前阶段到小学二年级，玩棋类游戏、扑克牌游戏以及做饭游戏等对儿童数学技能的发展都有积极影响（LeFevre et al.，2009）。从以上研究可以看出，游戏对于儿童数学能力的发展非常重要，特别是在游戏中成人可以发挥非常重要的“鹰架”和指导作用。因而，游戏中成人的介入非常重要。

1.2 明确的教学与策略教学

对 183 个中小学数学学习困难儿童的干预研究的元分析，总结了提高数学学习困难儿童数学能力的四种方法：一是干预过程中采用系统明确的教学方法；二是策略教学；三是同伴互助；四是采用图像资料来表征数学问题（Browder，Spooner，Ahlgrim - Delzell，Harris，& Wakeman，2008）。对 78 个有关中小学学习困难儿童的干预研究的元分析表明，明确的教学和策略教学是两种最有效的教学方法，特别是当两者结合起来使用时尤其有效（Kroesbergen & Van Luit，2003）。这个研究与他们后来对 180 个干预研究做的元分析的结论是一致的（Swanson & Hoskyn，1998）。

明确的教学是指教师详细地解释问题解决的计划或者策略，儿童学习并运用这些计划或者策略来解决问题（Swanson & Sachs Lee，2000）。明确的教学包括以下成分：练习与探索、重复反馈、快节奏教学、个性化教学、把任务分解成一系列步骤、运用直观图、小组教学、教师直接提问。策略教学包括：系统的直接解释或描述完成任务的过程，教师讲解认知过程和步骤，系统提示和线索使用过程、策略和程序，运用"出声思考"的方式完成任务和解决问题。在另一个对小学生的数学干预的元分析中，研究考查了儿童的数学基本知识、基本技能和解决问题的策略几个方面。结果发现，对基本技能的干预方面最有效。在干预的教学方法方面，明确的教学和自我指导的效果比多媒体辅助教学的效果要好（Kroesbergen & Van Luit, 2003）。研究已经广泛认同了认知策略的教学和干预对儿童数学能力发展的影响，特别是对于早期数学学习困难儿童的影响（Montague, 1997）。

1.3 具体—表征—抽象教学方法

提高数学学习困难儿童数学能力的一个非常有效的方法就是具体—表征—抽象（concrete – representational – abstract，简称CRA）教学方法。数学学习困难儿童在表征或者抽象概念的理解和推理方面存在困难，这些儿童需要一些具体的物体操作活动或者图像的表征来帮助他们理解数概念。有研究证明，运用具体—表征—抽象教学方法有助于儿童数概念的获得和理解（Miller & Mercer, 1993）。运用具体—表征—抽象的方法对数学学习困难儿童进行数学教育可以有助于儿童进行更为精确和熟练的心理表征，更能激发儿童的学习动机和专注于当前的学习任务，提高儿童对数概念的理解，并且能更好地将学习到的数概念与具体的生活情境联系起来（Harrison & Harrison, 1986）。具体的操作活动需要儿童身体动作或者想象的参与，这样可以提高他们的记忆和理解能力（Glenberget et al., 2004）。通过具体的操作还可以有助于儿童建构对抽象概念的理解（Brown et al., 2009）。操作活动激活了与知觉加工过程相关的大脑区域，据统计，人的大脑皮层有25%—40%的区域会致力于视觉信息的加工过程（Evans – Martin, 2005）。具体—表征—抽象教学法运用到数学操作中对于补救数学学习困难儿童的学习缺陷非常有效（Miller & Mercer, 1993）。学习困难儿童在运用表征进行运算之前，必须要经历操作实物这个阶段。这是一个非常重要的发现，"因为许多教师认为，运用实物的教学是一种时间的浪费，所以直接跳过了这个阶段进入了表征阶段的教学"①。这是不利于数学学习困难儿童学习的。在另外一个研究中，研究人员运用具体—表征—抽象教学法和记忆策略教学对数学学习困难儿童进行基本运算的干预，干预后数学学习困难儿童赶上了处于正常水平的同伴。这个发现证明了

① Flores, M. M. (2010). Using the concrete – representational – abstract sequence to teach subtraction with regrouping to students at risk for failure. *Remedial and Special Education*, 31 (3), 195 – 207.

具体—表征—抽象教学法比平常的教学更能够为数学学习困难儿童提供帮助（Miller, 1998）。具体—表征—抽象教学法干预给数学学习困难儿童提供了一种更加直接、密集的干预方式，数学学习困难儿童从中受益颇多。

1.4 其他干预方式

经过培训的干预人员对儿童实施个别化干预是一种有效的方式（Wright, Martland, & Stafford, 2000）。在数学康复项目中采用了一种“练习和实践”（drill and practice）的方法来提高儿童数数，运用一些学具如积塑片和纸板来帮助儿童学习加法和减法（如将一部分积塑片藏在纸板后面），模仿口头数数，数字卡片排序，模式复制等（Wright, 1996）。澳大利亚的一个数学干预项目“丰富学习活动”发现，小组指导比一对一的干预更加有效（Gervasoni, 2001）。在这个项目中，6 岁组儿童在数数方面进步较大，7 岁组儿童在位值、加法和减法方面进步较大。从这些研究中可以发现，不同年龄的儿童对干预产生反应的方式不同，而且干预的效果在各个领域也不同。贝克和他的同事们对 15 个干预研究做的元分析发现，能够有效提高数学学习困难儿童的教学的特征包括以下几个方面：对成绩进行监控，运用同伴互助教学或者指导性教学，及时反馈（Baker et al., 2002）。对学前阶段数学学习困难儿童的研究已经证实，数学学习困难儿童如果在学前阶段得到有效的数感教育，他们在一年级时的数学成绩将显著好于对照组。儿童参与数学学习活动和游戏有利于他们获得数学知识和有益的经验。

研究者创设了一定的情境，设计了一个电脑程序，该程序设计了一系列儿童对数学事实提取的练习，在控制了时间的情况下，儿童不得不采用提取的策略而不是用手指数。进行多次练习直到儿童能够持续地使用提取策略。这个方法对大多数儿童是有效的，但是对那些总是依赖手指的数学学习困难儿童是无效的（Hasselbring et al., 1988）。最近的一些研究发现，儿童只需要付出很少的认知努力就能在解决数学运算问题过程中采用一些“捷径”准确地获得答案，例如他们运用数的组合来解决问题（例如：$3+3=6$，所以 $3+4=7$），运用运算的关系来解决问题（例如：$5+4=9$，所以 $9-4=5$），交换律等。这些方法的教学比死记硬背的效果要好（Jordan, Levine, & Huttenlocher, 1994）。心算“捷径”既能发展儿童运算的流畅性，也能促进儿童数感的发展。也有研究发现，儿童可以通过观察教师示范的解决问题的步骤学习到复杂的学习策略（Milgram, 2004）。让儿童在小组学习中通过交往表达自己的学习策略和解决问题的方法，有助于儿童同伴之间的相互学习；或者教师通过提出启发性的问题引导儿童解决问题，让儿童在同伴交往中用数学语言表达自己的推理和思维过程，有助于儿童建构自己的数概念（Baker et al.，2002）。

1.5 干预—反应模式的应用

美国科学院提出了“干预—反应模式”（Response to intervention，简称RTI），并且提倡运用这种模式来鉴别学习困难。美国的学习困难教育个别化法案（IDEA，2004）指出，实施干预—反应模式是识别早期儿童学习困难、提供干预和预防未来学业困难的重要方式。干预—反应模式是一个评价和干预同时进行的系统化过程，也是一个通过密集监测儿童的进步和根据儿童发展的数据及时做出干预调整或者加大干预密度的过程（Johnson，Mellard，Fuchs，& Mcknight，2006）。也就是说，这个模式通过递进式的层次评估和干预，“一边鉴定儿童是否是学习困难儿童，一边根据儿童的反应提供适合儿童发展需要的教育的系统”①。与传统的学习困难的鉴别模式相比，干预—反应模式存在几个突出的特点：“一是预防性，也即干预在前鉴别诊断在后；二是层次递进，反复评估和干预才做出诊断，层级越高，干预强度越大；三是评估与干预紧密结合；四是基于数据证据的干预系统；五是指向问题解决。”② 准确地说，干预—反应理论既是一种诊断模式也是一种干预模式。

干预模式是由三个层次组成的，第一个层次的干预是面对全体幼儿的教学；第二个层次的干预是为那些在第一个干预层次中落后的儿童提供的额外干预，大概有15%的儿童需要第二个层次的干预；第三个层次的干预是最密集的干预方式，大约5%的儿童参与这个层次的干预（Burns & Gibbons，2008）。所有的学生都应该在接受以儿童为中心的教育和教师明确的教学之间取得一种平衡（NMAP，2008）。单独采用其中的一种都不是最合适的干预方法。特别是数学学习困难儿童应该需要接收常规性的明确的教学（NMAP，2008）。根据干预—反应模式的层级，层级越高的儿童，对他们的干预就越需要系统的明确的教学。因此，进入第二个层次的儿童比第一个层次的儿童需要更加系统的干预和显性的指导。对儿童的指导方案还需要具体根据儿童的个性特点、学习内容以及他们各自的学习风格来确定。许多研究都支持明确的教学对提高儿童数学能力的有效性（Riccomini & Witael，2010；NMAP，2008）。明确的教学主要是指教师依据教学目

① Marston，D.（2005）. Tiers of intervention in responsiveness to intervention prevention outcomes and learning disabilities identification patterns. *Journal of Learning Disabilities*，38（6），539－544.

② 韦小满，杨希洁，刘宇洁. 干预反应模式：学习障碍评估的新途径［J］. 中国特殊教育，2012（9）：9－12.

标为儿童提供非常清晰的解释、讲解学习内容以及展示问题的解决办法和采用的策略。这种教学方法的关键因素还包括随着儿童的发展提供大量的范例，给儿童提供充足的提问和练习的机会，以及正确的反馈（Riccomini & Smith, 2012）。

在一些研究中运用了第二层干预方法来检验数学学习困难儿童的干预效果。研究者从564名小学一年级儿童中经过第一个层次的筛选识别出127名儿童需要进入第二个层次的干预，把这些儿童分成小组进行干预，每个星期3次，持续16个星期，每次35分钟干预数概念外加10分钟计算机辅助教学干预加法、减法事实提取。结果显示，在标准化的数概念、应用及文字应用题测试中，干预组儿童比对照组儿童有显著性提高。然而，在加减数学事实提取和应用方面，两个组的儿童并没有显著性差异（Fuchs et al. , 2006）。在后续的研究中，研究者集中提高儿童加减法事实提取的流畅性，对数学学习困难组儿童进行了18个星期的干预，一共50个系列，每个系列10分钟。干预后干预组儿童在数字组合和数学事实提取方面获得显著提高，但是在减法运算及文字应用题方面与对照组无显著性差异（Fuchs et al. , 2007）。这说明了练习对于数学学习的重要性。干预实验产生了显著的直接效应，但是这种积极的影响却没有迁移到数学领域其他内容的学习中去。

另一个研究把小学一年级儿童分成小组，每天对儿童实施干预15分钟，每个星期3—4次，干预持续18个星期，干预内容集中在数字概念和操作数量、数数、数字序列、基本数学事实、位值概念等方面。尽管干预小组的儿童理解数概念，但是实验却发现干预效果并不显著。该研究认为，可能是儿童没有充足的机会来练习这些数概念导致干预效果不显著（Bryant, Bryant, Gersten, Scammacca, & Chavez, 2008）。在他们后续的研究中，把小学一年级儿童的数学干预集中在早期数概念和操作上，这种方法类似于学前阶段的教学法。这个研究包括23个星期的干预时间，每个星期4次，每次干预持续20分钟，干预效果显著（Bryant et al. , 2008）。这个实验在一定程度上说明了儿童的数学学习是一个建构的过程，不是仅仅理解了数概念就可以了，还需要有充足的机会在交流、运用、沟通、解决问题的过程中发展数学能力。

有研究对139名小学一年级数学学习困难儿童实施干预—反应模式的第二个层次的干预，对儿童干预方法采用了系统化教学、数概念的图像表征、充足的练习机会，严密地监控儿童对数学技能和概念的理解的进步程度。这个干预过程持续了19个星期，每个星期进行4次，每次25分钟干预。每个干预小组由3—5名儿童组成。结果表明，干预组儿童在进步监测方面以及整个数学能力测试中成绩显著高于对照组，但是在问题解决方面与对照组之间无显著性差异（Bryant et al.，2011）。从这些研究可以看出，采用层级干预方式对数学学习困难高危儿童进行小组干预有一定的成效，干预的效果可能与干预的时间长短、密集程度以及监控有关。

2 对数学学习困难儿童数学干预的影响

由克莱门茨等人（Clements & Sarama，2008）设计的积木建构数学课程（Building Blocks mathematics curriculum）是一个复杂的课程体系，它涵盖了较多的数学主题和数字活动，比如数数、数字辨别、数的比较等。实验随机把儿童分配到实验组和对照组。他们选择了纽约的276名幼儿和35名教师参与这个研究，对照组的班级继续采用他们以前一直使用的标准数学课程，每个星期给儿童提供4次5—15分钟集体活动和每个星期10—15分钟小组活动的数学课程，并鼓励家长在家里为儿童不断提供新的活动作为补充。经过26周的学习，实验组的数学成绩显著高于对照组，效应值达到1.06（Clements & Sarama，2008）。接着，2009年，他们在另外一个研究中评估了积木建构数学课程的效果，对来自43所幼儿园的1375名儿童进行了两年的跟踪研究，实施积木建构数学课程对儿童的数学能力产生了显著的影响（效应值为0.72），但是对语言没有产生显著影响（Clements，Sarama，Lee，Lange，& Spitler，2009）。这个项目的成功证明了干预对儿童早期的数学能力有积极的影响作用。

“小儿童，大数学”（Big Math for Little Kids）项目是由美国国家科学基金会（National Science Foundation）资助的对4—5岁儿童进行综合性数学教育的项目。这个项目主要是为了提高和扩展儿童的数学知识和数学能力。运用活动和故事的方式发展儿童关于数字、形状、模式、逻辑推理、测量、数字运算和空间的能力，而且强调发展儿童的数学和数学语言的能力。充满了游戏性和趣味性的活动，也是有目的、有意义的数学学习过程，同时鼓励儿童思考和表达他们的数学思维。项目实施的效果非常明显，提高了儿童学习数学的可能性，就算是小儿童，他们也能通过游戏等方式学习到很多数学知识和技能（Ginsburg，Greenes，& Balfanz，2004）。

上述两个项目是对正常儿童进行数学干预的研究。对数学学习困难儿童的干预项目研究也取得了效果。数学康复项目（Math Recovery project）是一个包括鉴别、干预和评估数学学习困难儿童的研究项目。主要是对小学一年级的儿童进行鉴别和诊断，筛选出数学学习困难儿童，再给这些儿童提供一对一的适合他们各自发展水平的密集的干预。干预的内容主要包含计算策略、唱数、倒数、数字辨别、空间、模式六个维度。运用这个项目的干预框架，将来自低收入家庭的243个儿童配对分组成3个组进行干预。干预结束后，干预组儿童的计算策略、数数、数字辨认、空间模式和位值的理解都有显著的提高，但是倒数方面没有提高（Holly & MacLean，2003）。

对儿童早期数学干预不仅可以提高他们的数学成绩，对执行功能也能产生积极影响。在一个实验研究中，对早期数学能力测试中低分组50%的196名儿童随机分成对照组和实验组，进行早期数学干预。结果显示，干预组的数学成绩比对照组的数学成绩有显著的提高。工作记忆最能解释干预组的成长变化（Sylke，Toll，Johannes，& Van Luit，2012）。在另外一个研究中，以92名6—13岁儿童为研究对象，进行了一系列执行功能的测查，通过因素分析发现，数的比较的学习对于儿童执行功能的三个维度（抑制、转换和工作记忆）的发展都有贡献（Brocki & Bohlin，2004）。

另外一个研究对933名6岁儿童进行测查，筛选了数学能力发展低于平均成绩的儿童作为研究对象，把他们分成4个组：2个干预小组分别是工作记忆能力较低组和工作记忆正常组，另外2个对照组分别是工作记忆能力较低组和工作记忆能力正常组。对干预组儿童实施数学干预。结果显示，干预对工作记忆低下组和工作记忆正常组都产生了积极的影响。这个研究结果说明了数学干预对数学和一般认知能力的影响是交互作用的（Toll & Van Luit，2012）。另一个研究支持了这个研究结论。福克斯等人选取了一年级564名儿童作为研究对象，其中127名儿童为数学学习困难儿童，随机分配成干预组和对照组。在干预前，对所有的儿童进行了一般认知能力和数学能力评估。对干预组儿童进行了16个星期，每个星期3次的数学干预，对干预过程进行了详细的记录，并在干预后测查了数学成绩。干预对儿童的估算、数概念有显著的提高效果，但是对数学事实的提取没有效果。同时，干预降低了数学学习困难的发生率，对一般认知能力有促进作用（Fuchs et al.，2005）。

过去的很多相关研究都集中在数学能力的一个或几个方面，大多数都是强调儿童的加减运算能力。近年来，对问题解决和数感的研究逐渐增多。凯斯等人（Case et al.，1992）认为，数感是关于数学关系、数学原则（例如交换律）和数学程序的概念结构。5—6岁儿童至少发展了两种数感，一个是数数（简单的运算和数量的估算），另外一个就是心理数字线的运用。这两种数感的发展有利于儿童早期数学流畅性发展。近20年来西方对儿童的数感的研究发现，数感对儿童数学能力的影响非常大。对数感进行干预是否能够有效地提高儿童的数学能力呢？这是一个值得研究的问题。

近年来有许多研究开始关注对早期儿童数感的干预研究，特别是对来自低收入家庭的数学学习困难儿童的数感干预（一般来自低收入家庭的儿童数感比较差）。西格勒等则运用棋类游戏干预儿童的数感，用一对一的方式和儿童玩这个游戏，每个系列持续15—20分钟。完成了4个学习系列后，儿童在1—10的数数、数字线估计、数量大小比较记忆、数字认读方面都获得了显著的提高（Siegler & Ramani，2008）。可见，棋类游戏对于儿童数感的提高很有帮助。有一个项目叫作“数字世界”项目（Number Worlds program），集中对儿童实施旨在提高数感的干预活动。首先运用实物帮助儿童理解加法、减法以及数字距离，接着帮助儿童理解抽象的数字表征。这个项目的活动包括一系列的数字童谣、数数游戏、关于钱的游戏、棋类游戏。每天儿童参与将近20分钟的数学活动。格里芬（Griffin）采用随机控制实验法，将6岁儿童随机分成三个组（每组幼儿44人），分别是数感干预组、语言干预组和对照组。接受数感干预的小组的数学成绩优于对照组，而且在干预项目结束8个星期后再进行评估发现，这种有益的影响对数字能力和一般数学成绩有长期效应。而语言干预组和对照组在数学成绩各个方面没有显著性差异（Griffin，2004）。“对早期儿童实施有目的的数感干预可以发展儿童数感。”①这个项目运用了从实物到抽象的干预方法，按照儿童数感发展的轨迹，并且运用各种游戏方式对儿童进行数感干预，这可能是项目能够干预有效及产生长期效应的重要保证。

在另一项研究中，研究者把121个来自低收入家庭的5—6岁儿童随机分成实验组和对照组，对实验组进行了8个星期的数感干预，每个星期干预3次，每次35分钟，一共完成24个系列的学习。结果表明，干预组儿童与对照组儿童相比数感有了显著的提高，而且这种干预具有长期效应（Dyson，Jordan，& Glutting，2013）。也有研究对学前班数学学习困难儿童和正常儿童都进行了数感的干预，与对照组相比，2个干预组儿童的数感都显著提高了，而且这种影响具有长期性（Sood & Jitendra，2013）。这些研究结果证明了有计划、有目的和有针对性的干预可以提高儿童的数感，而且对数学学习困难儿童和正常儿童进行数感干预都是有效的，具有长期效应。

---

① Griffin，S.（2004）. Building number sense with Number Worlds：A mathematics program for young children. *Early childhood research quarterly*，19（1），173 – 180.

第五节 对儿童进行执行功能干预的研究

1 执行功能的干预方式

数学是一种复杂的技能，需要执行功能的多种成分参与。执行功能可以促进学业成绩的发展（Bull, Espy, & Wiebe, 2008; Miller & Hinshaw, 2010）。已有研究证实了执行功能可以通过训练或干预得到提高（Diamond, Barnett, Thomas, & Munro, 2007）。越来越多的教育课程和干预项目已经关注到要提高早期儿童的执行功能（Thorell et al. , 2009）。布莱尔（Blair & Diamond, 2008）认为，提高早期儿童的执行功能是预防以后学业失败的一个重要方法。

通过训练提高儿童的工作记忆和执行功能，可以提高他们的认知水平和学业成绩（Klingberg, 2002）。现有的研究中对学前儿童执行功能的干预往往采取三种策略：第一种策略是明确地培养某种执行技能的任务训练（如记忆和使用信息，集中注意力和抵抗分心）；第二种策略是培训和支持教师提高教学管理能力（如奖励儿童积极的行为，减少消极行为）；第三种策略是培训老师成为儿童学习的榜样，各种亲社会行为以及为了达成目标控制自己冲动行为的能力。采用第一种策略最典型的例子就是“心灵的工具”（Tools of the mind）课程的使用。来自随机实验的结果证明，第二种和第三种策略中儿童注意力和控制冲动行为训练对儿童执行功能的提高有显著性影响（Bierman, Nix, Greenberg, Blair & Domitrovich, 2008）。现阶段，对数学学习困难儿童进行执行功能干预的研究较少，本节内容中除了回顾对数学学习困难儿童的执行功能进行干预的文献，也分析了对正常儿童的干预的研究，以期从这些研究中得到一些启示。

1.1 起到“鹰架”作用的教学方式

“心灵的工具”（Tools of mind）课程是依据维果斯基的观点，旨在提高儿童的执行功能的课程。人类如同创造了劳动的工具一样，也创造了“心灵的工具”，这种心灵的工具，改变了人们处理、记忆及思考的方式。成人和儿童一起探索建构心灵的工具的方式，使他们能够独立并有创造力地使用工具。这个教育计划是由埃琳娜·波多娃博士（Elena Bodrova）和德博拉·梁博士（Deborah Leong）设计的。选取3—4岁儿童随机分成实验组和对照组，进行两种课程的教学。实验组实施“心灵的工具”课程，对照组实施另一种课程模式。教师用大量的时间通过“监管讲话”、戏剧表演、帮助记忆和注意力等方法训练执行功能。结果发现，“心灵的工具”课程可以提高教学质量并减少儿童执行功能方面的问题（Diamond, Bamett, Thomas, & Munro, 2007）。实验结果证明了设计强调游戏的适宜性课程可以促进儿童的学习和发展，提高他们的社会性和学业成绩（包括数学成绩）。

另外一项研究中，通过对 356 名 3—4 岁儿童进行为期一年的以研究为基础的发展适宜性（Research - based, Developmentally - Informed, 简称 REDI）课程教学，结果发现 REDI 影响了儿童的执行功能的发展（Ursache, Blair, Bierman, & Nix, 2011）。此外，蒙台梭利课程虽然没有提及执行功能，但是蒙台梭利课程中的“正常化”概念蕴含着执行功能的内涵。正常化“意味能克服障碍，抑制冲动，集中注意力，自律、独立、有序、安宁”①。研究证明，蒙台梭利班的儿童 5 岁时执行功能方面表现比其他班的儿童好，并且阅读和数学方面更好。但是在延迟满足方面没有显著性差异（Lillard, Else - Quest, 2006）。

认知行为教学方式是通过教给儿童元认知思考策略和解决问题的方式。这种教学方式可以有效地提高儿童的执行功能（Wendy & Marlowe, 2000）。例如，“如果—那么”（if - then 就是支持自我控制或完成目标任务的有效策略，能够为执行功能任务提供有效支持（Cohen, Bayer, Jaudas, & Gollwitzer, 2008）。“如果—那么”（if - then）策略的范式是：“如果遇到 A 情况，那么我将会执行 B。”这是一种将关键情境与目标指向的反应联系起来的方式。元分析表明，“如果—那么”（if - then）计划的执行大大提高了参与者的执行功能（Oettingen & Gollwitzer, 2010）。

1.2 策略训练和任务训练

对儿童进行执行功能训练的方式大体可以分成两种：一种是策略训练，一种是任务训练。所谓策略训练就是帮助儿童发展执行功能策略，如发展提高工作记忆的复述策略、联想策略等；任务训练是指以任务为依托，指向提高儿童工作记忆、抑制控制和转换能力等。

对儿童进行执行功能的策略训练，对于儿童注意力的维持、抑制控制、迷宫和数学测验都有显著的效果，而对工作记忆没有显著影响（Archibald & Kerns, 1999）。然而，也有研究发现，注意力训练对复述和阅读理解有影响，但是对数学成绩没有显著影响（Shalev & colleagues, 2007）。卢埃达等人（Rueda, Roth-

---

① 转引自 Diamond, A., & Lee, K. (2011). Interventions Shown to Aid Executive Function Development in Children 4 to 12 Years Old. *Science*, 19, 959 - 964.

bart, McCandliss & Posner, 2005）的研究通过对发展正常的学龄前儿童研究发现，通过 5 天的注意力训练，与对照组儿童相比，4 岁样本的干预组在考夫曼简易智力测量（K－BIT）成绩上有明显的改善；然而，注意力训练对 6 岁样本儿童没有影响。用注意力策略训练没有提高学前儿童的抑制控制能力。也有研究认为，复述策略训练对于工作记忆广度较低的个体更为有效（Turley, Ames, & Whitfield, 2003）。

有的研究运用三项工作记忆的测查任务（视空工作记忆任务、数字倒背以及字母广度）采用复述策略对儿童的工作记忆进行了研究。结果发现，工作记忆的训练能激活大脑相应的区域——额中回和额下回（Westerberg, 2007）。有一项研究对 38 名 9—10 岁的儿童进行为期 6 周的提高工作记忆训练，结果表明，干预组儿童不仅显著提高了视觉空间工作记忆成绩，数学成绩也得以显著提高。这种提高并不是提高了加工速度，而是降低了错误率。也就是说儿童提高了监控自己成绩的有效性。这个研究结论非常重要，也就是说通过训练儿童的工作记忆可以提高儿童的数学成绩（Witt, 2011）。这可能是工作记忆的干预具有“连锁反应”效应，这个研究结论在另外一项研究中得到了证实（Rudkin, Pearson, & Logie, 2007）。

策略训练和任务训练各有千秋，不同的干预方式可能产生不同的影响。但是由于缺乏对这些研究的元分析，因此不能肯定哪些干预方式是最有效的。运用课程的方式进行执行功能干预能够提供一些系统化的内容，干预的方式能够融入到儿童的一日生活和活动中，更具有生态效应。任务训练的方式有值得借鉴的地方，但是运用测查任务进行干预，本身存在一定的“练习效应”，因此，很难鉴别干预的有效性是来自练习还是真正提高了工作记忆能力，这在一定程度上降低了实验的效度。

1.3 融入日常生活和教学中的干预

教师对儿童执行功能的干预过程是一个从外部创设条件和施加影响到逐渐转化为内部自我控制的过程。执行功能培训“针对儿童本人的执行功能发展情况，制定个体化的计划，进行培训，内容包含对儿童的干预和对环境的干预”①。对儿童的干预：分析儿童在执行功能方面的缺陷，训练他们使用执行功能，并且逐渐撤退干预措施。对环境的干预：包括改变儿童所处的自然社会环境以减少问题

① Mccloskey, G., Perkins, L. A., & Divner, B. V. (2009). *Assessment and intervention for executive function difficulties*. Routledge.

的发生，改变儿童所要完成的任务性质以促进儿童更好地表现，改变大人对儿童的监督提示的方式。丰富的环境刺激可以改变大脑神经结构，包括增加大脑的重量和体积的变化，增加树突分支和长度，突触的大小和数量的变化，改善完成长期空间记忆任务（Nithianantharajah & Hannan，2006）。丰富的环境的两个关键因素是环境刺激的新颖性和复杂性（Sale，Berardi，& Maffei，2009）。

吉特德和霍夫（Jitendra & Hoff，1996）提出了教师如何帮助有学习困难的小学二年级儿童在数学学习过程中运用策略、改善执行功能、提高解决问题过程中的自我意识的问题。例如，在教学过程中使用言语或非言语的标签，帮助儿童有效处理内在线索和外在线索。"看看操作提示，它告诉你是减去，而不是加上。""专心做你的作业。""你是怎么写 3 的?""如果你试图解决这个问题，记住使用你学习到的每一个步骤程序。"在教学中，使用各种形式的外部提示来提醒儿童使用执行功能来进行数学计算和解决数学问题。当儿童能通过学习和使用数学技能有效地进行自我调节来使用执行功能时，要给予正强化和奖励。虽然这些措施不是以课程的模式呈现，操作性不强，但是却给教师提供了一个干预的新思路。对数学学习中执行功能的干预可以从内在调节和外在控制两个维度、环境干预和人的干预两个方面着手。这些干预对教师教育经验的提升有重要的影响，包括创设良好的学习环境、预防不良行为、创设积极的精神氛围（Domitrovich，Gest，Gill，Bierman，Welsh，& Jones，2009）。

2 对儿童进行执行功能干预的效果

马祖科等人（Mazzocco，Mazzocco，& Kover，2007）选取了 178 名 6—11 岁的儿童作为研究对象，运用 CNT（Contingency Naming Test，简称为 CNT））测查了儿童反应的流畅性（效率）、工作记忆和抑制控制，运用金斯伯格等编制的早期数学能力测查量表进行数学能力的测查（TEMA－2；Ginsburg & Baroody，1990）。研究表明，儿童 6—7 岁的执行功能分数与当前和以后的数学能力分数相关，改善早期儿童的执行功能可以提高数学成绩，工作记忆的提高有助于数学能力的提高。这一研究结论与其他学者的研究结果一致（Bull & Scerif，2001；Espy et al.，2004）。儿童每个年龄阶段的执行功能的发展具有不同的轨迹，每个年龄阶段的执行功能的各个成分与数学能力的各个方面的关系是不一样的，执行功能与数学能力之间的关系是一种较为复杂的关系（Geary et al.，2005）。检测干预的迁移效应是证明干预有效性的指标之一。如果对儿童的执行功能干预能够提高他们的数学能力，那么既可以证明干预的迁移效应，又可以更深入地了解执行功能和数学能力之间的关系。对儿童进行执行功能的干预可能对数学能力的发展有迁移作用。已有一些研究直接对数学学习困难儿童进行执行功能的干预，检验是否能够提高数学能力。

有一项研究对35名4—5岁的儿童进行了工作记忆和抑制控制的干预，持续5个星期，每天15分钟干预。工作记忆干预的方法是让儿童看在电脑屏幕上出现的一系列物体，当物体从屏幕上消失以后，让儿童回忆物体的顺序和位置。随着儿童的发展不断增加任务的难度。用5项任务训练儿童抑制控制技能，儿童在所有任务上的能力都提高了。干预结果显示，干预组儿童不仅在工作记忆方面提高了，其他一般认知能力也提高了。对照组在所有任务上都没有提高。这个研究证明了干预工作记忆对儿童其他执行功能也能产生积极影响（Bergman Nutley, Söderqvist, Bryde, Thorell, Humphreys, & Klingberg, 2011）。可见，对儿童进行工作记忆的干预可以迁移到其他认知活动。

运用电脑游戏对9—10岁的儿童进行工作记忆训练，工作记忆训练对数学的迁移效应没有随即表现出来，而是在六个月后，儿童的数学推理能力有了显著提高（Holmes, Gathercole, & Dunning, 2009）。但是由于该研究没有对照组，因此很难确定变化是否由干预引起的。另外一个研究采用小组干预的方式对51个5岁的数学学习困难儿童进行一系列工作记忆训练，有的干预任务包括数字，有的任务不包含数字，分别对两个组进行干预，对照组不施加任何影响。干预后，所有的干预组视觉空间工作记忆都提高了，但是只有包含数字干预组的儿童的数数技能提高了（Kroesbergen, van' t Noordende, & Kolkman, 2014）。这表明虽然工作记忆对数学学习很重要，但是并不意味着工作记忆的提高能够直接提高数学能力。要提高儿童的数学技能，可能需要把工作记忆的干预与数学结合起来。

芝加哥入学准备项目（Chicago School Readiness Project，简称CSRP）通过发展儿童的执行功能，同时提高了儿童数学能力。这个项目不是训练教师的教学水平，而是强调教师情绪调节能力的发展。研究者随机选择18个班级（4—5岁儿童）进行这个项目的试验，给教师提供行为训练和减压心理咨询，同时也给有严重心理问题和行为的儿童提供一对一的帮助。要求实验组的教师帮助儿童提高行为管理能力（自我控制）和提供情绪支持。实验组儿童的执行功能有显著的提高，但是对延迟满足没有影响。而且，儿童的语言和数学也有显著的进步（Raver, Jones, Li-Grining, Zhai, Bu, & Pressler, 2011）。

然而，有的干预项目并没有发现其有效性。同样是用电脑游戏对5—8岁儿童进行工作记忆的干预，后测和5个月后的测查结果显示，干预对儿童的工作记忆和心算都没有产生影响（St Clair - Thompson, Stevens, Hunt, & Bolder, 2010）。这可能说明用电脑游戏训练 5—8 岁儿童的工作记忆的方式并不适合。执行功能干预的有效性及其迁移效应到底如何，还是一个需要进一步深入研究的问题。

第六节 数学学习困难干预的理论基础

在对儿童的数学学习困难进行干预之前，需要在文献分析的基础上建立相对比较合理和严谨的干预方案。对 5—6 岁数学学习困难儿童的干预是为了提高儿童的数学能力，实施干预的步骤、程序、策略必须符合早期儿童的数学认知发展规律，也需要考虑到数学学习困难儿童的发展不同于一般儿童的发展特点。一方面，要在分析本研究实验数据的基础上针对数学学习困难儿童的数学能力缺陷和执行功能缺陷设计干预方案；另一方面，也要以已有的相关理论作为基石，形成正确的干预思路，以保证干预实施的有效性。

儿童数概念发展是一种渐进的过程（Baroody, 1993），数概念的发展依赖于个体的感性经验，是个体主动建构和社会性建构的产物（周欣，2003）。数学学习困难儿童在数学学习方面滞后于正常儿童，与正常儿童相比，他们更加依赖于成人的帮助和支持。“干预”是一个术语，“指通过一系列活动提高儿童的发展水平”①。在理想的状态下，干预始于对数学学习困难儿童的学习和环境的优势、劣势以及需求进行评估，在对需要帮助的儿童提供学习的支持的同时也监控儿童的发展，并对其发展进行重新评估（Ramey & Ramey, 1998）。可见，对数学学习困难儿童实施干预的过程就是成人在诊断儿童数学学习缺陷的基础上，通过创设各种学习条件，提供“鹰架”帮助儿童克服学习困难，让儿童在互动过程中建构数学能力的过程。基于干预的这些构成因素，本研究以建构主义理论、发展适宜性理论、游戏理论、干预—反应模式理论以及认知负荷理论为基础，思考和构建干预方案。

1 建构主义理论

依据皮亚杰的观点，儿童是在主动与他人、环境、文化的互动中建构对世界的认知的。儿童的认知是个体在环境中为了解决认知冲突，通过同化与顺应达成

① Ramey, C. T., & Ramey, S. L. (1998). Early intervention and early experience. *American psychologist*, 53 (2), 109 - 121.

均衡的内在控制过程。知识起源于主体与客体的交互作用，“理解就是创造”，也就是说，儿童的学习不仅要动作操作，更重要的是学习者对自己操作行动的反思（Piaget，1976）。皮亚杰将儿童发展划分为“感觉运动（0—2 岁）、前运算（2—7 岁）、具体运算（7—12 岁）、形式运算（12—15 岁）四个时期”①。5—6 岁幼儿处于从前运算到具体运算的过渡期，他们需要大量的探索、发现以及与他人、环境的互动，特别强调行动的重要性，特别是幼儿，操作实物对于他们建构认知非常重要。儿童最初的运算来自于实际的动作和对动作的反思。直接的、具体的感性经验是幼儿理解抽象的言语概念不可缺少的条件。只有当以词为标志的概念与幼儿直接感知的经验之间建立起适当的关系时，概念的实际意义才能真正被幼儿所理解。因此，需要为幼儿提供实际活动和游戏的机会为他们积累感性的、具体的经验。

“儿童数概念和执行功能的发展是渐进的，它建立在感知经验的基础上，同时又是一种社会化过程。”②维果斯基提出的“最近发展区”的理论意味着教学可以引领发展，游戏和教学可以创造最近发展区。他强调自主建构也强调主体间性的作用，提倡运用“鹰架”式教学方法，鼓励儿童之间的合作学习。布鲁纳发展了这一观点，认为人并非是仅仅基于个人在自然状态中建构知识，而是通过与他人讨论、协商，经过中介过程而获得知识。在儿童的学习中，教师的介入对儿童的学习非常重要，尤其是年龄尚小的学龄前儿童。“教师的积极作用在于以极其不同的方式‘塑造’、‘裁剪’与‘整合’对儿童进行教育的各种因素，以解决他们肩负的教育任务。”③

维果斯基把人类的心智成熟过程看作是从低级心理机能到高级心理机能的发展过程。“低级心理机能借助外在的精神生产工具（如符号、词汇等），能够逐渐发展为高级心理机能。”④高级心智机能，如推理、判断、有意记忆、语言、想象等是个体在其探索世界的活动中，通过与他人的交往、交流而得以内化和习得。“鹰架”式教学的目的在于促使以儿童的智力潜能为核心的学习潜能变为现实，其实质就是帮助儿童跨越最近发展区。认知发展在社会交互中产生，社会交互不是简单地激发个体内部变化的外部力量，它本身也是发展变化机制的一部

---

① 刘金花．儿童发展心理学［M］．上海：华东师范大学出版社，2006：76.

② Robert S. Siegler 著，林美珍编译．儿童认知发展：概念与应用［M］．台湾：心理出版社，2004：101.

③ 周淑惠．幼儿数学新论：教材教法［M］．台湾：心理出版社，1995：56.

④ 龚浩然．维果斯基关于高级心理机能的理论［J］．心理学报，1985（1）：20.

分。心理功能第一次发生变化是在人际心理层面，第二次发生变化是在个体心理层面。儿童的行为受到文化工具的调节，包括作用于环境的技术工具和用来思考的心理工具。语言是“最基本的心理工具，一般来说人们会使用语言来计划、记忆、形成概念、解决问题和调节行为”①。维果斯基认为，语言是最初始的文化工具，人们用它来修正行为。也就是说，语言在人的发展中起着调节的作用。在社会化形成心智思考的过程中，语言扮演了非常重要的角色。通过语言可以呈现社会经验，也是思考的必要工具。语言是介于社会文化与个人心智功能之间的重要桥梁；也是人们自我规范、调节心理，以及在思考过程中非常有用的工具。儿童使用语言来调节自己的行为，表现为“自言自语”现象，即他们在探索和解决问题时常常和自己说话。自言自语最终会变成无声的、内化的和自己之间的对话。

维果斯基认为，教学要走在发展的前面，教师可以促进儿童的发展并且帮助他们从需要协助到独立完成任务，需要借助一些中介物这样的心智工具来达成目的。儿童先前冲动地解决问题，现在可以透过内在的、在刺激物与相对的附属符号之间所建立的关联来解决问题……符号系统重新建构整个心理的过程。在学前期，“中介物对于儿童的知觉、注意力、记忆与思考等在最近发展区内发展是最有帮助的东西”②。中介物的形式有很多种，例如运算时使用手指进行运算、解决问题时运用的结构图、操作游戏中运用的材料等。学前期儿童中介物的运用与他们从事的具体活动和游戏有关，例如绘画、积木游戏等。数学学习中儿童运用这些中介物来演示数量关系，可以帮助儿童以抽象的方式来思考生活中的真实物体之间的关系。中介物的作用实质就是一种“鹰架”，帮助儿童从需要大量帮助过渡到能独立完成任务。因此，教育者帮助儿童获得发展就需要考虑如何引入中介物，如何帮助儿童学习使用中介物，以及在什么时候撤去这些中介物或者是否应该运用新的中介物来代替旧的中介物。在数学的学习和教学中如何适时适当地使用中介物以及在帮助数学学习困难儿童的过程中如何使用中介物都是十分值得探讨的问题。

---

① Robert S. Siegler 著，林美珍编译．儿童认知发展：概念与应用［M］．台湾：心理出版社，2004：56.

② Bodrova，E.，& Leong，D. J.（2006）．*Tools Of The Mind*：*The Vygotskian Approach To Early Childhood Education.* Pearson/Merrill Prentice Hall，66.

2 发展适宜性理论

发展适宜性教育（Developmentally Appropriate Practice，DAP）指的是基于儿童发展水平、有助于儿童达到一定发展目标的教育实践。也就是说，“要为儿童提供与其发展水平相适宜的教养环境、材料、教育内容和方法”①。最初，这一概念中的“适宜性”是指年龄适宜性和个体适宜性。接受发展适宜性教育的儿童的学业成绩显著高于其他儿童（Huffman & Speer，2000）。经过修订，2009年美国幼儿教育协会强调发展适宜性与儿童有关的三种知识相关：“儿童的年龄特征、儿童的个体差异以及儿童生活的社会文化背景。”②因此，在教育实践中，教育者需要把握住儿童发展和学习的特点、个体差异及社会需求，提供最适合个体发展的教育。为数学学习困难儿童提供与他们的发展相适宜的干预活动是保证干预有效的前提和基础。从发展适宜性的哲学理念来看，“它不是仅仅遵从于‘建构主义’或‘教导主义’的单一课程哲学，而是尝试在这两者之间取得某种妥协和平衡，既强调儿童自发活动的价值，也重视教师的指导作用，既重视儿童的能力发展，又不忽视儿童的学业成就”③。发展适宜性是“一种构建，一种哲学，为决策制定提供信息和反思问题的哲学指南”④。因此，在运用发展适宜性理论时不能把它当成一种教条，而应当作一种实践的指导思想。它可以“启发人们检查当前的教育实践，并帮助教育者为儿童创造出最具支持性的学习环境”⑤。也就是说，教育既需要考虑儿童的年龄特点和个体需要，也要考虑社会文化的要求，以此为基础为儿童提供最适宜他们能力、需要、发展需求的支持性环境。

人类个体的发展具有差异性，即使同一个年龄阶段的儿童各自的发展水平也是不同的。我国《3—6岁儿童学习与发展指南》指出：“幼儿的发展是一个持续、渐进的过程，同时也表现出一定的阶段性特征。每个幼儿在沿着相似进程发展的过程中，各自的发展速度和到达某一水平的时间不完全相同。要充分理解和

---

① 郭力平．早期学习标准与发展适宜性教育的冲突、融合及其启示［J］．幼儿教育（教育科学），2008（10）：12－18.

② Copple，C.，& Bredekamp，S.（2009）．*Developmentally appropriate practice in early childhood programs.* Washington，DC：National Association for the Education of Young Children，168.

③ 霍力岩．发展适宜性实践的主要观点及其有益启示［J］．福建教育，（Z3）：46－49.

④ 卡罗尔．斯特维奇（Carol Gestwicki）著．霍力岩等译．发展适宜性实践：早期教育课程与发展［M］．北京：教育科学出版社，2011：28.

⑤ Gestwicki，C.（2013）．*Developmentally appropriate practice：Curriculum and development in early education.* Cengage Learning，152.

尊重幼儿发展进程中的个别差异，支持和引导他们从原有水平向更高水平发展。”①注意儿童发展过程中的个别差异，才能创造出最适宜儿童的教育，才能促进儿童和谐发展。“每个儿童都有很强的个性，同样任何科学都必须对本学科的所有材料作出判断。教育者只有熟悉她班上的每个儿童，才能去设计一种教育方案，使之达到科学的标准，或者艺术的标准。如果教师不了解各个儿童的实际情况，他们就不可能知道自己的假定计划是否有价值。”②

儿童在开始正式数学学习之前已经表现出极大的个别差异（Aunio et al., 2009）。研究发现，早在儿童3岁左右就在数数和基数概念方面表现出了个别差异，而且这种个别差异在其后的三年中表现出极大的稳定性（周欣，2006）。儿童在使用数字符号系统的能力方面也存在着个体差异，这种差异主要源于儿童对数字系统中蕴含的“中心概念结构”（central conceptual structure）理解的差异（Griffin, Case, & Siegler, 1994）。对于数学学习困难儿童而言，他们在数学学习方面落后于一般儿童，而且数学学习困难儿童属于异质性群体，每个儿童的核心缺陷都不一样。个别化游戏和活动也许是干预数学学习困难儿童最有效的方式（Dowker, 2013）。对于这些儿童，需要提供一个让他们充分参与的支持性环境，让他们在已有的水平上获得补偿性发展。

干预者必须了解每个儿童的不足之处和他们的基本需要，并能够做出必要的调整，帮助儿童参与到游戏中并学习知识与技能。在观察每个儿童的游戏和学习的基础上，提供与儿童发展需要相适应的必要支持，在干预过程中做出必要的持续性调整。这些调整可能包括：（1）游戏材料的调整。因为不同的儿童具有不同的认知结构，因而需要不同类型的学习材料。一方面，如果给儿童提供他们无法同化的学习材料，对儿童没有意义；另一方面，如果材料完全被同化，可能也难以产生学习效果。因此，给儿童提供的材料要有已知的部分和未知的部分。例如，同样是干预数字与数量的对应，对有的儿童需要提供不同形状的物体，对另外一些儿童却要提供相同形状的物体。这主要是由他们的已有经验中对数量关系的理解程度不同决定的。在执行功能干预活动中，可以根据儿童在游戏中的表现，增加材料的数量或复杂程度以提高任务的难度。（2）根据儿童的兴趣和需要而做出调整。“应该根据儿童的准备水平、学习兴趣和学习需要来主动设计和

① 教育部．3—6岁儿童学习与发展指南［EB/OL］．2012-09-20. http://www.moe.gov.cn/publicfiles/business/htmlfilesdmoe/s3327/201210/xxgk_143254.htrrd.

② 杜威．学校与社会·明日之学校［M］．北京：人民教育出版社，1994：70.

实施多种形式的教学内容、教学过程。”①兴趣和需要是儿童发展最重要的内驱力。为了激发儿童的兴趣，可能会改变游戏形式。例如，有的儿童不喜欢积木类游戏，但是却喜欢插片类建构游戏，就可以根据他们的兴趣用插片类游戏来实现学习目标；还有的儿童不喜欢安静的桌面操作材料，喜欢户外体育活动，那么可以把数的互动渗透到体育游戏中，如数跳绳的次数，跳数字房子等。(3) 活动和游戏的灵活性。要使活动和游戏适宜于儿童的发展，就必须能够依据不同儿童个性特征、能力水平、情感特征等设计个别化的学习方案，使每个儿童都能在最近发展区内取得进步。这就要求活动和游戏目标的设计要具有弹性，活动形式要多样化，活动进程能够灵活地依据儿童的发展速率进行调整。

3 游戏理论

依据皮亚杰的观点，儿童游戏是一种同化活动，儿童通过游戏将周围的情景融入到自己的心理结构中，是个体构建认知图式和发展的一部分。因此，需要“为儿童提供丰富的学习、游戏的环境和机会，鼓励儿童去思考、去理解和解决问题”②。游戏是帮助儿童健康成长的重要手段，是儿童认知发展的一个重要来源。维果斯基认为：“游戏可以直接促进儿童发展。”③儿童通过思考并解决游戏中出现的问题，发展了思维能力。操作游戏可以锻炼儿童的动手能力，还可以提高儿童解决问题的能力。装扮游戏促进儿童情感、认知、社会性及模仿能力的发展（Johnson, Christie, & Wardle, 2005）。随着儿童的成长，他们的游戏从自发的、非结构的虚拟游戏发展到结构化的、正式的、有组织有规则的游戏。维果斯基认为，游戏对儿童发展非常重要，其中一部分原因是儿童能够在物体和动作的表征水平上来学习使用这些物体和动作，由此儿童从具体思维逐步向表征和抽象思维过渡。“在游戏的情境及其所拥有的角色与规则体系——谁应该做什么以及在游戏情境中允许参与者做什么——对于促进儿童执行功能能力的发展具有独特的作用。”④游戏之所以可以促进儿童发展，最因为儿童在游戏中的表现是不断超越自己的发展水平的。“在游戏中，儿童总是有超越他年龄与日常生活的行为举

---

① Carol Ann Tomlinson 著．刘颂译．多元能力课堂中的差异教［M］．北京：中国轻工业出版社，2003：51.

② 凯斯，庆霖．智慧的发展：一种新皮亚杰主义理论［M］．上海：上海教育出版社，1994：78.

③ 吴幸玲．儿童与游戏发展［M］．台湾：杨智文化事业发展有限公司，2003：124.

④ Johnson, J. E., Christie, J. F., & Wardle, F.（2005）. *Play, development, and early education.* Allyn & Bacon, 65.

止。在游戏中，如同之前一样，是超越自己的。游戏以一种集中的方式包含了所有的发展趋势，就好像是在放大镜的焦点上，儿童试图超越他平常的水平。游戏之于发展的关系，应该是教学和发展之间的关系……游戏是发展的一个来源，并且创造了最近发展区。"①可见，游戏对于儿童发展具有其他活动不可替代的作用。儿童在游戏中可以通过探索、发现、计划、思考，积极主动地建构自己的经验和认知。游戏的发展是更熟练的游戏伙伴提供游戏技能的结果。

所有的儿童，包括数学学习困难儿童，都有能力在游戏过程中获得基础性数学知识（Özdoǧan, 2011）。这是因为"儿童天生就是数学家"②。如果要让儿童成为"数学家"，必须证明数学是充满着乐趣和有用的，将游戏和数学有机结合起来是非常有意义的途径。游戏是一种让儿童感到愉悦的活动，同时它包含了逻辑程序，帮助儿童在游戏过程中学习如何计划、组织和建立关系。数学游戏不仅仅是一种简单的引起儿童学习兴趣的活动，同时承载着数学学习内容和过程，只要成人引导恰当，儿童能够在游戏过程中不断提出新的挑战，并不断超越自己。数学游戏可以成为儿童社会化和合作性的活动，也可以是他们个别化的、安静的活动（Griffiths, 1994）。他们会把日常的生活经验运用到游戏和戏剧中，这些生活经验包括了数学经验。例如，他们在"买卖东西"的游戏中，自然而然地运用数数（数钱）、加减等。数学游戏能够提高儿童逻辑思考能力和练习运用数学的过程性知识，例如加法、减法、均分（Burton, 2010）。有的研究者发现在数学游戏过程中，儿童会自动将已有知识与当前的游戏情境结合起来（Holton, 2001）。数学游戏不仅帮助儿童巩固已有的知识，而且还能有助于解决未来将要出现的数学问题。在游戏过程中，儿童在遇到各种问题的同时也建构了不同的解决问题的方式。总之，数学游戏能支持儿童逻辑思考能力的发展，并为其创造一个良好的学习环境。

对儿童而言，游戏是一种观察、排练、练习、模仿、探索、重组、转换、发现、扩展的活动（Hughes, 1991）。"当儿童使用材料或物体去制造其他东西时，他们就正在进行建构性的游戏。"③积木游戏是儿童喜欢的一种游戏，积木游戏对

---

① Vygotsky, L. S. (1978). *Mind and society: The development of higher mental processes.* Harvaed Univerisity Press, 121.

② Özdoǧan, E. (2011). Play, mathematic and mathematical play in early childhood education. *Procedia - Social and Behavioral Sciences*, 15, 3118 - 3120.

③ 卡罗尔·斯特维奇（Carol Gestwicki）著．霍力岩等译．发展适宜性实践：早期教育课程与发展［M］．北京：教育科学出版社，2011：31.

儿童数学和执行功能的发展都具有积极的作用（Climents & Sarama, 2008）。这个阶段的儿童能够通过对积木的操作、重组、建构、实验等，对积木进行分类、数数、排序、拼搭。5—6 岁儿童的建构游戏已经能够展现出较高层次的水平，不仅在操作上更加复杂，而且这种建构游戏也具有互动意义和象征意义。规则类游戏包括一些竞赛类的游戏，如扑克牌、大富翁、飞行棋、电脑游戏等，对于学前儿童数学能力的发展都十分有意义，但是这一类型的游戏需要成人的参与。儿童在规则游戏中，成为“严肃的游戏者”，必须具备一些基本的逻辑思维和控制能力（Wasserman, 2000）。这类游戏可以培养儿童策略性的规划能力、合作能力和逻辑思考能力；而且，还能够促进儿童执行功能和自我调节能力的发展，如注意力和抑制控制能力（Whitebread, Coltman, Jameson, & Lander, 2009）。

4 干预—反应模式理论

干预—反应模式（Response to intervention, RTI）理论是一种干预模式，也是一种诊断模式，现在也有人把它当作一种预防学业困难的模式（Fuchs et al., 2010）。这是一种尽早为学业困难儿童提供密集干预以提高他们学业能力的模式。在学前阶段对儿童实施早期干预非常重要。由于现在的幼儿园数学学习活动时间的有限性以及缺乏对数学学习困难儿童的诊断以及有效支持、帮助和干预，使得这些儿童长期得不到关注和帮助，有可能进入小学后成为持续的数学学习困难儿童（Morgan et al., 2009）。有的干预模式是一种“等到失败后干预”（wait for fail）的模式，也就是说等到发现儿童学业失败后才开始干预。而干预—反应模式是一种以预防学业问题和确诊学习困难儿童为目的的干预模式。

理解干预—反应模式隐含的意义非常重要。干预—反应模式是指以研究为基础，为儿童的学习先提供支持，然后通过观察他们的反应或没有反应来确定他们是否需要额外的、更加密集的干预（Riccomini & Simith, 2012）。干预—反应模式是一种根据儿童的需要为他们提供一种适合于他们发展的教学，需要一边诊断一边干预。简单地说，干预—反应模式就是给儿童提供适合他们需要的高质量的干预。它有两个目的，预防学习困难和诊断学习困难。干预—反应模式可以分为三个层级（如图 2-6-1），层级越高干预的密度和强度越大。它要求使用问题解决模式或者标准化的干预程序进行干预。用不同的方法实施不同的课程，依据各个儿童的需要决定干预的持续时间、频次、干预的具体措施和时间，用明确的规则来判断学习者的进步。对数学学习困难儿童进行筛选是干预—反应模式非常重要的一个组成部分。运用这种模式进行干预至少包括四个因素：清楚地界定问题、基线数据（干预前的表现，用来反映干预的有效性）、学习目标以及进步监测计划（Witt & Gilbertson, 2004）。

首先是对儿童进行评估，对儿童的评估主要是两个作用，一是诊断数学学习困难，二是监测干预过程的进步。对儿童进行评估是检测其预测效度：这个测试是否能够预测儿童未来的学业能力，以及对学习困难儿童的鉴定是否准确。此外，还应该关注该测试对成长是否具有较好的敏感性。早期儿童数学评估以及发展监测主要集中在儿童对数概念的一般性理解和数感的发展上。测量范围主要集中在数学能力的一些维度如数的比较或者运用数数策略（Lembke & Foegen, 2009）。对儿童进行数学能力发展检测的三个方面是：数字识别、数距、数数策略。一些研究报告了儿童数学能力的周增长率是 0.25—0.75（Foegen, Jindal, & Deno, 2007），不同年级的数学学习困难儿童的平均增长率为 0.38（Shapiro, Edwards, & Zigmond, 2005）。进步监测测试是一种对儿童数学能力的多次评估，可以每个星期评估一次，也可以每个月评估一次，实施的时候可以根据研究的具体需要进行调节。

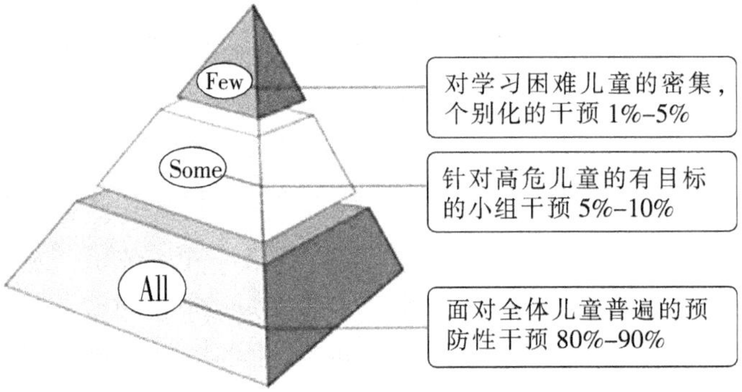

图 2－6－1　干预—反应模式图

引自：Andrew Krugly. Positive Behavior Interventions and Supports: a renewal process . 2013/09/02. http://www.sociableblog.com/pbis－positive－behavior－interventions－and－supports/.

干预—反应模式由三个层次组成，随着层级的提高，每个层次干预的强度、密度和评估会增强（Burns & Gibbons, 2008）。第一个层次的干预是面对全体儿童的普遍性的教学（在幼儿园的班级中完成），这种干预类似于幼儿园的集体教学活动，教师基于课程对全班儿童进行教学。这个层次包括教师使用各种教学方法和教学策略。这个层次的干预目标是期待 80% 以上的儿童能够达到教学目标（Christ, 2008）。第二个层次的干预是为那些在第一个干预层次中落后的儿童提供的额外干预，大概有 15% 的儿童需要第二个层次的干预（Burns & Gibbons，2008）。这个层次的干预需要每个星期 3—5 天至少 30 分钟的干预，以小组干预方式为主（Burns & Gibbons，2008）。小组干预的方式比一对一的干预方式效率更高，但是每组人数最多 7 人，每个月至少进行 1—2 次发展评估。第三个层次的干预是最密集的干预方式。儿童在第二个层次的干预效果不够显著时，需要进入第三个层次的干预。这个层次的干预需要每天为儿童提供至少 30 分钟的干预。对干预者与儿童的比例的要求比较灵活，但是必须要保证每个儿童都得到了密集的、个性化的针对他们数学或者认知缺陷的干预。大概 5% 的儿童需要第三个层次的干预。由于这些儿童往往表现出学习困难或者学习障碍，因此需要密集地评估他们对干预的反应，也就是说至少每个星期需要评估一次他们的进步（Fuchs et al.，2010）。

5 认知负荷理论

认知负荷理论（Cognitive Load Theory）由澳大利亚心理学家约翰·斯威勒（John Sweller）首次提出。认知负荷是指“同时被要求施加在工作记忆上的智力活动的全部数量，即工作记忆必须注意和处理的全部任务”①。认知的负载是有一定量的，不能超过人类的工作记忆容量，否则就会造成学习困难。由此可以推论，具有工作记忆缺陷的儿童，只有通过干预促进其工作记忆发展，才能有效提高他们的学习能力。在分析信息结构与认知结构关系的基础上，认知负荷理论提出对信息加工过程中施加影响的认知负荷类型有：“内部认知负荷、额外认知负荷和相关认知负荷。由元素间交互形成的认知负荷称为内部认知负荷（Intrinsic Cognitive Load），它取决于所要学习材料的本质与学习者对专业知识之间的交互程度；额外认知负荷（Extraneous Cognitive Load）是超越内部认知负荷的额外负荷，也是一种无效的认知负荷；相关认知负荷（Germane Cognitive Load）是指与促进图式建构和图式自动化过程相关的认知负荷。”②

内在的认知负荷是“固有的、稳定的，无法通过教学操纵来改变的，学习材

① Sweller，J.（2010）. Element interactivity and intrinsic，extraneous，and germane cognitive load. *Educational Psychology Review*，22（2），123－138.

② 吴先强，韦斯林. 国外认知负荷理论与有效教学的研究进展及启示［J］. 教育学文摘，2009（2）：73－75.

料越多越复杂，占用的内在认知负荷就越多”①。外在的认知负荷无助于学习，它主要是由设计不当和教学活动组织不当引起的。相关联认知负荷是一种有利于提高学习效率的认知负荷。“儿童学习图式的建构与自动化可以使学习者不需要花费太多的意志努力就可以进行信息加工，从而降低工作记忆的负荷，释放更多的认知负荷空间来提高学习效率。”②前后情景干扰（如随机排列的练习程序）和不完整样例学习，可以提高儿童的关联认知负荷，从而提高儿童的学习迁移成绩（Renkl & Atkinson, 2003）。这一研究结果可以运用到干预中去。因为数学学习困难儿童迁移能力差，通过这种方式提高儿童的迁移能力对于数学学习困难儿童非常重要。就目前的研究看，认知负荷的管理主要“运用支架、减退、分步、剔除等策略来减少外在认知负荷；运用学习策略、提前训练与先行知识的建构等策略来控制内在认知负荷；运用图式和认知结构的构建与自动化来增加关联认知负荷”③。这些策略有利于提高儿童的学习效率和提高干预的有效性。

为了促进有效学习，在教学过程中应该“尽量减少外部认知负荷，增加相关认知负荷，并且使总体认知负荷不超出学习者能承受的认知负荷”④。儿童在学习过程中可以通过扩展工作记忆广度来帮助学习（Schnotz & Kürschner, 2007），但是儿童的工作记忆容量总是有限的。当活动所需的认知资源超越了工作记忆的容量，就会造成认知超载（Cognitive Overload）。对数学学习困难儿童而言，认知负荷是教育干预活动设计时必须要考虑的因素。因为对这些儿童而言，他们的工作记忆存在缺陷，所以不能让他们有限的认知资源被外在的一些认知负荷占用而降低学习效率。干预者可以尝试用尽量简单的材料和简化的语言与儿童交流，把干预内容分成多个部分小步骤地进行干预，每次干预的内容不要过多，时间不要太长。对数学学习困难儿童进行干预需要优化教学过程，尽量通过一些“鹰架”来降低儿童的额外认知负荷，运用各种策略（如排除冗余信息、把学习内容划分成几个部分、教给儿童一些学习方法等）帮助儿童学习。

① Paas, F., Tuovinen, J. E., Tabbers, H., & Van Gerven, P. W. (2003). Cognitive load measurement as a means to advance cognitive load theory. *Educational psychologist*, 38 (1), 63－71.

② 赵国祥．刘志军．解密学业负担——学习过程中的认知负荷研究平［M］．北京：科学出版社，2011：124.

③ 赵国祥．刘志军．解密学业负担——学习过程中的认知负荷研究［M］．北京：科学出版社，2011：136.

④ 周爱保，马小凤，李晶，崔丹．提取练习在记忆保持与迁移中的优势效应：基于认知负荷理论的解释［J］．心理学报，2013（8）：4.

第七节 对已有文献的评析

1 已有研究的进展与不足

回顾对数学学习困难儿童的研究文献，可以发现，虽然国内外对数学学习困难的研究已经有一定的历史，也已经取得了比较丰硕的研究成果。对早期儿童数学学习困难的研究，国外的研究特别是美国的研究要远远领先于我国。从文献的检索来看，现今国内对于早期数学学习困难的研究与预防还没有引起足够的重视。然而，意识到早期数学学习困难的诊断和干预对于预防小学以后的数学学习困难有着积极的意义。不得不承认，相比于对阅读困难的研究，数学学习困难的研究还相对较少。现有国外的研究揭示了早期数学学习困难问题的一些重要基本信息，在一定程度上为数学学习困难儿童的教育干预提供了依据，但是从总体上看，这些研究还是比较分散和零碎。

1.1 数学学习困难的界定

现在的研究对数学学习困难的定义仍然没有达成共识。已有的研究各自选择数学学习困难的标准都不相同，可能造成一些研究结果上的差异。如果对数学学习困难儿童的核心缺陷难以确定，就难以形成有效的干预框架。就如语音解码是阅读困难的核心缺陷一样（Torgesen, Wagner, & Rashotte, 1994），研究者期待发现数学学习困难的核心缺陷，以此为基础提出能够被普遍接受的定义和有效的干预框架。随着对早期儿童数感研究的深入，一部分研究倾向于承认数感是数学学习困难的核心缺陷。虽然对于数感的界定没有达成共识，但对数感的组成成分已经基本上达成了一致（National Research Council, 2009），这方面的进展给干预研究带来了便利。

以数学能力最低分的10%作为数学学习困难儿童的选择标准已经被广大研究者接受。现有的研究倾向于认同对数学学习困难的界定必须要有至少两个时间点，儿童的数学能力在两个时间点都低于切割点（如10%或者15%）才能诊断为数学学习困难（Geary, 2010）。大部分的研究仍然还是采用一个时间点来诊断数学学习困难，在分析和借鉴这些研究成果时，需要进一步深入地了解两种不同的诊断方法是否对研究结果造成了影响。本研究中对数学学习困难儿童采用《早期儿童数学能力测试》（TEAM）分数为总体样本的最低的10%这一临界值作为筛选对象，并排除了智商低分儿童，由于时间的限制，只用了一个时间的分数进行数学学习困难儿童的筛选。但是，在筛选数学学习困难儿童时，同时参考了教师评定结果，综合考虑了数学能力分数和教师的评价结果才确定本研究的数学学习困难儿童的研究对象。这样可以避免“错选”数学学习困难儿童；同时还可以更好地借鉴和参照国外关于数学学习困难的研究成果，并与国外研究结果进行交叉比较，能更加全面深入地把握学习困难的成因及干预措施。现阶段数学学习困难鉴别的“标准模式”已经广泛应用于研究领域，这意味着数学学习困难只是一个相对的概念，它根植于一定的文化，属于群体中数学能力相对落后于他人的群体。

1.2 对数学学习困难儿童核心缺陷的研究

国外对早期儿童的研究中有一些纵向跟踪研究，从早期儿童（3—5 岁）开始跟踪到小学三年级甚至五年级，历经时间比较长，实验设计严谨，数据真实可靠。特别是考察了从学前阶段到小学阶段的数学学习困难儿童的成长变化，为本研究提供了可靠的理论依据和实践经验。研究范围大多集中在数数、运算及其策略，主要是进行数学学习困难儿童、低分组与高分组（或者正常儿童）之间的比较，也有的是进行数学困难组、阅读困难组、数学困难和阅读困难双困组、正常组儿童之间的比较研究。从这些研究中可以发现，不同组别的儿童、不同学习困难儿童的数学能力的发展轨迹不一样，数学学习困难组和低分组之间的差别也很大。这些跟踪研究的结果表明，数学学习困难组儿童与正常组儿童发展轨迹是类似于“平行线”的。而且，对于大多数数学学习困难儿童个体来说，数学学习困难存在一种累积效应。他们与正常儿童的差距不会随着年级的增长而消失，而是越来越大（Morgen et al.，2009）。因此，对数学学习困难儿童的早期干预可尽早消除这种差距，对于防止数学学习困难儿童未来的学业困难特别重要。国内对早期数学学习困难的认知机制还知之甚少，早期儿童数学发展具有很大的动态性和可塑性，抓住这个干预的关键期尤其重要。

对于造成儿童数学学习困难的核心缺陷机制的研究主要讨论了两类核心缺陷。第一类是数量、数字能力、运算、数感等特定领域因素方面的缺陷（Geary et al.，2012）；另一类是执行功能、语言能力、加工速度等一般性认知因素方面的缺陷（Murphy et al.，2007）。与中小学学习困难儿童的研究相比，聚焦于学前阶段数学学习困难的研究相对较少。目前对 5—6 岁数学学习困难儿童执行功能缺陷和数学能力缺陷都需要进行研究。因此，诊断这个年龄段数学学习困难儿童的缺陷，并在此基础上通过干预来考察数学能力与执行功能之间的关系，具有重要的理论意义和实践价值。

1.3 数学能力与执行功能的关系

本研究中对儿童一般认知能力的考察主要局限于执行功能。儿童数学能力与执行功能之间的关系较为复杂。近年来许多研究集中在讨论执行功能是否可以预测儿童数学能力的发展，执行功能的各个组成部分转换、抑制、工作记忆技能是否会对数学思维的发展产生影响。这三个因素都能单独预测数学运算技能成绩，但是并不是说执行功能差就是数学学习困难儿童，而且并不是所有数学学习困难儿童在这三个方面都存在问题（Ellen Curtis Boiselle, 2007）。现有的研究还进一步发现，不同年龄的儿童数学能力对视觉空间工作记忆与语音工作记忆的依赖程度不一样，9 岁以上的儿童在完成数学任务时更依赖于语音资源，9 岁以下的儿童依赖于视觉空间资源。视觉空间工作记忆在早期儿童的数学表现中发挥了更重要的作用，因为使用心理模型时需要视觉空间工作记忆资源（Kyttala, Aunio, & Hautamaki, 2010）。因此，在考察儿童工作记忆时，最好能够同时从视觉空间工作记忆和语音工作记忆两个维度进行考察。本研究的考察工具中既有涉及视觉空间工作记忆的任务，也有涉及语音工作记忆方面的任务，但是由于任务较少，没有分开分析。

对于早期儿童而言，工作记忆似乎显得尤为重要。“工作记忆是支撑数学能力的最重要的认知资源。”[①] 现有的研究认为，工作记忆缺陷是低数学水平的可能原因，而不是低数学水平的结果。当然，也并不排除两者可能是同步发展，或者相互依赖、相互促进。执行功能对于数学成绩有如此重要的作用，那么，可以通过训练来提高执行功能的水平吗？能提高到什么程度呢？执行功能水平的提高会对数学学习困难儿童的数学学习产生积极的影响吗？这可能需要进一步的干预研究来证实。过去的研究中对于训练儿童的执行功能是否有效以及其对数学技能等学业能力是否有迁移作用也是存有争议的。

1.4 对数学学习困难儿童的数学和执行功能干预研究

数学和执行功能的关系是复杂的，也许存在因果关系，也许是交互作用的，也许是共同发展的。探究两者因果关系的另外一种方式就是对其中的一个变量进行干预，验证其对另一个变量的影响。现有的研究中，有针对儿童数学能力缺陷进行的数学干预，以及对数学学习困难儿童进行执行功能干预。有的干预是有效的，为提高儿童数学能力提供了丰富的经验。对儿童进行数学干预的实验证明了

---

① Kyttala, M., Aunio, P., & Hautamaki, J. (2010). Working memory resources in young children with mathematical difficulties. *Scandinavian Journal of Psychology*, 51, 1 – 15.

干预对儿童数学能力的发展是有效的。有的研究通过课程、任务训练及教师监控等方式，提高儿童执行功能。可见，执行功能是可以通过训练得以提高的（Westerberg et al.，2007）。对于执行功能的干预是否能够提高儿童的数学能力仍然存在着争议，而且现有的这些干预研究并没有足够的证据证明训练的效应能够迁移到数学学习（Berch，2011）。虽然有的研究证明了执行功能干预的有效性，但是还需要后续的研究提供更有力的证据来证明执行功能的干预可以迁移到数学学习中去，而且需要进一步的研究来深入分析执行功能对数学学习的支持路径和机制。虽然执行功能的训练具有积极影响，但还是很难把已有的研究结果推及到日常的教育中去，因为这些干预的项目都是高结构化、高控制的，这些活动可能并不适合在幼儿园教学的日常情境中使用（Holmes & Adams，2006），可能需要探索一些更容易融于日常生活和游戏的途径，帮助儿童提高执行功能。

在对儿童进行数学干预的项目中，提及了干预效果对执行功能的迁移的研究非常少；儿童执行功能干预能否提高数学能力仍然是一个困惑的问题。此外，现有的研究中对儿童进行执行功能干预的大部分研究对象都是注意力缺陷多动障碍（ADHD）、正常儿童或者是工作记忆缺陷的儿童，很少对数学学习困难儿童进行执行功能干预。本研究借鉴国外已有的一些干预项目取得的成功经验，对一个实验组儿童进行数学干预，对另外一个实验组儿童进行执行功能干预，收集追踪数据，进一步解释数学和执行功能之间的关系。

2 已有研究的启示

2.1 数感与数学能力

尽管对早期数学学习困难儿童的筛选、诊断、核心缺陷的研究的争议比较多，对于“数感的发展或者‘数字大小表征’是数学能力发展的一个重要前提，如果存在缺陷可能导致数学学习困难”这一说法有争议（Moeller，Neuburger，Kaufmann，Landerl，& Nuerk，2009；Piazza et al.，2010），但是研究者大多承认数学学习困难儿童的数感比较差。“对早期数学学习困难儿童的干预集中在数感的干预有可能能够提高儿童的数学成绩。”①因此，可以把数感和相关的操作知识作为早期儿童数学学习的重要领域（Climents & Sarama，2007）。早期儿童数学能力的发展具有一定的发展轨迹（Clements & Sarama，2007）。大部分儿童的发展是

① Committee on Early Childhood Mathematics National Research Council.（2009）. *Mathematics Learning in Early Childhood：Paths Toward Excellence.* National Academies Press，89.

从数学关键知识（如小数目数值识别和数数）到数字关系（如相邻数、数字大小比较），再到数字运算（如小数目加法和减法心算）（National Research Council, 2009）。特别值得一提的是，早期儿童数数知识和技能是早期儿童数学学习的重点内容，是其他数学能力发展的前提和基础（Gersten，et al.，2005）。数数原则是小学一年级学生数学成绩最有效的预测因子（Stock，Desoete，& Roeyers，2010），重视早期儿童的数数和其他数学能力的发展，预防与早期干预数学学习困难，是为未来学业做准备的举措。

乔丹（Jordan et al.，2006）总结的学前期儿童的数感，包括数数、数的比较、数量转换、数量估计、数字模式（Number Pattern）；金斯顿和查德（Gersten，& Chard，1999）认为数感包括目测、比较数值大小、数字模式、计数、简单的运算能力、数的组合等（Gersten & Chard，1999）。本研究中数学能力的界定参考了金斯伯格和布拉迪的量表《早期儿童数学能力测试》的理论模型（Ginsburg & Broody，2003），包括非正式数学能力和正式数学能力。其中非正式数学能力包括数数、数的比较、简单运算、数概念等，正式数学能力包括数的读写、数学事实、运算、数概念等。具体来说就是包括数数、计数与基数、运算、唱数、简单运算、数字读写、心理数字线、十进位、口头应用题等方面的能力（Gersburg et al.，2003）。从这个角度看，数感其实是学前儿童数学能力发展的一个重要组成部分，而且是学前儿童数学能力的核心组成部分。

早在2000年，美国数学教师协会在《数学课程标准》中强调的“数学能力”包括数的运算、问题解决、逻辑推理、数学联系、数学交流、数学表征等方面的能力。这个界定强调了数学学习的过程性学习能力的重要性。这些过程性的数学能力具体落实到学前阶段数学学习内容，就应该包括理解数序、应用数数原则，能够用数词表征数量，能够用数词来表征集合，能够用多元方式进行表征，能够与人交流数学思想，能够运用数数的策略来解决加法和减法问题等。本研究中没有把过程性的数学能力单独列出来作为一个维度进行分析，但是在教育干预过程中是非常重视数学学习困难儿童的数学学习过程中的表达、交流数学思想，多元表征，提高解决问题的能力以及建立数之间的联系等。

2.2 早期数学学习困难儿童的数学干预目标和策略

已有的文献为本研究数学干预目标的确定提供了有价值的参考。第一个目标是提高儿童数数能力和促进他们对数概念的理解；第二个目标是要求儿童能够运用多种策略解决数学问题；第三个目标是促进儿童发展运算策略（加减法）；第四个目标是发展数感——特别是数字大小比较和使用心理数字线的能力。当然，数感的其他方面的发展也非常重要。根据已有文献的梳理，已有的有效的干预方法和策略如下：用直接、系统的和显性教学方法进行教学，并且提供大量的范例，分步骤演示操作程序并及时给予反馈；采用解释、示范、激励、对话和提问的方式进行策略教学（如接数策略、视觉形象记忆方法）；运用操作材料进行学习（如积木、以 10 为单位的积木、数字积木、立方体等）；教学顺序是从具体——半具体/表征——抽象（符号）；鼓励儿童用出声思维进行思考和学习；教儿童学会自我调控（自我教学、目标导向、自我评价、自我强化）；对问题进行视觉形象的表征；在练习中区分不同类型的问题；操作和练习法（例如，运用棋类游戏、计算机辅助教学、自我修正错误的学习材料等）；不断地监控、记录和强化儿童的进步，并且依据儿童的进步制定下一步干预计划；运用多种记忆方法（如联想记忆）。但是并没有充分的证据表明哪种干预方法最好，数学学习困难具有不同类型的缺陷可能说明了他们需要个别化的干预方法。从已有的研究可以看出，儿童的数能力是建构的过程，教师要鼓励儿童发展学习策略和解决问题的方法，通过自主探索和发现，而不是直接把算法告诉儿童或者要求儿童死记硬背数学事实。而且需要设计儿童发展适宜性的教学，在儿童的最近发展区引导儿童学习从简单到更复杂的教学策略（Siegler, 1989）。

2.3 对儿童的执行功能干预状况及其经验借鉴

已有研究集中关注数学学习困难的预测因子、决定因素以及核心缺陷，希望通过对这些问题的研究能够给数学学习困难的预防和干预研究提供有效的依据，避免数学学习焦虑（DiPerna, Lei, & Reid, 2007; Dowker & Sigley, 2010）。数学学习困难儿童在执行功能的某个或多个维度出现困难，反映了儿童数学与执行功能的关系非常密切。也有研究证明了干预儿童数学可能对执行功能有促进作用，干预儿童的一般执行功能可能会对数学能力有积极影响。目前也有大量的研究关注到早期儿童执行功能与数学能力发展之间的关系。已有的研究大多数是采用横向的相关研究（Bull, Espy, & Wiebe, 2008; Noel, 2009; Swanson & Kim, 2007），证明了工作记忆能解释不同年龄组的儿童的数学能力的变异，如数字读写、口头运算、文字应用题等（Cragg & Gilmore, 2014）。然而，还需要更多的纵向研究来更加精确地表述早期儿童执行功能的发展状况，特别是学习困难儿童执行功能的发展；也需要更多的干预研究来证明不同年龄阶段的学前儿童的执行功能的可塑性和可训练性（Blair, 2013）。已有的研究中有多种策略对儿童的执行功能进行训练，本研究中对儿童进行执行功能的干预选择和借鉴了已有研究中的一些针对性和指向性比较强的任务和游戏，并在对儿童的现实状况进行改编的基础上对儿童进行执行功能干预。在策略训练和任务训练两种方式之间，越来越受到研究者推崇的是任务训练。任务训练也称为内隐的训练方式，这种训练方式是并不告诉研究对象相关的记忆方法，而是通过增加任务难度，重复让他们挑战以及给予及时的训练反馈；这种训练方式相对比较程序化和具有针对性，因此容易标准化和统一化（Klingberg，2010）。在本研究中吸收了这些研究者的经验采用任务进行训练，但并不是“直接”采用本研究中的测量任务进行训练。考虑到学前儿童的特点，为了增加训练过程的趣味性，训练的任务增加了游戏的成分。

此外，近年来出现了一些干预与诊断相结合的新兴干预模式，即干预—反应模式，它是一种用来识别早期儿童学习困难以及提供干预来预防持续学习困难的模式。这一模式是在提供有效的短期干预训练的基础上，通过观察个体对干预的反应来鉴别学习困难者的诊断模式，是一种干预与诊断密切结合的模式。而且已有的研究证明了这一模式对于预防和干预早期儿童数学学习困难非常有效（Fuches et al.，2005）。这种模式的应用可以详细区分不同类别的学习困难，而且能够实现有针对性的早期诊断、预防和干预，可以尝试运用到数学学习困难儿童的干预中。本研究借鉴了这个理论的思想，并将其应用到研究中；为这些儿童提供小组和个人干预，并对儿童的进步进行监测，及时根据儿童的反应调整干预方案。另外，建构主义理论、适宜发展性理论、游戏理论及认知负荷理论为本研究建立干预方案、探索干预方法及策略提供了理念的支撑和指导，是本研究开展教育干预最基本的依据。

第三章　研究设计

第一节　研究的总体思路及框架

从文献的综述可以看出，对早期数学学习困难儿童进行干预很有价值，当前我国对学前数学学习困难儿童关注得少，设计行之有效的方案对早期儿童进行干预的研究尤其重要。需要说明的是，本研究的被试为上海地区儿童，由于我国东部地区经济文化发展的特殊性，上海学前儿童的数学能力发展不一定代表全国儿童的平均水平。因此，本研究中涉及的数据（包括儿童数学能力平均分、筛选的临界值等）都不能简单地用来作为其他地区鉴别数学学习困难儿童分数水平的依据。

本研究包括以下几个部分：第一部分是概述、文献综述部分。第二部分为研究方法和干预方案。第三部分主要是数学学习困难儿童的筛选和诊断，考查了数学学习困难儿童数学能力和执行功能的特点，以此为依据作为对数学学习困难儿童进行干预的基础。第四部分用量化的方法分析了干预的效果。第五部分用个案分析方法和质的研究方法分析了干预的过程及策略。第六部分是综合讨论和结论、教育建议及研究的不足。

为了能够准确鉴别数学学习困难儿童和诊断他们的数学能力缺陷，本研究使用了美国金斯伯格和布拉迪（Ginsburg & Broody）编制的《早期儿童数学能力测试》量表，经过汉化后，分析了量表的信度和效度，并从总体上分析了样本儿童的数学能力发展状况。基于10%的筛选标准确定了数学学习困难儿童，并在与正常组儿童进行比较的情况下，分析了数学学习困难儿童在数学能力方面存在的缺陷。运用本课题组改编的《儿童执行功能测查工具》对儿童的执行功能水平进行了评估，并通过与正常组儿童的比较，分析了数学学习困难组儿童的执行功能缺陷。本研究将数学学习困难儿童随机分成了三个组，一个是数学干预组，一个是执行功能干预组，一个是对照组。本研究中基于课题组2011年对第一批研究被试的干预经验设计了数学干预方案。数学干预主要采用的方法是游戏法和操作法，辅之以演示法。执行功能干预采用的方法是在“任务”方式中加入了游戏的成分，回避采用测查题目进行干预，而是采用一些涉及相应执行功能成分的任务或游戏。执行功能的干预控制了数字对儿童的影响，所有的任务或游戏里面都不会出现数字。最后，对两个干预组进行干预效果检验，并运用个案分析来深入描述干预的整个过程以及干预的效果。课题主持人对承担两种干预的研究人员进行了严格的培训。

本研究的总体思路如下：汉化筛选工具→数学学习困难儿童鉴别→考察数学学习困难儿童的数学能力缺陷和执行功能缺陷→探讨数学能力与执行功能的关系→制定干预方案→实施干预→检验干预效果。研究总体设计和框架见图 3 –1 –1。

本章重点介绍第三部分、第四部分及第五部分的研究设计，由于第三部分与第四部分的实验采用了同样的方法收集数据，本研究就按照研究方法把这两个部分的实验设计整合在一起介绍。下面分别介绍几个部分的研究设计。

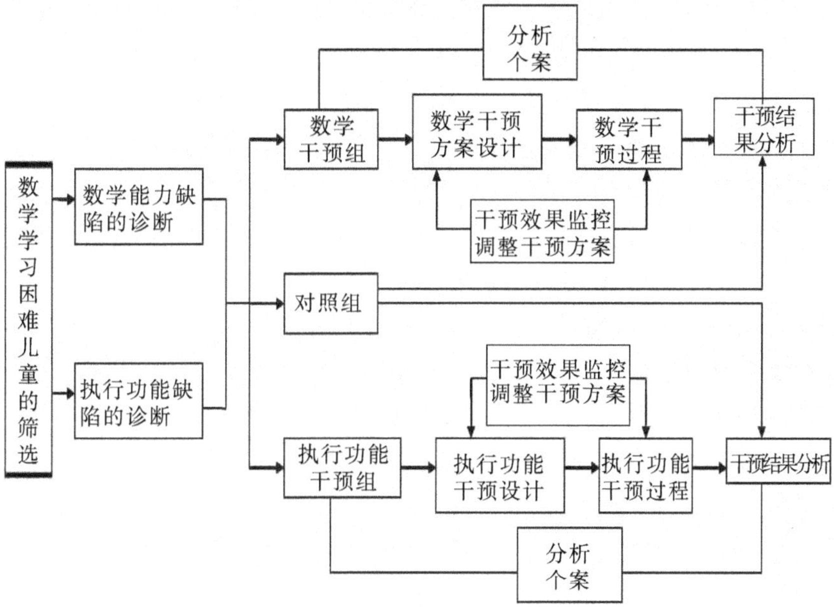

图 3 –1 –1 研究总体设计和框架图

第二节 量化研究设计

首先对数学能力测试的工具进行了汉化及信效度检验，再使用这个工具鉴别数学学习困难儿童的数学能力缺陷，使用执行功能测查工具对数学学习的执行功能核心缺陷进行考察，分析数学学习困难儿童数学能力与执行功能之间的关系。第五章的实验是对干预效果的检验。

1 研究思路

研究一　《早期儿童数学能力测试》量表的汉化及信效度检验

本研究首先对量表进行翻译、回译、修改。先进行试测，根据试测结果调整量表中儿童不能理解的指导语。定稿后，选择上海市 3 所幼儿园的 339 名幼儿为研究对象，对他们进行数学能力测试。将样本分成两个部分，其中一个样本进行探索性因子分析，另外一个样本进行验证性因子分析，运用统计软件 AMOS 进行模型拟合。对量表的适用性进行考察，分析其信度、效度、区分度以及对儿童数学能力差异的敏感性等，判断这个量表是否可以用来鉴别数学学习困难儿童在数学能力方面存在的缺陷，为后面的干预研究做好工具的准备。

研究二　5—6 岁数学学习困难儿童的鉴别及其数学能力缺陷分析

本研究运用《早期儿童数学能力测试》中文版量表对数学学习困难儿童进行筛选及其数学能力核心缺陷进行诊断。从研究一的总体样本中筛选出数学能力分数最低 10% 作为数学学习困难儿童。采用多元方差分析法分析数学学习困难组儿童与正常组儿童在数学能力方面存在的差异。分析数学学习困难儿童在数学能力的哪些方面存在缺陷，能为干预者制定干预方案提供重要的依据。干预者通过这个研究结果可以分析每个儿童具体的学习困难是什么，那么就能够依据这些数据思考如何针对儿童的数学能力缺陷提供个别化的干预方案。

研究三　数学学习困难儿童的执行功能缺陷

执行功能对于早期儿童的数学学习非常重要，早期儿童的数学能力发展依赖执行功能。因此，本研究考察数学学习困难儿童的执行功能发展水平，探究数学学习困难儿童是否在执行功能方面也存在缺陷。使用本课题组改编的《执行功能测查工具》分别对数学学习困难组儿童和正常组儿童进行考察。并运用多元方差分析的方法分析数学学习困难儿童与正常组儿童的执行功能的三个子成分上的差异。这个研究将会回答以下这个问题：数学学习困难组儿童与正常组儿童相比，在执行功能的哪些方面存在缺陷？这个研究为对数学学习困难儿童进行执行功能干预提供了重要依据。

研究四 数学学习困难儿童数学能力与执行功能的关系

执行功能与数学能力之间的关系是复杂的。各个年龄阶段以及运用不同工具考察的结果有一定的差异。尽管现有的研究还无法清楚地解释两者之间的关系，但是可以肯定的是，执行功能好的儿童能够在教室的学习中表现出抑制冲动、灵活思考问题，所以学习数学方面会效率更高（Duncan et al.，2007）。探究两者之间的关系对于进一步理解数学学习困难儿童的数学学习机制非常重要。本研究拟运用《早期儿童数学能力测试》的分数和《执行功能测查工具》测查的结果进行相关分析、回归分析来分析数学能力与执行功能的关系。本研究主要回答以下几个问题：数学能力各维度与执行功能各维度的相关程度，执行功能对数学能力的解释力度。

研究五 干预对数学能力产生的影响

将实验二筛选出的数学学习困难组儿童随机分成两个干预组（数学干预组、执行功能干预组）和一个对照组。分别对两个实验组儿童进行干预。在干预结束后，拟运用 TEMA 中文版本测查工具对数学学习困难组儿童干预组和对照组儿童进行后测，运用重复方差分析干预的效果（前测的数据就是实验二的测查数据）。这个研究需要探讨两个问题：数学干预是否有效？执行功能对数学能力发展是否有促进作用？

研究六 干预对执行功能产生的影响

干预是否能够提高儿童的执行功能是一个存在争议的问题。在干预结束后，拟运用《执行功能测查工具》对数学学习困难组儿童干预组和对照组儿童进行后测，运用重复方差分析干预的效果（前测的数据就是实验三的测查数据）。这个研究需要解决的问题是：数学干预对执行功能产生了迁移作用吗？执行功能干预是否有效？

研究七 数学学习困难儿童数学能力的发展轨迹

运用 TEMA 收集三个时间点的数学能力发展数据，测查间隔的时间相同，运用软件 HLM 采用线性成长模型（Linear Growth Model，简称 LGM）拟合各个变量。用这个多层线性模型检验干预是否加速了数学能力的增长，考察数学学习困难儿童数学能力的个体差异，并找出能解释数学能力发展的变量。这个研究主要解决三个问题：教育干预是否加速了儿童数学能力的发展？儿童数学能力的发展是否存在个体差异？哪些变量可以解释儿童数学能力的发展？

2 研究过程

2.1 研究对象

随机抽取上海市 3 个幼儿园的 12 个大班 356 名幼儿进行数学能力测查，将原始分数转换为能力分数，排除智商低于 90 分和有缺失值的儿童之后，剩下 339 名幼儿。经非参数检验（$p>0.05$），总体样本符合正态分布。总体样本数学能力平均数为 120.45，标准差为 12.545（$n=339$）。依据分数最低的 10% 确定为数学学习困难儿童，即低于 104 分的儿童，共 34 名。以这个分数为基线，对另外 5 所幼儿园教师推荐的“数学能力差”的 128 人进行筛选，筛选出 30 名数学学习困难儿童。最后一共确定了 64 人为数学学习困难儿童，经独立样本 t 检验，两组儿童在数学能力方面不存在显著性差异（$t=1.951$，$p=0.256$）。将数学学习困难组儿童随机分成数学干预组、执行功能干预组和对照组。参与本研究的所有儿童，均已征得了家长的同意，符合研究伦理要求。

2.2 测量工具

2.2.1 早期儿童数学能力测试

使用金斯伯格和布拉迪（Ginsberg & Broody，2003）开发的《早期儿童数学能力测试》（Test of Early Mathematics Ability，TEMA）作为数学能力测查工具。TEMA 是用来测查 3 岁到 8 岁零 11 个月儿童数学能力的标准化工具，也可以用来鉴别年龄稍大的数学学习困难儿童。它既可以作为标准化的量表测查儿童的数学能力，也可以作为鉴别儿童数学能力的优势和弱势的诊断工具。这个工具可以衡量儿童在数学方面的进步，评价教学和鉴别优秀儿童或数学学习困难儿童，指导教学和干预补救。测试项目包括正式和非正式两种，主要包含以下数学概念和技能：数数技能、数字大小比较、数字读写能力、掌握数学事实、运算技能、理解数学概念。TEMA 一共有 AB 两套（相关系数在 0.92—0.95 之间），每套包含 72 个测查项目。TEMA 的能力分数是依据年龄制定的标准常模，具有较好的参照价值。内部一致性达到 0.94，校标效度为 0.54—0.91，重测信度为 0.82（Ginsberg，1996）。

计分和施测原则：本量表中文版的分析与原量表的理论模型是一致的。5 岁组儿童从 15 题（与修订的中文版一致）开始施测，计分也从这一题开始。但是因为数学学习困难组儿童本来就比一般儿童数学能力差，因此如果儿童连续 5 连错还没有出现基线（连续做对 5 个），就需要让儿童做 4 岁组（第 7 题开始）甚至3岁组的题目。

2.2.2 智商测查工具

使用韦氏学龄前儿童智力量表（Wechsler Preschool and Primary Scale of Intelligence，WPPSI）第四版进行智商测量，这个工具的效度达到0.91。使用并运用中国常模进行分数转换，排除智商低于90分的幼儿。

2.2.3 执行功能测查工具

本研究中的执行功能测查工具是综合采用了克拉克等人（Clark，Pritchard，& Woodward，2010）使用的对学前儿童进行执行功能测查的工具。一共包括7个测查任务：白天/黑夜任务、灵活选择任务、数形转换任务、圆点短时记忆任务、词语倒背任务、数字倒背任务、形状学校任务，其中形状学校任务一共包含了四个情境；工作记忆的任务包括圆点短时记忆任务、词语倒背任务和数字倒背任务；抑制的任务包括白天/黑夜任务和形状学校任务（形状学校情境三和情境四分别用形状学校3、形状学校4表示）；转换任务包括灵活选择任务和数形转换任务、形状学校情境二（用形状学校2表示）。通过对执行功能量表进行信度和效度的检验，可以认为该量表具有良好的信度和效度。首先考察了该执行功能测查工具各个项目与总分的相关程度，发现各个项目于总分之间的相关系数均大于0.4，具有良好的项目鉴别度。总量表的内部一致性Cronbach's α系数为0.769，表明此量表具有较好的内部一致性。分半信度为0.724，分半信度良好，可以作为测查5—6岁儿童执行功能的工具。

（1）白天/黑夜任务（Day/Night Task）（Gerstadt，Hong，& Diamond，1994）

这个任务主要考察儿童的抑制控制。在正式实验前，先确定被试能把太阳与白天联系在一起，把月亮与黑夜联系在一起；然后根据实验任务，告诉被试规则。当呈现画有太阳的卡片时，要求被试说“黑夜”；当呈现画有月亮的卡片时，要求被试说“白天”。当被试掌握规则以后，主试开始实验，将一张太阳图片或一张月亮图片随机呈现给被试看，等待被试回答。每张图片重复测试8次。每张卡片随机呈现。在每次测试中，儿童答对一张卡片记1分，答错一张卡片记0分。计分方式为：（正确个数—错误个数）/时间。

（2）灵活选择任务（Flexible Item Selection Task，FIST）（Acques & Zelazo，2001）

灵活选择任务用来考察儿童的转换能力。主试向儿童呈现三张图片（一辆小汽车、一只大兔子和一辆大汽车）（如图3-2-1），首先要求儿童选出在某一方面有些相像的两张图片（如形状：小汽车和大汽车），然后再让儿童选出在另一方面有些相像的两张图片（如大小：大汽车和大兔子）。这个任务一共有9个系列，每次回答正确记1分，回答错误记0分。总分为18分。

图3-2-1　灵活转换测试范例

（3）数形转换任务（Objects Shifting Task）（van der Sluis, de Jong, & van der Leij, 2004）

数形转换任务用来考察儿童的转换能力。实验材料为颜色、数字和图形的组合卡片。训练任务是一张中间有1个数字“3”的蓝色三角形卡片，一张中间有1个数字“2”的红色椭圆形卡片以及一张中间有1个数字“4”的红色长方形卡片（如图3-2-2）。首先，采用控制任务教给儿童规则：看到红色，就对数字命名（说出数字是几）；看到蓝色，就对图形命名（说出形状是什么）。每张测试卡片随机呈现。每张测试卡片命名正确记1分，命名错误记0分。计分方式为：（正确个数—错误个数）/时间。

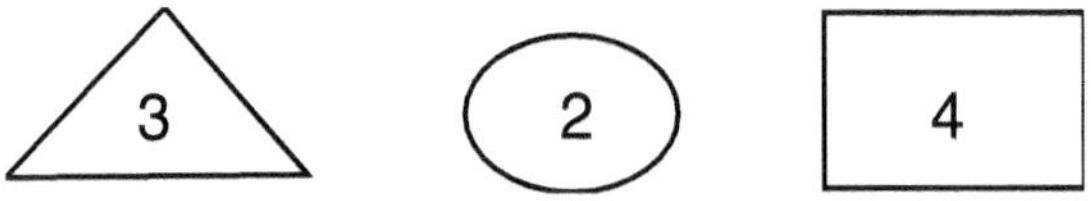

图3-2-2　数形转换测试范例

（4）圆点短时记忆（Dot Short - term storage）（Kyttala, Aunio, Lehto, Van Luit, & Hautamaki, 2003）

圆点短时记忆一共由5个系列任务组成，任务难度逐渐增加（从2个黑点开始依次递增到6个黑点）。每个系列任务由2个同等难度任务组成。如给儿童呈现有3个黑色圆形（直径2cm）的正方形，让儿童记住黑色圆形的位置，停留3秒后，再给儿童提供同样大小的空白方格卡片。让儿童把黑色圆点的位置点出来（测试材料如图3-2-3所示）。记录结果，儿童答对一次记1分，答错一次记0分。当某一水平的三个任务中被试有两次错误时，任务结束。总分为15分。

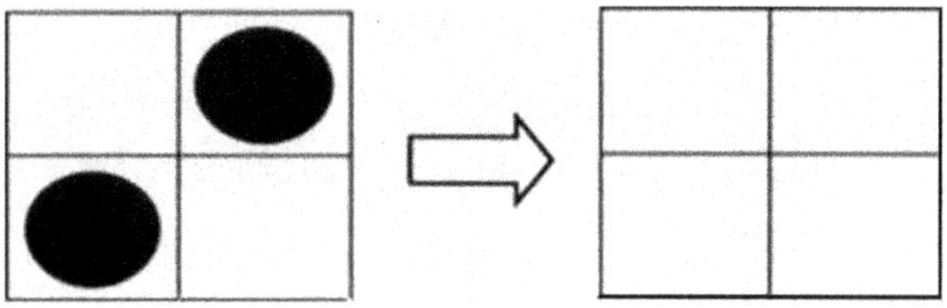

图 3－2－3　圆点短时记忆测试范例

（5）词语倒背（Word Backward）（Gathercole et al.，2003）

词语倒背任务由 3 个系列组成（难度由 2 个词语增加到 4 个词语），每个系列任务由难度相同的 3 次任务组成。主试出示卡片并读出词组，然后用空白卡片盖住读过的卡片依次摆放并提示被试记住卡片藏在哪里，再从最后一张卡片开始依次让被试回忆每张空白卡片后面的词组，当某一水平的三次测试中有两次出错时，该任务结束。总分为 9 分。

（6）数字倒背任务（Number Backward）（Gathercole et al.，2004）

数字倒背任务由 6 个系列任务组成（难度由 2 个数字增加到 7 个数字），每个系列任务由难度相同的 3 次任务组成。主试说出一组数字，然后让儿童从后面往前面倒着背诵，连续错误三次，该任务结束。总分 15 分。

（7）形状学校（Shape School）（Espy，1997）

这个测查包括四个情境，给儿童呈现不同颜色和形状的图形。

第一个情境（快速命名）：给儿童呈现一张纸上有 5 个相同大小的红色圆形（直径 3cm）、蓝色正方形（3cm×3cm）、黄色三角形（3cm×3cm）；请儿童尽快地一个一个说出这些图形宝宝的颜色；记录儿童完成的时间和正确的个数。计分方式为：（正确个数—错误个数）/时间。

第二个情境（转换情境）：（拿掉第二张图片，呈现第三张图片）请儿童仔细看这张图片，告诉儿童这些图形宝宝要出去玩了，然后请儿童说出戴帽子的图形宝宝的形状、不戴帽子的图形宝宝的颜色；记录儿童完成的时间和正确的个数。计分方式为：（正确个数—错误个数）/时间。

第三个情境（抑制情境）：拿掉第一张图片，呈现一张纸上有带表情的 5 个相同大小的红色圆形（直径 3cm）、蓝色正方形（3cm×3cm）、黄色三角形（3cm×3cm）；请儿童仔细看这张图片，告诉儿童有些图形宝宝要出去玩了，它们很开心。但是，有些图形宝宝不能出去玩，它们就很伤心。请儿童尽快地一个一个说出来哪些颜色的图形宝宝要出去玩。记录儿童完成的时间和正确的个数。计分方式为：（正确个数—错误个数）/时间。

第四个情境（抑制情境）：拿掉第二张图片，给儿童呈现一张纸上有戴着帽子或者不戴帽子的5个相同大小的红色圆形（直径3cm）、蓝色正方形（3cm×3cm）、黄色三角形（3cm×3cm）；告诉儿童这些图形宝宝要去上美术课了，并不是所有的图形宝宝都准备好了。开心的图形宝宝已经准备好了，伤心的图形宝宝还没有准备好，不用叫它们的名字。戴帽子的说它的形状，不戴帽子的说它的颜色。记录儿童完成的时间和回答正确的个数。计分方式为：（正确个数—错误个数）/时间。

2.3 数据收集

2.3.1 数据收集过程

2.3.1.1《早期儿童数学能力测试》测查过程

采用的是成人与儿童一对一的测试方法，地点选择在光线柔和、安静而且阳光充足的活动室内。尽量减少外界对儿童的干扰。由经过严格培训的课题组2名研究生担任主试，实验中统一按照指导语进行测查。随机抽取一部分被试的测查进行录像，用于进行评分者一致性检验。数学能力的测试严格按照TEMA的题目顺序进行，不随便打乱原有量表的顺序。每个儿童测查的时间为25—30分钟，中途允许幼儿休息。具体的指导语在量表中均有体现。

2.3.1.2《执行功能测查工具》测查过程

采用课题组编制的《执行功能测查工具》对儿童的执行功能进行评估。主试是经过培训的2名研究生。测查题目的顺序统一，测查时间为20—25分钟，中途允许幼儿休息。拍摄了一部分录像，用于评价评分者一致性。

（1）白天/黑夜任务

指导语：（给儿童看太阳或者月亮的图片）请看，这是什么图片？看到它你想到了什么？现在我们来玩一个这样的游戏：看见“太阳”，你就说“黑夜”；看见“月亮”，你就说“白天”。明白了吗？（练习2个范例）

（2）灵活选择任务

指导语：请看这三张图片，哪两张图片有相似的地方？（儿童指着两张汽车的图片）它们之间有什么地方相似？（都是车，或者说形状相同）。（如果儿童说对了）还有哪两张图片有相似的地方？（大兔子和大汽车，大小相似或者说一样大）（练习2个范例）

（3）数形转换任务

指导语：请你看这些图形和数字，你都认识这些图形和数字吗？这个三角形是什么颜色的？这个圆形是什么颜色的？现在我们来玩一个这样的游戏：看见蓝色的图形宝宝，你就说它的形状；看见红色的图形宝宝，你就说里面的数字。明白了吗？（先练习 2 个范例，再测试）

（4）圆点短时记忆

指导语：请看这张图片，并记住哪个方格里有黑色圆形。（拿掉图片，呈现配套的空白卡片）请告诉我刚才哪个方格里有黑色圆形？可以用笔点出来（主试示范用铅笔点出黑点的方法）。（先练习 1 个范例，再测试）

（5）词语倒背

指导语：请你看这些卡片，上面有字。你认识字吗？很好，不认识字没有关系。我会告诉你这张卡片上写的是什么（这项测查要求儿童不识字）。（主试把每张卡片上的字读一遍后遮起来）现在，请你告诉我这些卡片上的是什么字？（要求儿童回忆的字卡的顺序与读字卡的顺序相反）（先练习 1 个范例，再测试）

（6）数字倒背任务

指导语：下面我要说一些数字，请你把我说过的数字倒过来念。我们先来试一试（练习），12，倒过来，怎么念？（先练习 1 个范例，再测试）

（7）形状学校

第一个情境（快速命名）：

指导语：这里有一些图形宝宝，请你用最快的速度告诉我，它们是什么颜色的，好吗？（先练习 6 个范例，再测试）

第二个情境（转换情境）：

指导语：这些图形宝宝要去听故事了。戴帽子的图形宝宝请你告诉我它的形状，不戴帽子的图形宝宝请你告诉我它的颜色。（先练习 6 个范例，再测试）

第三个情境（抑制情境）：

指导语：这里有一些图形宝宝可以出去玩，所以它们很开心；有一些图形宝宝不能出去玩，所以它们很伤心。请你把开心的图形宝宝一个一个叫出来，不开心的图形宝宝不要叫。（先练习 6 个范例，再测试）

第四个情境（抑制情境）：

指导语：这里有一些图形宝宝要去上美术课啦。只有开心的图形宝宝才能去，我们把它们叫出来。戴帽子的图形宝宝要叫它的形状，不戴帽子的图形宝宝要说它的颜色。（练习 6 个范例，再测试）

2.4 数据分析

运用 SPSS 20.0、AMOS 20.0 以及 HLM student 7.0 对数据进行分析。运用探

索性因子和验证性因子分析法来检验数学能力测查工具的效度和信度；运用多元方差分析数学学习困难组和正常组儿童之间在数学能力总分及各个维度的总分方面是否存在显著性差异；运用多元方差分析检验数学学习困难组和正常组儿童之间在执行功能的各个子成分是否存在显著性差异，以此来确定数学学习困难儿童在执行功能方面的缺陷；运用回归分析探索执行功能与数学能力的关系；运用重复方差分析检验干预的有效性；运用多层线性成长模型（Linear Growth Model, LGM）来分析干预是否加速了数学学习困难儿童数学能力的增长以及儿童数学能力成长是否具有个体差异。

2.5 评分者一致性检验

所有实验的测查包括数学能力三次测查，执行功能前测和后测共两次，以及智商测查一次。每次测查的主试都是由 2 名经过培训的研究生完成的。为了保证评分者之间的一致性，每次测查都随机抽取了总样本量的四分之一被试的测查过程进行录像。依据录像，另外一个评分者重新评定被试的得分，计算两个人对同一批被试评价的相关系数。本研究一共包括了 6 次测查，Kappa 系数在 0.90—0.93 之间，可以认定两个评分者之间的评分是一致的。

第三节　干预方案的研究设计

本研究拟对数学学习困难儿童进行数学干预和执行功能干预。这一部分有两个组成部分：第一部分是数学干预方案，第二部分是执行功能方案。干预的方案有预设的部分，也有生成的部分。以建构主义理论、游戏理论、适宜发展性教育理论、干预—反应模式理论以及认知负荷理论为基础建立起来的干预框架。确定了数学干预和执行功能干预的目标、内容以及方式。

数学干预方案的形成，是以我国的学前教育指导性文件《3—6 岁儿童学习与发展指南》有关指标和《幼儿园教育指导纲要》有关内容为依据，参考了金斯伯格和布拉迪（Ginsburg & Broody）设计的《早期儿童数学能力测试》量表的儿童数学能力理论构想模型，分析了儿童数学能力的组成成分，形成了本研究干预的目标和内容。在干预的形式和方法上，借鉴了已有的干预研究的思路和框架，计划尝试运用干预—反应理论（RTI）的干预思想指导和监控整个过程；在数学游戏设计方面参考了乔丹（Jordan）等人对美国学前班低分儿童数感干预的研究。执行功能干预方案借鉴了《心灵的工具》课程思想，这一课程模式以维果斯基的社会建构主义理论为基础，以发展儿童的自我控制能力为核心目标，让同伴和教师作为“中介”通过各种游戏的方式让儿童学习。基于现今国外研究比较认同的“更好”的任务干预方式（Klinberger, 2010），本研究采用了任务或游戏干预。在分析文献的基础上，收集了大量适合于学龄前的执行功能测查和训练任务（保证干预的是执行功能的成分），并在此基础上进行了改编和创编，加入了游戏的元素，让儿童在干预过程中感到趣味性。为了保证干预的有效性，本研究严格培训干预者并对干预者的干预过程进行监控，确保他们能够根据方案中的指导思想、原则和方法进行实验。

1 数学干预方案

1.1 数学干预目标

《3—6 岁儿童学习与发展指南》（以下简称《指南》）指出，儿童数学学习的目标是“初步感知生活中数学的有用和有趣，感知和理解数、量及数量关系”①。早期儿童的这些数学能力为未来的正式数学学习打下了基础（Jorden et al.，2007）。本研究的干预对象是数学学习困难儿童，这些儿童的数学能力显著低于同龄的水平。要使干预有效，一个很重要的因素就是需要干预者在儿童最近发展区内提供“鹰架”（Siegler, 1998）。因此，本研究的数学干预需要结合数学学习困难儿童现有的水平，让他们在“最近发展区”获得进步和发展，在《指南》的指导及对文献的分析基础上，提出了四个数学干预目标以及相应的干预原则：

（1）提高数学学习困难儿童学习数学的兴趣和自信心。如让儿童在游戏中体验到数学的趣味性，在游戏中发展数学技能，进而提高数学学习的自信心。

（2）提高数学学习困难儿童基本的数感，如数数、数量的比较、实物加减运算。把数学学习与儿童的生活经验联系起来，引导他们在生活中和操作活动的层面上来理解数的概念和关系。

（3）提高数学学习困难儿童的数符号表征能力。鼓励儿童运用多种方式（包括图画、语言、记号、记录表等）表达和阐述自己的数学思维，“学会用准确的数学语言、数的符号系统来表达他们的理解”②。

---

① 教育部．3—6 岁儿童学习与发展指南［EB/OL］．2012－09－20．http：//www. moe. gov. cn/publicfiles/ business/htmlfilesdmoe/s3327/ 201210/xxgk_ 143254. htrrd.

② 周欣．《指南》各领域的解读——数学认知．李季湄，冯晓霞（编）．3—6 岁儿童学习与发展指南（解读）［M］．北京：人民教育出版社，2013：138.

（4）提高数学学习困难儿童运用多种方法和策略解决数学问题的能力（Jordan & Montani，1997）。采用示范、启发和练习的多种途径来帮助儿童从不同的角度理解和应对数学问题。

1.2 数学干预对象

被试为本研究中数学干预组儿童22人（干预方案是在第一次测查结束后，基于对数学学习困难儿童筛选和诊断后形成的），经过对每个儿童的数学能力发展状况进行诊断，发现干预对象儿童至少在两个或者两个以上领域存在数学能力缺陷。从本研究中数学学习困难儿童数学能力分数的分布状况来看，《早期儿童数学能力测试》（TEMA）得分80分以下的儿童基本上在非正式数学能力的所有方面都需要干预，有的尚且还不能完成10以内的数数。从80—90分左右的儿童来看，大部分儿童可以完成20以内的唱数，但是在倒数、相邻数、数的比较方面、简单运算、数字读写等方面存在困难。100—104分的儿童在数数、数的比较方面还可以，大多数都是在简单运算、数字读写、数学事实的提取方面存在困难。再加上因为每个儿童的学习特点、认知风格和学习兴趣的差异，每个儿童的干预方案都有差别。

1.3 数学干预的内容

儿童数学能力的发展是从数数到数的关系、数的比较和估计再到数的运算这样一个过程，干预也需要遵循这样一个路径（Berch，2005）。我国教育部现行的《纲要》强调儿童的“认知发展”和“数学思维”的培养。这种思维活动包括了7个标准：“儿童能够初步理解数以及数之间的关系；儿童能够初步理解加减运算的意义；儿童能够分辨量的差异；儿童初步理解空间关系以及几何概念；儿童具有对应、排序和分类的能力；儿童能够通过观察和推理来发现、模仿和创造模式；儿童在理解生活中的问题时，能够运用数学的方法收集、整理、表达和交流信息。”①具体到数概念方面，主要包括数数（唱数和计数）、基数概念、集合比较、简单运算、数符号的表征（周欣，2004）。

正常儿童到了大班末可以掌握以下数学技能。数数：30以内的唱数、相邻数；20以内倒数；20以内点数；20以内按数取物（周欣等，2009；赵振国，2007）。数的比较：20以内数与量的对应，20以内数与量的比较；数的估猜（潘茂越，2011；周欣等，2009；赵振国，2007）。简单运算：10以内加减法实物运算、

① 林崇德．智力发展与数学学习［M］．北京：中国轻工业出版社，2011：89.

手指运算（周欣等，2009；Ginsberg，2003）。10以内数的分解与组成，数字的恒常性、均分概念等（Jorden et al.，2006）。数字认读/数表征：认读20以内的数字；20以内实物表征和书面符号表征（周欣等，2006；Ansari，2008）。数学事实：熟练地掌握基本的数的组合和在运算过程中直接提取结果，既包含记忆的成分，也包含着高级的思维过程。这个目标包含：快速提取数学事实和总结规律（如N+0=N，N-N=0）；熟练掌握小数字的组合并提取答案；运用分解策略解决问题（如3+4=？因为能提取3+3=6，因此6+1=7）（Ginsberg，2003）。这些已有的研究有助于我们对正常儿童一般发展水平的了解，但其中有的研究是对东部发达地区的小样本研究，因此可能并不具有代表性，但是可以为数学学习困难儿童干预的目标提供一种参照。

分析这些内容有助于干预者了解数学学习困难儿童与一般儿童的差距和儿童的学习潜力。在本研究中，依据《指南》的标准，希望通过干预，儿童能够“学习通过数数来比较集合大小，能完成10以内的数量和数的比较，能够掌握10以内的基数概念，能运用实物和其他方式完成10以内的加减运算，能够运用多种方式表达交流数学思想，学习多种数学表征方式，并能学会10以内的数的书面表征等”①。目标的建立是为了指导整个干预“有依可循”，但是并不是一种教条和一成不变的规则，每个干预者还需要根据儿童具体的实际情况调整干预的目标。数学学习困难儿童的个体差异很大，本研究中有的儿童的TEMA分数为68分，有的儿童的TEMA分数为104分，这说明每个儿童的起点不一样。不是要求每个儿童都必须要达到某种水平才代表干预有效，干预必须遵循适宜儿童发展的原则。

1.4 数学干预的实施与方法

数学干预采用了小组干预和个别干预相结合的方式。一方面，根据干预—反应模式，儿童数学学习困难的程度是决定采用小组干预还是个别干预的依据；另一方面，有的游戏必须采用小组干预才能完成。因此，干预者依据儿童的反应和实际情况灵活调整这两种方式的运用。干预的时间是从2012年10月到2013年5月，每个星期干预两次，每次35分钟左右，排除了休假及儿童未到幼儿园等情况，对儿童的干预次数平均在30次左右。

本研究中对干预者的培训是非常重要的一个环节。课题组采用了三种方式培

① 教育部．3—6岁儿童学习与发展指南［EB/OL］．2012-09-20．http：//www.moe.gov.cn/publicfiles/business/htmlfilesdmoe/s3327/201210/xxgk_143254.htrrd.

训干预者。第一种方式是集中培训。在干预前，课题主持人指导干预者分析了数学学习困难儿童的数学能力缺陷，并且就如何针对这些数学能力缺陷实施个别化干预以及如何组织干预游戏等内容对所有的干预者进行了集中培训。第二种方式是课题组会议讨论交流，在干预期间除了通过邮件相互联系外，还进行了多次会议交流。会议交流主要是分享具体案例的干预经验和共同探讨、解决干预过程中出现的疑惑问题，总结干预经验。第三种方式是建立文献数据库，干预者有针对性地阅读有参考价值的文献。

实施干预的主要方式是游戏。早期儿童非正式数学能力是通过游戏、观察或其他方式获得的（Mazzocco, 2005）。游戏可以激发儿童参与的兴趣，特别是对于那些对数学活动兴趣不大的儿童，游戏是更为有效的干预形式。例如，在干预中运用了大量的掷骰子游戏，既可以让他们体验到数学的趣味性，还能提高数数技能（McConkey & McEvoy, 1986）。对应数学目标和内容的游戏方式见表 3 – 3 – 1。这些内容仅仅是作为参考，有的儿童即使经过干预也无法达到相应的水平，就不需要选择更高难度的学习内容了。另外一种主要的方式就是数学活动与生活情境的结合，让儿童感受到数学的实用性，学习用“数学”的方式思考问题。如让儿童分糖果、帮助其他小朋友计时、整理物品、统计数量等。数学学习困难儿童一般很难将抽象的数字符号与实际的情境结合起来，这种在生活中渗透数学的方法恰恰能帮助儿童很好地将两者联系起来。

表 3 – 3 – 1　数学游戏列举

领域	成分	游戏列举
数数	能理解一一对应、数字顺序固定和基数原则 知道数词，能够顺数、倒数、跳数	（1）数数接龙（幼儿轮流数数，每个人数一个或者两个数词）；（2）击鼓传花游戏（听鼓声传花，如目标是 20 下，那么到 20 下就停下）；（3）小动物赛跑倒计时；（4）按数取物
数的比较	能够区分和识别不同、相同的数字、数量 进行数字大小、数量比较	（1）实物水平：比比谁更多？（积木、回形针等）；（2）跟我拿一样多；（3）扑克牌：比大小；（4）蛇棋和飞行棋
数量估计	近似估计数量的大小 使用参考点进行估数	（1）积木游戏：猜猜我有几块积木？（往盒子里装一些积木，让儿童估猜有多少块）；（2）多了还是少了？（3）数字线游戏

续表

领域	成分	游戏列举
非正式数概念	整体—部分概念 均分概念	(1) 撒豆子游戏；(2) 小熊捉迷藏；(3) 几个积木藏起来了；(4) 猴子挂香蕉；(5) 分水果、面包、糖果
简单运算	通过加、减转换集合 在言语或非言语情境下进行计算 在有或无参照物的情况下进行计算（身体或言语）	(1) 实物水平加减：小熊请客、会逃跑的积木（如盒子里有5块积木，让儿童闭上眼睛，拿走2块，让儿童计算有几块积木逃跑了）；(2) 手指游戏；(3) 运用数字线游戏学习数字和符号表征实物加减；(4) 飞行棋（两粒骰子）、扑克牌游戏进行10以内符号水平运算（2+3=?）；(5) 数学故事：小猫钓鱼
数符号的表征	物体数量与符号之间的转换 数字、符号的读写	(1) 实物与数字对应游戏：找朋友、抽卡片；(2) 画图游戏（与儿童一起绘画，如一起画裙子上的5朵花，画3只小鸟）；(3) 运用数字线游戏学习算式的表征；(4) 飞行棋和蛇棋；(5) 看谁的方法多（多种方式表征同一个数字）

1.5 数学干预的监控

使用干预—反应模式时需要观察儿童对干预的反应，也就是对儿童在干预后数学能力发展的进步状况进行较为严密的监控，这样才能为调整干预提供依据。本研究中对干预的监控有三种方式：第一种方式采用了乔丹（Jordan）等人设计的数感工具（Number Sense Screener，NSS）（见附录1）对儿童的数学能力发展进行评估，以此来判断儿童数学能力发展的原始状况，再依据数据来计划和调整干预的重点、内容和方式。第二种方式是采用非正式评估。就是在每次干预结束后，采用“口头问答”的形式检测儿童对当次干预内容的掌握程度。这种形式不同于测试，是在一种自然的状态下，结合当时的情境的评估方式，让儿童感觉你是在跟他“谈话”，而不是评价。如：“刚刚有3个小朋友去了陶泥室，现在又有2个进去了，现在陶泥室里有几个小朋友了?”“你在每张椅子上放了一块积木，你从这里取了多少块积木呢?”这种方式的儿童数学能力大多数时候表现为问题解决的方式。第三种方式为分析干预记录。每次干预结束后，干预者都做了详细的记录，经常对干预记录进行回顾和分析是对干预过程进行监控的一种有效方式。通过分析，干预者可以知道下一步该做什么，应该如何做才能做得更好。

1.6 数学干预进程

对儿童进行数学干预的进程基本是沿着每个儿童数学能力发展的轨迹进行的，干预的过程中可能因为每个儿童的数学核心缺陷不同，因此干预的侧重点不一样，在时间的安排上会根据儿童的具体情况进行调整。如有的内容需要干预的时间比较长，有的内容可以不需要那么长时间。表3－3－2的数学干预进程表只是反映了一种整体的思路，每个儿童的进程可能会有所差别。另外，虽然干预中有主要的教学目标，但在后面的干预进程中，每次都会复习和渗透基本的数感方面的内容，如数数、数的比较等内容，儿童能够有机会反复练习已经学习过的内容。

表3－3－2　数学干预进程表

时间	主要数学目标	具体内容列举
2012年10月第1周	与干预者对象建立良好关系； 设计干预方案	（1）与儿童聊天（了解儿童数学学习习惯；是否喜欢数学；家里是否有人教） （2）扑克牌（比大小） （3）根据儿童数学能力的缺陷和儿童的特点设计干预方案
2012年10月—11月	数数（包括唱数、倒数、点数、计数等）	（1）热身游戏：数数接龙（唱数） （2）游戏：小熊和积木（点数和计数游戏） （3）交流和表达：我是怎么做的？ （4）游戏：摘水果
2012年11月—12月	数的比较：数与量的对应、量的比较、数的比较	（1）热身游戏：神秘的口袋（抓积木，看谁抓得多） （2）游戏：找朋友（数与量的对应） （3）同伴纠错：相互检查是否找对了 （4）手指游戏：看到数字卡，马上伸出相应数量的手指

续表

时间	主要数学目标	具体内容列举
2012 年 12 月—2013 年 1 月	非正式数概念（如整体与部分、均分等）	（1）热身游戏：一样多吗？（相等观念） （2）游戏：分水果游戏（均分） （3）同伴交流：你是怎么分的？怎么样才会一样多？ （4）游戏：小熊分糖果 （5）反思：用什么方法分糖果，不用数也知道一样多？
2013 年 3 月—4 月	简单运算（理解加、减的意义，能用操作材料进行 10 以内的加、减运算）	（1）热身游戏：积木多了还是少了？ （2）游戏：小熊请客 （3）交流与讨论：你是怎么知道的？ （4）示范与分享：提供范例 （5）游戏：操作游戏
2013 年 4 月—5 月	运算策略（包括手指、接数）表征	（1）探索游戏：平衡猴 （2）交流：你是怎么玩的？ （3）游戏：让小猴两只手的香蕉一样多？ （4）分享：你是用什么方法做到的？ （5）问题解决：帮帮小熊（接数） （6）练习：提供让儿童练习接数的机会

2 执行功能干预方案

2.1 执行功能干预的目标

对儿童进行执行功能干预，需要建立在儿童的最近发展区范围内，通过成人与儿童之间的对话，发展儿童的执行功能。干预者为儿童提供的“鹰架”能协助儿童适应当前活动的需要，并且逐渐减少这种协助，直至儿童能够独立完成这些任务。执行功能干预的主要目的就是针对儿童的执行功能缺陷提供教育支持，帮助儿童提高执行技能，克服各种执行功能缺陷；能灵活运用各种认知策略，并能够把认知策略迁移到学习任务中。

2.2 执行功能干预对象

被试为本研究中执行功能干预组20人，经过对儿童的执行功能进行诊断，发现干预对象儿童至少在一个或者两个以上领域存在执行功能缺陷。具体来说，有的儿童可能需要干预工作记忆、抑制控制，有的儿童可能需要干预转换能力。因此，需要依据每个儿童的实际情况来制定具体干预方案。

2.3 干预实施

在干预的操作过程中，研究者基本上是将工作记忆、抑制、灵活转换等各部分的干预训练同时进行，采用各任务难度梯级由容易到较难逐渐提高的方法，把所编制的游戏或任务用于干预过程中（如表3-3-3）。同时每个游戏都可以根据儿童的实际反应做出调整，包括游戏材料、难度，根据干预过程中实验干预组儿童的反应情况将课程难度做了适当调整。整个干预过程以游戏的方式进行，体现层次递进、由易到难。

表3-3-3　层级执行功能游戏干预列举

游戏名称	涉及执行功能	难度层级
萝卜蹲	抑制	第一个层级：把儿童分成大、小萝卜两组，按照指令“大萝卜蹲”就是大萝卜蹲，“小萝卜蹲”就是小萝卜蹲； 第二个层级：（大、小冲突情境）当听到“大萝卜蹲”就要求小萝卜蹲，听到“小萝卜蹲”就要求大萝卜蹲； 第三个层级：三个指令：（冲突情境）在第二个情境的基础上加入“一起蹲”指令，要求所有的萝卜都不能蹲
“炸弹”游戏	工作记忆、抑制	第一个层级：给儿童建立一个“车库”，要求儿童去“商场”买不同颜色的汽车，儿童得到指令后，需要去购买3—8辆不同颜色的汽车； 第二个层级：儿童作为赛车手“开车”经过的赛道上有各种颜色的卡片，每次游戏赛道上的卡片下可能有“炸弹”，儿童必须记住“炸弹”所在的位置，遇到“炸弹”就需要跳过，否则就会被“炸掉”； 第三层级：“炸弹”数量和颜色种类越多，难度越大

2.4 干预的监控

对执行功能干预的监控主要通过分析干预记录来完成。干预者对干预过程进行录音并做好详细的纸质记录。通过分析录音和纸质记录、集体研讨等方式来监控儿童对执行功能干预的反应。分析的角度有儿童对执行功能干预活动的兴趣、儿童完成游戏的时间、儿童能够在游戏中挑战的难度、儿童在认知游戏中采用的策略、儿童自我反思等（自己表述如何完成的，是否觉得很难等）。这些分析结果都是引导干预者进行下一步干预的重要依据。

2.5 执行功能干预的进程

由于每个儿童的干预内容有所差别，因此在整理干预进程表时，主要代表的是某一类型儿童的干预进程（如表 3－3－4），每个儿童的具体干预进程在总体目标的时间安排上大同小异，只是在内容上有所差别，具体内容是根据每个儿童的执行功能缺陷所确定的。

表 3－3－4　执行功能干预进程表

时间	主要目标	具体内容列举
2012 年 10 月第 1 周	与干预对象建立良好关系；设计干预方案	（1）与儿童聊天（儿童的兴趣、在幼儿园的学习状况） （2）建构游戏（随意拼搭） （3）根据儿童的认知缺陷和儿童的特点设计干预方案
2012 年 10 月—12 月	工作记忆干预	（1）热身游戏：我说你做（根据干预者口令快速做出动作） （2）游戏：拼图（先记住样图，然后进行拼搭） （3）反思：如何搭建的，如何记住的 （4）讨论交流：如何才能拼搭成功？
2012 年 12 月—2013 年 1 月	抑制和转换能力干预	（1）热身游戏：相反游戏（听干预者口令做相反动作） （2）游戏：小熊排队 （3）游戏：小心炸弹 （4）反思：怎么样才能游戏成功？
2013 年 3 月—4 月	工作记忆干预	（1）热身游戏：头发、肩膀、膝盖、脚 （2）游戏：记忆拼板游戏，让儿童用自己的方法记忆 （3）分享：谁的办法好？（复述、提取、联想） （4）游戏：9 宫格和 16 宫格游戏 （5）反思：怎么记住的？怎么记得多？
2013 年 4 月—5 月	综合干预	（1）热身游戏：传递悄悄话 （2）游戏：寻宝图 （3）自我检测：哪儿处碰到“障碍”？ （4）讨论与分享：自己是用什么方法完成任务的？怎么样才能不碰到“障碍”？ （5）游戏：萝卜蹲 （6）反思：是否运用了好的办法避免碰到“障碍”？

2.6 干预的内容

本研究的干预游戏主要参考了已有的文献，寻求适合于学前儿童的任务和游戏，以视觉、听觉形式呈现，同时又与测查任务有差异（以免造成练习效应）。这些任务的完成可能需要儿童的工作记忆、抑制、转换的参与，以期对儿童的执行功能发展起到促进作用。由于执行功能是一个系统，许多任务不可能是单独一种认知成分参与可以完成的。在干预训练时，一项任务可能同时会对执行功能的几种成分都产生干预效果。本研究所采用的干预任务和游戏按设计目的大体可分成以下几类：

2.6.1 工作记忆游戏一（Klingberg，2010；Witt，2011）

（1）拼图：由9块6面立体积木拼图（如图3－3－1）到平面9块（如图3－3－2）、12块、16块拼图。让儿童先观察样图30秒—60秒，记忆特征标记的位置，随后拆散进行重新组合。

图3－3－1　9块立体积木拼图

图3－3－2　9块平面拼图

（2）蘑菇钉（如图3－3－3）：让儿童观察目标图示，并且要求儿童用语言描述图样，然后让儿童在拼板上用蘑菇钉拼出目标图示。提供的样图从容易到难。

（3）9宫方格和16宫方格游戏：在3×3的格子里每行的一个或者两个方格中摆放不同的水果图片，让儿童观察10秒后记住，然后撤销，让儿童摆出同样图示的水果图片；如果儿童能够完成，可以增加至4×4格，甚至可以增加到5×5格。

（4）记忆拼板（如图3－3－4）：在6×5的格子里随机摆放若干块不同的积木，要求儿童观察并记忆积木的图案与摆放位置，30秒后要求儿童拼出与看到的图一样的图示。把积木排成一排（3—5 个），让儿童闭上眼睛，拿走 1—2 个，让儿童睁开眼睛后判断哪些积木不见了；这个游戏如果要加大难度，就可以把积木不按规则摆放，然后让儿童回忆缺失的积木。把积木排成一排，让儿童想办法记住每个积木上的图片，然后把积木翻过来使积木背面朝上，让儿童从最后一个开始回忆积木上的图片。“找朋友游戏”，把图片配对的积木摆放在两排，顺序随机，让儿童观察并记住每个图片的“配对好朋友”的位置，然后把积木全部翻过来，让儿童寻找每对“好朋友”的位置。

（5）寻宝图：告诉儿童这是一个“寻宝”的故事，在一张简易地图上标记寻宝图的路线，要求儿童记忆这个路线，然后让儿童在纸上画出寻宝图路线，否则找不到宝藏。寻宝路线图可以随着儿童的学习情况逐渐增加复杂度。

图 3－3－3　蘑菇钉

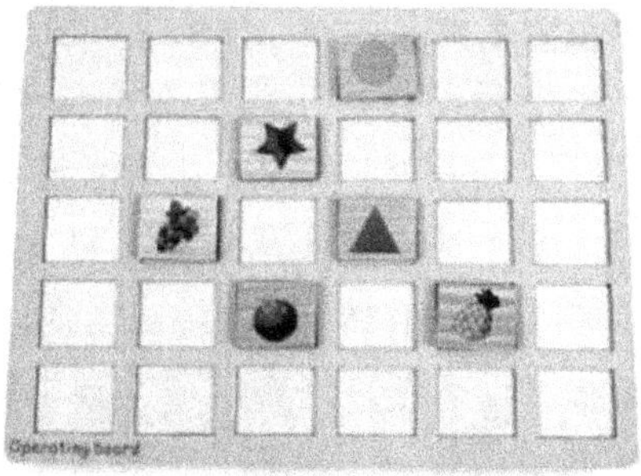

图 3－3－4　记忆拼板

2.6.2 工作记忆游戏二（D’Amicoa，2005；Alloway et al.，2009）

（1）复述故事：干预者讲一个故事，要求儿童进行复述这个故事。故事的长度由短到长，逐渐增加复述的难度。

（2）听故事拼图：干预者说出一个故事，故事说完后要求儿童按照故事中物体出现的次序在“记忆拼板”上摆放相应的积木。故事的长度逐渐增加，要求儿童回忆的图片量逐渐增加（从 3—10 个）。

（3）记住我的代号。具体做法：3—5 个儿童为一组，每个儿童为自己取个代号，代号必须是 3—4 个字或者词语，每个人都向其他人介绍自己的代号。结束后，示意儿童把其他儿童的代号画在纸上。干预者看儿童画的结果，让记得好的儿童介绍自己的记忆方法并且与其他儿童一起讨论如何记住对方的代号。通过增加代号的长度来使训练任务难度增大。

（4）传递悄悄话：3—5 人一组，每个儿童抽取一张有图画的卡片（狗、小兔、草莓等），不让其他人看到。例如，儿童A向相邻的儿童B传递悄悄话："我有一只小狗。"传话者B向下一个儿童C说："A有一只小狗，我有一只小兔。"一个一个往下传，句子越来越长。通过增加卡片的数量来增加句子的长度。

（5）说得不一样：干预者说一个词语，要求儿童倒过来说一次，如"对不起"，要求儿童说"起不对"，根据儿童的能力逐渐增加词语或者句子的长度来增加难度。

2.6.3 转换、抑制游戏（Ponitz, McClelland, Matthews, & Morrison, 2009; Westerberg, 2007）

（1）头发、肩膀、膝盖、脚：随机说出一个或者两个部位，要求儿童迅速用手指出任意一个没有说出的部位。例如，说头发时必须用手指着肩膀或者脚。可以通过越来越复杂的口令来增加游戏的难度。

（2）相反动作：儿童根据干预者的口令做相反的动作，例如，干预者说"站起来"，儿童就要蹲下，干预者说"向前走"，儿童就要往后退。

（3）萝卜蹲：把儿童分成大萝卜组和小萝卜组。第一轮游戏：建立优势反应，要求儿童按照萝卜蹲的游戏规则进行游戏；第二轮游戏：抑制优势反应，按照要求做相反动作，当要求"大萝卜蹲"时，就应该小萝卜蹲。可以增加萝卜的特征如"黄萝卜、绿萝卜"等来增加游戏难度。游戏规则：每个儿童扮演一个萝卜，萝卜具有两个特征，如"红的大萝卜"，如果喊萝卜的颜色就蹲，如果喊萝卜的大小就做相反动作。

（4）手指游戏：儿童听干预者口令做动作，口令有手指伸出来、手指藏起来、手指指向上、手指指向下、伸出来、缩回去、向上、向下等。只有口令中含有"手指"两个字时才是真正要执行口令，其他口令属于干扰口令。

（5）小心"炸弹"：将若干不同颜色的积木随机排列成直线或者弧形。每轮游戏选定不同颜色和不同数量的积木作为"炸弹"，儿童作为赛车手"开车"经过所有积木，遇到"炸弹"需要跳过，否则就会被"炸掉"。炸弹数量和颜色种类越多，难度越大。

（6）多维分类：例如圆形、三角形、正方形三种形状的积木大中小、红黄蓝颜色各一个，要求儿童按照不同的标准进行分类。

（7）七巧板。按照图纸拼图，有的时候需要参照图纸上图案的颜色，有的时候需要参照图纸上图案的形状。通过翻转、旋转等拼出不同的图案。

（8）小熊排队（如图3－3－5）：第一轮游戏，黄色小熊和红色小熊排队出去玩，黄色的小熊要说它的颜色，红色的小熊要听到"小熊"两个字。第二轮游戏，只说小熊的大小，不说颜色，大的小熊说“大的”，小的小熊说“小的”；接着反过来说，大的小熊要说“小的”，小的小熊要说“大的”。第三轮游戏，仍然是两排小熊图示，红色的小熊要说它的大小，黄色的小熊要说它的颜色。

图 3－3－5　小熊排队游戏材料

3 小结

数学干预的一般方案是以预设的形式出现的，但是实际干预时则需要根据儿童的特点和对游戏的反应进行调整。因此，执行这个干预方案既要参照一般的干预方案同时又要能灵活变通，因而对干预者的培训非常重要。本研究中所有参与干预的干预者都是经过了专业培训的学前教育专业的硕士和博士研究生，在干预资质上有较好的保证。在本研究之前，已经进行了一个数学学习困难样本的数学干预研究，积累了丰富的有价值的经验。在总结这些经验的基础上，形成了本研究的干预方案。本研究在进行过程中，及时与教师、家长进行沟通，保证了干预的持续进行。为了避免“数学学习困难”带来的负面影响，尽量淡化干预的痕迹，干预的过程只是“和儿童一起做游戏”的过程，经常会让干预对象“邀请自己的好朋友一起参加游戏”。

第四节　个案分析和干预策略的研究设计

这个部分主要是对干预过程和干预结果做深入描述，个案采用质的研究方法和一些描述性数据，介绍了如何对个体进行数学干预和执行功能干预，以及这些干预对这些个体产生了什么样的影响。通过对干预者深入访谈，分析了在干预过程中采用的策略及儿童对这些策略的反应。

1 个案分析

1.1 个案研究思路

根据本研究前期数据的分析，分别选取 3 个数学学习困难儿童和 1 个执行功能缺陷的儿童作为干预研究的追踪个案，在干预期间跟踪干预对象，搜集各种资料，揭示通过个性化干预对他们的发展所产生的影响。研究儿童在接受数学和执行功能干预的过程中学习和行为的表现及变化。从个案分析的角度深入描述整个干预过程、干预内容及干预效果，可以比较清晰地了解到个体在教育干预的影响下是如何成长变化的。这种变化可能不仅仅是数学能力和执行功能方面的变化，也可能对儿童的学习兴趣、学习品质产生了影响。

1.2 研究方法

1.2.1 研究对象

个案来自本研究中实验研究部分的数学干预组和执行功能干预组儿童。经过智商测试，几个研究对象均为智力正常儿童。运用早期数学能力分数和教师评估确定干预对象为数学学习困难儿童。

1.2.2 对个案实施干预

借鉴干预—反应模式的思想对数学学习困难儿童进行干预，根据儿童的反应调整干预的方案，并会在干预过程中一边诊断一边干预。对数学学习困难儿童的数学学习状况，运用数感量表（附表1）进行测试，监测干预效果和数学学习困难儿童的发展状况，即儿童对干预的反应。

1.2.3 干预过程的分析

通过对干预过程的录像、干预记录的分析，对信息进行登录和编码，重点分析儿童对干预的反应以及干预者是如何帮助他们克服数学学习困难的。重点标记出有价值的情景，以作为个案分析引用的第一手资料。

1.2.4 个案干预效果的评估及反思

对个案干预效果的评估采用前测和后测的数学能力和执行功能分数进行分析。另外，辅以质性分析的材料，以更加详细地阐释干预给个案带来的影响。可以体现个案在干预过程中以及干预后多方面的行为表现。对个案的反思可以为未来的干预研究提供非常有价值的参考意见。干预可能会有效果，也可能没有效果。特别是对干预效果不明显的个案进行反思尤其有价值。

1.3 资料收集及分析

运用观察法和录音、录像分析、文本分析等方法，对个案进行跟踪研究。对个案干预过程进行观察，分析个案与干预者的互动过程，详细记录干预过程。并对干预过程进行录像，以免遗漏信息。通过对教师和家长的访谈了解个案的相关信息。对搜集到的各种个案资料进行整理和分析，采用量的分析和质的分析相结合的方法进行个案研究，做出合理的判断，进而揭示出个案发展变化的特征和规律。

2 干预策略

过程性的描述能够让人更深入地了解整个干预的全貌，对干预策略的分析实际上也是对干预过程的描述。这部分研究计划采用质的研究方法来分析。具体地说，主要采用访谈法、观察法、文本资料分析法等方法进行研究。

2.1 确定研究问题

研究包括两个主要问题：一是在自然情景下观察干预期间数学学习困难儿童在干预过程中的学习表现、注意力、学习的坚持性、抗干扰能力、兴趣、采用的学习策略、对干预的反应及其他行为表现。二是对实施干预的研究人员进行多次深入访谈，了解干预者采用的策略、方法，如何根据数学学习困难儿童的学习给予反馈，如何帮助儿童克服数学学习困难。

2.2 选择研究对象

接受访谈的 5 名干预者均是华东师范大学学前教育专业的研究生，她们是经过专业培训的课题组成员，具有比较扎实的理论基础，能够较好地对数学学习困难儿童进行干预并且准确地描述干预过程。对干预组的部分数学学习困难儿童的带班老师也进行了非正式访谈，了解数学学习困难儿童的基本状况。

2.3 获得家长和老师同意

本研究中涉及对儿童进行录像和录音，因此需要向家长和老师详细说明研究的目的、过程、使用的记录仪器的安全性、采取的记录方式、个人信息的保密规则，在征求家长和老师同意的情况下开展研究，遵循研究的伦理要求。

2.4 与研究对象建立关系

本研究的研究对象与研究者本人同属一个课题组，向他们说明研究目标之后，进行深入访谈，并在征求他们的同意之后进行录音。与访谈对象的关系可以说是“既亲密又有一定距离”。长时间在一起参与课题研究后，彼此之间比较熟悉，可以说是“朋友”，访谈过程中他们非常配合，愿意提供所有的第一手资料（大量的干预记录、照片、录音和录像）。另外，由于大家因为课题研究而联系在一起，“彼此之间有一定距离”，在对待学术问题时，他们又变成了“严肃的学者”，在访谈过程中他们能够用认真、规范的态度对待每个问题，并且提供各种资料证明自己的观点。与研究对象的这种关系，保证了访谈资料的规范性和有效性。

2.5 数据采集

访谈。对带班老师及家长进行了简单的随机访谈，主要了解儿童在班上和家庭中的数学学习状况、表现，教师和家长如何评价儿童的数学能力，如何支持和帮助他们学习数学。对干预者进行深入访谈，了解干预者在干预过程中采用的策略、方法以及与儿童的互动情况。对每个干预者的深入访谈一共两次，分两个时间段进行，第二次访谈是在整理好第一次访谈的录音资料后进行的。每次访谈一个小时，访谈地点选择在学校图书馆的休息室或办公室，环境比较安静，保证了访谈的顺利进行。

观察。观察了干预者对数学学习困难儿童进行干预的过程，并且使用摄像和录音记录设备，拍摄了部分干预的过程，还有一部分进行了录音。分析观察记录、录像和录音中干预者采用的策略，与访谈得到的资料进行验证和相互补充。

文本资料分析。要求干预者做好详细的记录，并且最好能够把儿童的表现或者学习结果记录下来（拍照或者保留纸质文本）。记录的结果作为分析的重要文本，也是对访谈结果进行相互验证的重要资料。

2.6 资料分析

对原始资料进行整理，在电脑上进行登录、编码，寻找本土概念和进行系统化。为了确认信息的重要性，反复请接受访谈者回看，验证信息的准确性。使用归纳法分析资料，从质的研究的角度来深入描述干预过程中采用的策略，能更加清晰地剖析教育干预是如何对儿童产生积极影响的。

2.7 结果撰写

研究报告的主体采用类属和情景相结合的叙述方式，以叙事为主，辅以类属分析。介绍研究的目的和意义、研究方法的选择和运用、研究结果、研究的效度和研究伦理。

第四章　5—6岁数学学习困难儿童的鉴别及诊断

数学能力是早期儿童发展非常重要的一个方面，也可能是其他方面学业能力发展的基础。早期数学能力能够预测阅读学业成就（National Mathematics Advisory Panel, 2008）。儿童在学前阶段已经获得了大量的关于数以及数的关系的知识，这些知识与未来的数学成绩关系密切（Geary, 2004；Duncan et al. , 2007），且能够预测小学阶段的数学学习困难（Stock, Desoete, & Roeyers, 2010）。即使控制了智商和社会经济地位的影响，学前儿童的数感、数量关系知识和数概念的理解能力仍然能够预测后来几年的数学成绩（Jorden et al. , 2009）。

然而，并不是所有的儿童都熟练地掌握了这些知识和技能。儿童在开始正式数学学习之前已经表现出很大的个别差异（Aunio, Hautamäki, Sajaniemi, & Van Luit, 2009），数学能力长期落后于同伴的儿童将会产生累积效应，可能会持续成为数学学习困难儿童（Aunola, Leskinen, Lerkkanen, & Nurmi, 2004）。因此，诊断出存在数学学习困难倾向的儿童并且考察儿童的数学能力缺陷，对早期表现出数学学习困难的儿童尽早进行关注和鉴别非常重要。这就迫切需要有一个良好的工具进行鉴别和诊断，这也是本研究首先需要解决的问题。

第一节　《早期儿童数学能力测试》中文版的适用性研究

1 研究目的

目前国外使用较为普遍的早期儿童数学能力评价的工具有《数学知识测验》（The Number Knowledge Test, NKT）、《数感测验》（The Number Sense Test, NST）、《早期数学测试》（Early Numeracy Test, ENT）、《早期数学能力诊断》（The Early Math Diagnostic Assessment, EMDA）等。其中，金斯伯格和布拉迪（Ginsberg & Broody, 2003）开发的《早期儿童数学能力测验》（Test of Early Mathematics Ability, TEMA）量表受到了较为广泛的推崇。TEMA是可用于测查

3—8 岁零 11 个月儿童数学能力的标准化工具。它既可作为测查一般儿童的数学能力的工具，也可作为鉴别儿童数学能力的优势和弱点的工具。测试项目主要包含：非正式数学能力（数数、数的比较、简单运算、数概念）和正式的数学能力（数字读写能力、数学事实、运算技能、数概念）。“它具有良好的效度和信度，其内部一致性达到 0.94，校标效度为 0.54—0.91，重测信度为 0.82。”[①]目前在国内还尚未有公开发表的标准化的儿童早期数学能力的评估工具，这在一定程度上限制了早期儿童数学能力研究的进展。因此引入 TEMA 这一使用广泛的量表，可以给研究者提供便利，并为未来开发本土化的工具提供借鉴。本研究将 TEMA 量表翻译成中文，并对其在上海地区的学前儿童数学能力评价中的运用的可行性、信度和效度进行了初步评估。本研究的假设：TEMA 中文版本具有良好的信度和效度，适用于评价和鉴别 5—6 岁儿童的数学能力。

2 研究方法

2.1 TEMA 量表翻译过程

TEMA 是金斯伯格和布拉迪研制而成，经过了几次修改，本研究中工具的汉化采用的是第三次修改后的版本。该量表包括两个部分（非正式数学能力和正式数学能力）和 8 个分量表。一共 72 个项目。量表采用测查评估方法，每答对 1 个题目，计 1 分；如果儿童连续出现 5 个错误则停止测查。计分的方法是以连续做对 5 个题目作为计分的起点，最后依据答对的数目计算总分。得分越高，说明数学能力越强。

本课题组征得量表作者同意后，遵循目前通用的“翻译、逆向翻译、文化调适、预实验”的程序，对量表进行译制及修订。首先由 2 名学前教育专业研究生将量表翻译成中文，然后由另 1 名研究生对翻译好的中文版本量表进行校对和修改；再请 2 名不了解原量表的英语专业研究生将中文版本量表译回英文，并请专家对回译的英文版量表进行审核，结果表明无理念上的分歧，回译的内容基本与原文相同，形成初稿。经本领域专家对中文版量表进行最终审核，并经过其他几位专家的咨询和小组讨论后，对各个题目的内容、术语表达的准确性及中国文化背景的适用性进行了修订，形成修订稿。

---

① Ginsburg, H. P., Baroody, A. J. (2003). Test of early mathematics ability (3rd ed.). Austin, TX: Pro - Ed.

2.2 被试

本研究以幼儿园 5—6 岁儿童为测试对象。试测阶段采用随机整群取样方法选取上海市某一级幼儿园大班 60 名幼儿，其中男孩 30 名，女孩 30 名。正式测验阶段采用随机整群取样方法选取上海市 3 所幼儿园的 5—6 岁幼儿 356 名，经过剔除数据缺失样本后，有效样本为 339 人（5 岁组儿童 187 名，6 岁组儿童 152 名；男孩 195 人，女孩 144 人）。

按照统计学要求，进行探索性因素分析与验证性因子分析的数据应该是同一研究总体中近乎相等的两个数据样本。因此，对该样本由 SPSS 统计软件随机分成两个样本，样本一为 156 人（其中 5 岁组 90 人，6 岁组 66 人；男孩 91 人，女孩 65 人），儿童年龄平均数为 67.38 个月，标准差为 5.808；样本二为 183 人（其中 5 岁组 97 人，6 岁组 86 人；男孩 104 人，女孩 79 人），儿童年龄平均数为 67.91 个月，标准差为 5.937，用于验证性因素分析。

2.3 研究程序

2.3.1 量表的试测

在对量表进行正式施测之前，先按规范要求选取合适样本进行了试测。然后根据试测过程中与儿童互动的情况，对量表中要求不明确、逻辑不通顺、语言表述不符合中文表述方式及儿童无法理解的语句进行了修改，使量表的中文文字表达更加通顺、清晰，更容易被儿童理解和接受，从而形成量表的定稿。

2.3.2 量表的正式施测

本研究的被试均经过儿童家长同意后进行测试。采用修订的量表对 356 名幼儿进行施测。测试采取了成人与儿童一对一的方式进行，主试为经过严格培训的学前教育专业研究生。测试时间每人为 25—30 分钟，如果儿童感觉到疲倦，允许停止适当休息后继续完成。为了检验量表的重测信度，间隔一个月后，选择样本中的 127 人进行了重测。

2.4 数据处理

采用 SPSS 20.0 和 AMOS 21.0 对数据进行分析。对量表的重测信度采用 Pearson 相关系数来评价，系数越高，重测信度越好；采用 Cronbach's α 系数及项目间相关系数评价量表的内部一致性，若 α 系数大于 0.7 则可以认为项目之间具有较好的一致性；分半信度采用 Spearman - Brown 相关系数进行评定；结构效度采用因子分析法和主成分分析法进行评价分因子分析，并运用 AMOS 21.0 进行验证性因子分析，考察数据与因子模型的拟合程度，检验量表的结构效度。采用的拟合指标有：*NFI*，*CFI*，*RFI*，*RER*，*IFI*，*REMEA*。“*RMR*，*RMSEA* 越小，模型拟合得越好，其他的值越接近 1 越好。”①采用专家评定方法对量表的内容效度（Content Validity Index，CVI）进行了评定。

3 研究结果

3.1 项目分析

采用 Pearson 相关系数作为项目鉴别力的指标。结果如表 4－1－1。经过检验，删除相关系数低于 0.4 的项目，删除了项目 1—14（1—14 题为适合 3—4 岁儿童的项目，相对 5—6 岁的儿童比较容易，本研究结果是来自 339 个儿童的测查数据 。测查中数学学习困难儿童中有 2 个儿童无法完成 15 题以后的项目，因此进行了回测。）以及项目 19、54、66、68、70、71（54 题以后均为 7 岁以后儿童数学能力测试项目），形成了由 52 个项目组成的量表。这与原量表的理论模型是一致的，原量表对 5 岁组儿童施测是从第 15 题开始的（Ginsburg & Baroody，2003）。其余的项目都具有良好的鉴别度。

表 4－1－1　TEMA 中文版各项目与总分的相关（$n=339$）

项目	*r*	项目	*r*	项目	*r*	项目	*r*	项目	*r*
1	0.133	15	0.420**	29	0.409**	44	0.631**	58	0.442**
2	0.155	16	0.419**	30	0.508**	45	0.625**	59	0.480**
3	0.032	17	0.487**	31	0.582**	46	0.540**	60	0.416**
4	0.143	18	0.499**	32	0.635**	47	0.474**	61	0.415**
5	0.124	19	0.244**	33	0.464**	48	0.606**	62	0.434**
6	0.152	20	0.409**	34	0.413**	49	0.525**	63	0.406**
7	0.059	21	0.413**	35	0.580**	50	0.498**	64	0.431**
8	0.048	22	0.541**	36	0.678**	51	0.496**	65	0.475**
9	0.013	23	0.456**	37	0.544**	52	0.562**	66	0.173**
10	0.033	24	0.573**	38	0.482**	53	0.431**	67	0.417**
11	0.035	25	0.425**	39	0.684**	54	0.247**	68	0.269**
12	0.060	26	0.495**	40	0.623**	55	0.420**	69	0.408**
13	0.291**	27	0.430**	41	0.665**	56	0.511**	70	0.154**
14	0.162**	28	0.400**	42	0.650**	57	0.493**	71	0.143**
				43	0.601**			72	0.438**

① 侯杰泰，温忠麟，成子娟. 结构方程模型及其应用［M］. 北京：经济科学出版社，2004：75－76.

3.2 效度分析

3.2.1 内容效度

3名学前儿童数学认知发展和教育的专家对中文版量表初稿的内容效度进行了评价（Content Validity Index，CVI），包括各个项目水平的内容效度（item - level CVI，I - CVI）和量表水平的内容效度指数（Scale - level CVI，S - CVI）。本研究在内容效度评定的专家咨询问卷中要求专家就每一项目与相应内容维度的关联性进行评定。采用4等级评分：4 = 非常相关，3 = 相关，2 = 弱相关，1 = 不相关。就每一个项目，给出评定为3或4的专家人数除以参评专家总数即得出I - CVI。“当专家人数少于或等于5人时，I - CVI应为1.00，即全部专家均认为该项目与所要测量的概念内容有较好的关联性，才认为这个项目的内容效度较好。”①内容效度的评定可以用I - CVI来评定。其中I - CVI，运用对随机一致性概率（P_C）的调整来计算*kappa*值，0.40—0.59为一般，0.60—0.74为良好，大于0.74为优秀。结果表明，3位专家对所有项目的评定均为3分或者4分，本量表每个项目的I - CVI值均为1，P_C为0.125，*kappa*值为1，表明该量表的测查项目的内容效度优秀。“S - CVI应达到0.9以上，可以通过计算所有项目I - CVI的均数来计算”②，本量表S - CVI为1.0。可见，该量表的内容效度优秀。

3.2.2 结构效度

3.2.1.1 探索性因子分析的结果

主要用来评定测量结果的内在成分是否与预先计划测量的领域一致。一般可运用因子分析来评定结构效度，包括探索性因子分析与验证性因子分析。对52个项目进行探索性因子分析，抽取适当性*KMO*指数为0.858 > 0.5，表明变量间的共同因素足够多；Bartlett球形检验统计量为8954.717（$p < 0.01$，$df = 1485$），表明适合进行因素分析。采用探索性因素分析中的主成分分析法和大化方差斜交旋转对样本一的测验结果进行分析，特征值大于1确定的公因子有8个，它们的方差累积贡献率为66.821%。

① 戴海琦，张锋，陈雪枫．心理与教育测量（修订本）[M]．广州：暨南大学出版社，2007：24.

② Lynn，M. R.（1986）. Determination and quantification of content validity. *Nursing research*，35（6），382 - 386.

表4－1－2　因子载荷表

因子1		因子2		因子3		因子4		因子5		因子6		因子7		因子8	
数数能力		数字比较		简单运算		数概念的掌握		正式数学概念		正式数学事实		正式数学运算		正式数字读写	
21	0.475	20	0.776	16	0.835	17	0.531	18	0.745	41	0.512	49	0.467	15	0.423
22	0.602	37	0.653	26	0.457	25	0.662	34	0.637	43	0.597	52	0.608	29	0.625
23	0.465	27	0.549	32	0.538			47	0.828	50	0.722	55	0.465	30	0.420
24	0.632	58	0.584	65	0.669			53	0.731	51	0.560	57	0.872	35	0.712
28	0.452			67	0.929					46	0.525	59	0.531	44	0.814
31	0.423			72	0.805					56	0.785	62	0.817	45	0.828
33	0.462									61	0.563	64	0.929	60	0.585
36	0.820											63	0.684		
38	0.481											69	0.805		
39	0.779														
40	0.665														
42	0.832														
48	0.729														

表4－1－2的分析结果是依据统计学意义来进行的，进一步将8个维度的数学能力进行因子提取，还需要进一步通过验证性因子分析来验证模式是否合理有效。抽取适当性 *KMO* 指数为 $0.868>0.5$，Bartlett 球形检验统计量为1610.502（$p<0.01$，$df=28$），表明适合进行因子分析。采用探索性因子分析中的主成分分析法和大化方差斜交旋转对样本一的测验结果进行分析，特征值大于1确定的公因子只有1个，它们的方差累积贡献率为55.617%，也就是说8个维度可以提取1个公因子。

3.2.1.2 验证性因子分析的结果

采用 AMOS 21.0 对样本进行验证性因子分析，检验模型是否得到另外样本数据的支持。尝试建立两个模型进行验证，第一个模型是根据因子分析把8个维度作为一个潜变量的分析（见图4－1－1）；第二个模型是依据量表原来编制的理论模型把8个维度分为非正式数学能力和正式数学能力两个潜变量的分析（见图4－1－2）。两个模型的拟合优度见表4－1－3。

表 4－1－3　TEMA 验证性因子分析数据表

	λ^2	*df*	*RMR*	*AGFI*	*NNFI*	*NFI*	*RFI*	*IFI*	*CFI*	*RMSEA*
模型 1	107. 737	20	0. 091	0. 912	0. 923	0. 884	0. 866	0. 889	0. 879	0. 109
模型 2	32. 219	19	0. 045	0. 962	0. 943	0. 986	0. 972	0. 994	0. 994	0. 044

“*RMR*（均方根残差）小于 0. 05 代表拟合度较好；*AGFI*（调整拟合优度指数）大于 0. 9 代表拟合较好；*NFI*（标准拟合指数）大于 0. 9 代表拟合较好；*NNFI*（不规范拟合指数）大于 0. 9 拟合较好；*IFI*（增值拟合指数）大于 0. 9 表示拟合较好；*CFI*（比较拟合指数）0. 9 以上代表拟合较好；*RMSEA*（近似误差均方根）小于 0. 05 拟合好，大于 0. 1 代表拟合不好。”①从拟合指数看，模型一的 *RMSEA* 为 0. 109，其他各项指标均在 0. 8—0. 9 之间，这个模型不是很理想；而模型二的各项指标均比较理想，模型二的 *RMSEA* 小于 0. 05，其他各项指标均在 0. 9 以上，说明这个模型拟合较优。非正式数学能力和数学能力两个因子之间的关系非常密切，达到 0. 94。

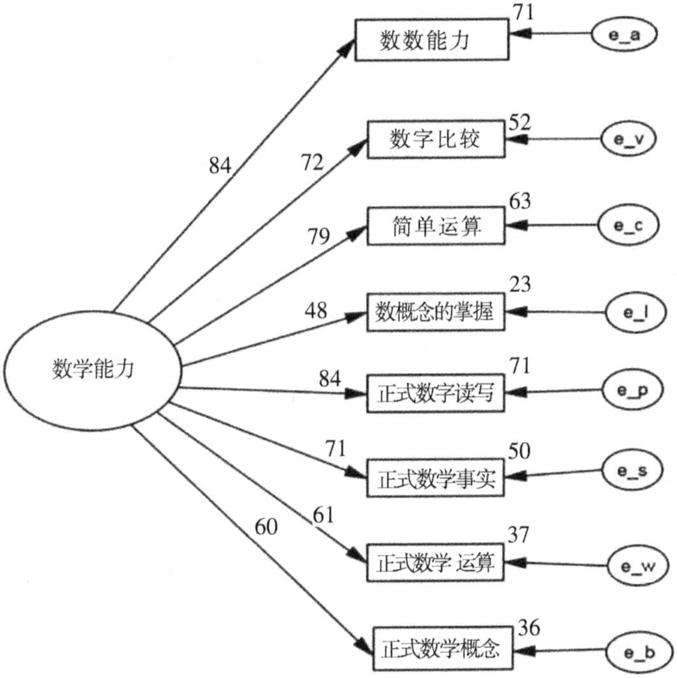

图 4－1－1　TEMA 数学能力模型一路径图

① 吴明隆. 结构方程模型：AMOS 的操作与应用［M］. 重庆：重庆大学出版社，2009：176.

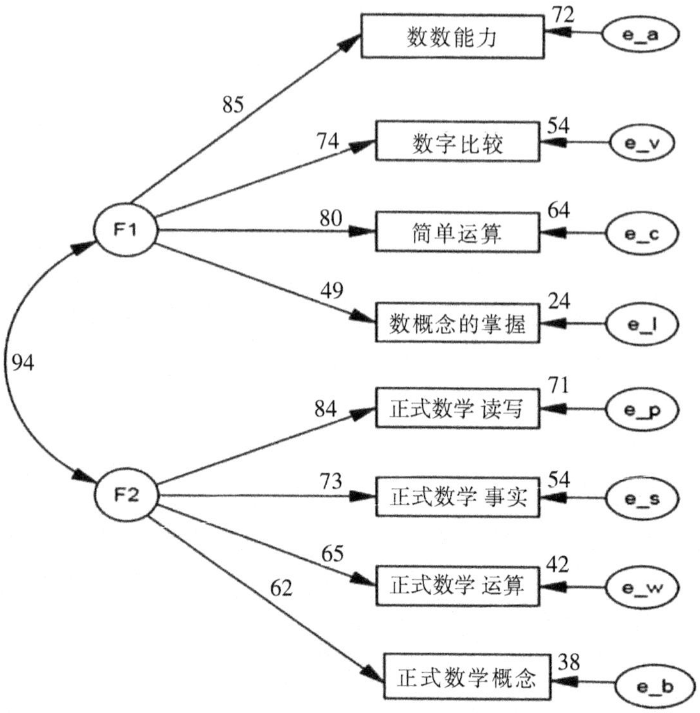

图 4-1-2　TEMA 数学能力模型二路经图

3.3 量表的回归统计分析

采用多元回归统计分析对量表的内部关系进行进一步验证。以总分为因变量、8 个维度为自变量进行多元逐步回归分析（如表 4-1-4）。8 个维度全部进入回归方程，回归系数均达到了非常显著的水平，总体多元回归系数 R^2 为 0.963，也就是说量表变异中的 96.3% 可以由 8 个分量表变异造成，回归效果较佳。其中数数可以单独解释总量表 72.9% 的变异。

表 4-1-4　总量表与各量表之间的回归分析

	非标准化系数		标准系数	*t*	*P*
	B	*SE*	*Beta*		
（常量）	-0.929	0.779		-1.192	0.234
数数	1.190	0.058	0.373	20.380	0.000
正式数学事实	1.212	0.095	0.226	12.740	0.000
正式数学运算	1.034	0.124	0.141	8.309	0.000
数的比较	1.058	0.136	0.117	7.802	0.000

续表

	非标准化系数		标准系数	t	P
	B	SE	$Beta$		
正式数字读写	1.151	0.118	0.176	9.788	0.000
简单运算	1.073	0.138	0.130	7.784	0.000
正式数概念	0.595	0.181	0.046	3.288	0.001
数概念	0.452	0.169	0.033	2.669	0.008

3.4 信度评价

信度是测量结果的可靠性，在本研究中采用重测信度（test - retest reliability）、克朗巴赫系数（Cronbach's alpha coefficient）、分半信度来评价量表的可靠性。

3.4.1 重测信度

对127名有效被试进行了两次测量，前后测量时间间隔为1个月，以此来检验量表的稳定性，即跨时间测验的一致性。前后两次TEMA量表总分的相关系数为0.845（$p<0.001$），数数的重测信度为0.757（$p<0.001$），数的比较分量表的重测信度为0.735（$p<0.001$），非正式运算分量表的重测信度为0.753（$p<0.001$），数概念的掌握分量表的重测信度为0.781（$p<0.001$），正式数概念重测信度为0.763（$p<0.001$），正式数学事实重测信度为0.732（$p<0.001$），正式数字读写重测信度为0.708（$p<0.001$），正式数学运算重测信度为0.723（$p<0.001$）。"所有的相关系数都达到了0.7以上，显著性检验p值都小于0.001，差异极其显著。总量表的信度系数最好在0.8以上，分量表的信度系数最好在0.6以上。"[①]这表明，TEMA的8个维度和量表总分的重测信度都比较好。

3.4.2 内部一致性

研究中，内部一致性系数大于0.8为极好，0.6—0.8为较好，小于0.6为较差，小于0.4为太差（吴明隆，2003）。总量表的内部一致性Cronbach's α系数为0.932，各个分量表的内部一致性系数均在0.7以上，说明此量表具有较好的内部一致性。

---

① 吴明隆. SPSS统计应用实务——问卷分析与应用统计［M］. 北京：北京科学出版社，2003：112.

3.4.3 分半信度

采用奇偶分半法，将量表分成两半，计算其分半信度系数 r，来评定量表的跨指标一致性。结果表明量表的分半信度为（$r=0.747$），这个值说明两个分量表之间有密切的相关关系，此量表跨指标的一致性较好，分半信度良好。

3.5 数学能力的年龄和性别差异

不同性别、年龄儿童 TEMA 测试得分情况是：男孩数学能力原始分（$M=39.29$，$SD=10.264$，$n=195$）得分高于女孩（$M=36.90$，$SD=7.936$，$n=144$），6 岁儿童得分（$M=40.24$，$SD=9.202$，$n=187$）高于 5 岁儿童（$M=35.72$，$SD=9.244$，$n=152$）。以数学能力得分为因变量，性别、年龄为自变量，考察儿童数学能力分数的年龄和性别差异（如表 4－1－5）。结果表明，数学能力得分的性别主效应显著，男孩的得分显著高于女孩；数学能力得分的年龄效应显著，6 岁儿童得分显著高于 5 岁儿童得分。性别与年龄的交互作用不显著。

表 4－1－5　儿童数学能力得分（原始分）的性别、年龄差异比较

	III 型平方和	df	均方	F	p	η^2
性别	592.965	1	592.965	7.086	0.008	0.021
年龄	1832.247	1	1832.247	21.895	0.000	0.061
性别 × 年龄	75.761	1	75.761	0.905	0.342	0.003
误差	28034.031	335	83.684			
总计	528781.000	339				

4 讨论

4.1 关于 TEMA 量表中文版的心理测量学指标分析

本研究对 TAMA 中文版的心理学指标进行了考察。经过修正后，研究结果表明，本量表具有较好的项目鉴别度，内在一致性系数较高，为 0.932，同质信度非常好。分半信度达到 0.747，量表跨指标的一致性较好。重测信度达到了 0.845，虽然没有达到 0.9，也达到可以接受的范围。评价重测信度的高低，还需要考虑特定的条件（顾海根，1999）。第一次测查是幼儿刚刚从中班进入大班时期，有的儿童对数学的敏感性可能还不够，适应大班的学习一个月后，可能有了较多的数学学习的经验。众所周知，早期儿童数学能力发展较快，数学能力的发展可能会使某些被试的分数产生较大的波动，从而在一定程度上会影响到重测信度。结构效度方面，本研究证明了运用两个潜变量建构的模型更加合理。这与量表的编制者金斯伯格等的研究结论是一致的（Ginsburg & Baroody, 2003）。因子1代表非正式数学能力，因子2代表正式数学能力。内容效度是量表质量的重要体现，是确定其在多大程度上代表了所要测量的行为领域。本量表的每个项目的 *I-CVI* 值均为 1，P_C 为 0.125，*kappa* 值为 1，*S-CVI/Ave* 为 1.0。这表明该量表的内容效度优秀。对量表的回归分析结果表明，量表与各分量表存在非常显著的相关性，也就是说各分量表对总量表的影响非常显著。回归效果极佳，说明了总量表与分量表之间的相关是真实的，不是由其他因子造成的。

TEMA 中文版在上海对 5—6 岁儿童测试的结果表明，该工具具有良好的信度和效度，初步具备了作为优良测查工具的条件，可以为早期儿童的数学能力研究提供参考和借鉴。测查过程中的观察发现，所有幼儿基本上都能够坚持完成该年龄段的测查内容，没有厌烦。值得注意的是，这是一个用于 3—8 岁的儿童测查工具，而本研究主要是以 5—6 岁儿童的数学能力测查为样本，因此包含的适合 3—4 岁儿童的题目对 5—6 岁儿童可能相对容易了，在分析过程中删除了鉴别度不高的项目。今后，还需要采用 3—8 岁更大样本来对工具进一步进行验证。“正是因为样本量在一定程度上影响了量表的分半信度，因为分半信度与项目的多少有直接关系。”①

4.2　5—6 岁儿童数学能力发展的性别及年龄差异

早期儿童数学能力具有个别差异，年龄和性别是常见的对数学能力的影响因子（Demie，2001）。本研究发现5 岁男孩的数学能力显著高于女孩。这与有的研究的结论可能不一致。有的研究发现，女孩的早期数学能力方面具有优势。与男孩相比，女孩的空间方位能力、简单运算（Kimura, 2000）、数学问题解决方面、基本运算以及标准化早期数学能力测试（如 TEMA）方面都比男孩有优势（Lachance & Mazzocco，2006）。那些优势还体现在他们在数数、非正式运算、数量关系、正式数学运算以及位值概念方面（Aunio，Hautamäki，Heiskari，& Van Luit, 2006）。在儿童 4 岁到 7 岁间（Boardman，2006）以及 5 岁到 6 岁这个阶段（Jordan et al.，2006），女孩的数学能力比男孩优秀。然而，学前阶段的男孩在数感、非言语运算及估猜等方面比女孩优秀（Buchmann，DiPrete，& McDaniel，2008）。也有研究认为，早期儿童数学能力的性别差异不显著。因此，早期儿童数学能力的性别差异并没有达成一致的共识（Aunola，Leskinen，Lerkkanen，&

① 王钢，张大均，江琦．大学生人际适应性量表的初步研制［J］．心理发展与教育，2010，26（06）：650－657.

Nurmi, 2004）。虽然数学学习上可能存在性别差异，但是引起性别差异的原因仍然很难解释（Buchmann, DiPrete, & McDaniel, 2008）。这可能是因为本研究中没有控制家庭经济地位、智商等因素造成的这种差异。另外一种可能就是抽样的偶然性造成的，还需要有更大样本的研究进行分析。

早期儿童数学能力具有年龄差异，这个很好解释，数学能力的发展是随着年龄发展而发展的。本研究采用的是原始分数进行分析，因此年龄越大，数学能力分数越高。这种年龄差异验证了以往的研究结果（Kavkler, 2000）。这可能是因为年龄大的儿童与年龄小的儿童相比已经有了更多的学习数学技能的机会和时间；也有可能在测试的过程中年龄大的儿童在注意力、语言理解能力等方面更强，也有助于数学能力的表现。

5 研究结论

本研究对《早期儿童数学能力测试》（TEMA）量表中文版的心理测量学特征进行了分析，并考察了5—6 岁学前儿童的数学能力发展的特点，研究得出以下结论：

（1）量表的结构由非正式数学能力和正式数学能力两个因子构成，其项目鉴别力、内容效度、结构效度、内部一致性系数和重测信度、分半信度等心理测量学指标良好，可以用来评价学前儿童的数学能力发展水平。

（2）5—6 岁儿童数学能力的发展存在显著的性别差异和年龄差异。男孩的数学能力分数高于女孩；从本研究的结果看，年龄越大的儿童数学测试原始得分越高。

第二节　5—6 岁数学学习困难儿童数学能力缺陷

1 研究目的

学前儿童还没有像小学儿童一样开始正式的数学学习，因此对“数学学习困难”要与小学阶段或者初中、高中阶段的数学学习困难有所区分。在国外的研究中，有的研究者把学前阶段可能成为数学学习困难儿童称之为数学学习困难高危儿童（at risk MLD）或者称之为潜在的数学学习困难儿童。可以这么认为，数学学习困难就是数学能力较低（Gersten, Jordan, & Flojo, 2005）。有的研究将数学成绩最低的10%—35%定义为数学学习困难（Fuchs, Fuchs, & Prentice, 2004）。

本研究中的数学学习困难儿童是指智力在正常范围之内（韦氏智力测查90分以上），数学能力发展水平显著低于同伴水平的儿童（数学能力测查中处于最低的10%）。

数学学习困难儿童在数数方面（Gersten，Jordan，& Flojo，2005）、数学事实提取（Geary，2004）、运算和问题解决（Gersten er al.，2005）、数感（Jordan，2011）等方面存在着困难。而且，数学学习困难儿童在数学学习方面表现出极大的异质性，每个儿童在数学学习方面表现出来的困难可能都不一样。这种内部的个体差异，给数学干预带来了一定的困难。因此，了解数学学习困难儿童数学学习的核心缺陷及干预对象的具体状况对于实施有效干预非常重要。

本研究的研究问题是：对数学学习困难儿童该如何进行筛选？数学能力与智商的关系是什么？数学学习困难儿童在数学能力方面有哪些核心缺陷？本研究的假设是：智商与数学能力之间具有较高的相关，并且能在一定程度上预测数学能力。数学学习困难儿童在非正式数学能力和正式数学能力方面可能均不如正常儿童。

2 研究方法

2.1 研究对象

数学学习困难组儿童64人和正常组儿童64人。数学学习困难组儿童平均年龄为67.66个月，标准差为5.993，其中男孩36人，女孩28人。从数学能力分数位于25%以上的正常儿童样本中随机选取64人作为正常儿童对照组，其平均年龄66.62个月，标准差为5.691，其中男孩34名，女孩30名。

2.2 测查工具

2.2.1 早期儿童数学能力测查

见第三章第二节。

2.2.2 智商测查

见第三章第二节。

2.3 数据分析

所有的测查在主试经过培训后到幼儿园对儿童进行一对一测查，TEMA和智商的测查均是将原始分转换为量表分进行统计。TEMA各个维度分析采用的是原始分。所有数据采用SPSS 20.0进行处理。运用描述分析、相关分析、回归分析以及方差分析法对儿童的数学能力、数学能力与智商的关系以及数学学习困难儿童的数学能力特征进行分析。

3 研究结果

3.1 数学学习困难组儿童数学能力的描述统计

3.1.1 数学学习困难组儿童数学能力总分的分布情况

对数学学习困难组儿童的数学能力进行描述性统计分析（如表4-2-1）。结果表明，数学学习困难组儿童得分的极小值为68，最高值为104，全距为36，均值为95.59，偏度为-1.349，峰度为2.331。需要进一步描述分析数学学习困难组儿童的数学能力分布情况。从表中的数据可以看出，数学学习困难儿童之间的个体差异比较大，90分以下的占大约20%，100分以下的占了70%以上。

表4-2-1　数学学习困难组儿童数学能力分数的分布

		频率	百分比	有效百分比	累积百分比
有效	68	1	1.6	1.6	1.6
	72	1	1.6	1.6	3.1
	81	2	3.1	3.1	6.3
	82	1	1.6	1.6	7.8
	85	1	1.6	1.6	9.4
	87	3	4.7	4.7	14.1
	89	1	1.6	1.6	15.6
	90	3	4.7	4.7	20.3
	92	7	10.9	10.9	31.3
	93	2	3.1	3.1	34.4
	94	3	4.7	4.7	39.1
	95	3	4.7	4.7	43.8
	97	5	7.8	7.8	51.6
	98	2	3.1	3.1	54.7
	99	8	12.5	12.5	67.2
	100	3	4.7	4.7	71.9
	102	6	9.4	9.4	81.3
	103	1	1.6	1.6	82.8
	104	11	17.2	17.2	100.0
	合计	64	100.0	100.0	

3.1.2 数学学习困难组儿童数学能力各个维度分数的得分情况

从表4-2-2可以看出，数学学习困难组儿童在非正式数学能力方面的数数、数的比较、简单运算、数概念，以及正式数学能力的四个方面数字读写、数学事实的提取、运算、数概念的得分均比正常组儿童低。

表4-2-2 数学学习困难儿童数学能力各个维度得分的平均数和标准差

		非正式数学能力				正式数学能力			
		数数	数的比较	简单运算	数概念	数字读写	数学事实	数学运算	数概念
数学学习困难组	*M*	13.156	2.781	1.953	2.317	2.828	0.046	0.000	0.765
	SD	2.558	0.983	0.805	0.590	1.303	0.213	0.000	0.495
正常组	*M*	18.264	4.056	3.094	2.584	4.924	0.641	0.188	1.132
	SD	2.305	0.794	0.8148	0.569	1.016	0.856	0.556	0.556

3.2 两组儿童智商分数特征

数学学习困难组和正常组儿童的言语智商、操作智商、智商分数的描述性统计如表4-2-3。从表中的数据可以看出，两组儿童在数学能力和各个智商分数均存在着一定的差距。进一步的独立样本 t 检验发现，两组儿童在言语智商方面，存在极其显著的差异（$t=-6.874$，$p<0.001$）；操作智商方面，两组儿童存在极其显著的差异（$t=-7.205$，$p<0.001$）；智商方面，两组儿童存在极其显著的差异（$t=-9.130$，$p<0.001$）。数学学习困难组儿童智商分数显著低于正常组儿童智商分数。

表4-2-3 两组儿童智商分数的平均数与标准差

	N	言语智商		操作智商		智商	
		M	*SD*	*M*	*SD*	*M*	*SD*
数学学习困难组	64	98.16	8.227	104.91	8.802	101.56	6.863
正常组	64	110.83	11.589	116.04	7.574	114.73	8.673

3.3 数学学习困难组儿童数学能力与智商之间的关系

运用相关分析法分析数学学习困难组儿童数学能力与智商的关系，如表4-2-4。总体上，数学能力与三个智商分数之间的相关指数在0.2—0.4之间。其中，数学学习困难组儿童的数学能力与言语智商相关极其显著（$r=0.409$，$p<$

0.001)；数学能力与智商总分的相关极其显著（$r=0.427$，$p<0.001$）；数学能力与操作智商的相关不显著（$r=0.232$，$p>0.05$）。其中数学能力与智商总分的相关程度最大（$r=0.409$，$p<0.001$）。以数学能力为因变量，智商为自变量进行逐步回归分析，结果表明，智商和言语智商数学学习困难可以显著预测数学能力，一共能解释27.6%的数学能力的变异量。

表4-2-4　数学学习困难组儿童数学能力分数与智商的相关分析

	数学能力	IQ言语	IQ操作	IQ
数学能力	1			
言语智商	0.409***	1		
操作智商	0.232	0.079	1	
智商总分	0.427***	0.739***	0.729***	1

备注：*$p<0.05$，**$p<0.01$，***$p<0.001$

3.4 两组儿童的数学能力的差异分析

3.4.1 两组儿童的数学能力总分的差异分析

数学学习困难组儿童数学能力分数为：$M=95.59$，$SD=7.729$，正常组儿童数学能力分数为：$M=119.43$，$SD=6.506$。以数学能力分数为因变量，组别为自变量，采用独立样本t检验分析两组儿童数学能力的差异性。结果发现，数学学习困难组儿童和正常组儿童数学能力方面存在极其显著的差异（$t=-17.824$，$p<0.001$）。为了排除智商的影响，以智商为协变量，以数学能力为因变量，以组别为自变量的一元方差结果显示，数学学习困难组儿童和正常组儿童数学能力的差异极其显著（$F=137.084$，$p<0.001$，$\eta^2=0.546$）。也就是说，即使排除了智商的影响，数学学习困难组儿童和正常组儿童之间数学能力的差异仍然极其显著。

3.4.2 数学学习困难组儿童和正常组儿童非正式数学能力的差异分析

以非正式数学能力的数数、数的比较、非正式运算、数概念四个变量为因变量，以数学能力分组为自变量，以智商为协变量进行多元协方差分析，分析结果如表4-2-5所示。智商对非正式数学能力的四个维度的主效应均显著。性别对四个维度的主效应均不显著。控制智商的影响后，组别对数数（$F=49.097$，$p<0.001$，$\eta^2=0.309$）、数的比较（$F=21.322$，$p<0.001$，$\eta^2=0.162$）、简单运算（$F=12.873$，$p<0.001$，$\eta^2=0.105$）的主效应极其显著，组别对数概念的主效应不显著。在四个维度上性别和分组的交互作用均不显著。

表 4-2-5　非正式数学能力的多元协方差分析

源	因变量	III 型平方和	df	均方	F	Sig.	η^2
组别	数数	276.334	1	276.334	49.097	0.000	0.309
	数的比较	16.337	1	16.337	21.322	0.000	0.162
	简单运算	7.276	1	7.276	12.873	0.000	0.105
	数概念	0.033	1	0.033	0.100	0.752	0.001
性别	数数	6.280	1	6.280	1.116	0.293	0.010
	数的比较	0.035	1	0.035	0.046	0.831	0.000
	简单运算	0.345	1	0.345	0.610	0.437	0.006
	数概念	0.001	1	0.001	0.002	0.961	0.000
组别×性别	数数	0.002	1	0.002	0.000	0.986	0.000
	数的比较	0.000	1	0.000	0.001	0.981	0.000
	简单运算	1.445	1	1.445	2.556	0.113	0.023
	数概念	0.025	1	0.025	0.076	0.783	0.001

3.4.3 数学学习困难组儿童和正常组儿童正式数学能力的差异分析

以正式数学能力的正式数字读写、正式数学事实、正式数学运算、正式数概念四个变量为因变量，数学能力分组、性别为自变量，智商为协变量进行多元协方差分析，结果如表 4-2-6 所示。排除了智商的影响后，性别对数学能力各个维度的主效应不显著。组别在数字读写维度上主效应极其显著（$F=27.772$，$p<0.001$，$\eta^2=0.202$），组别在数学事实维度上主效应非常显著（$F=8.191$，$p<0.005$，$\eta^2=0.069$），组别在正式数学运算和数概念两个维度上主效应不显著。

表 4-2-6　正式数学能力的多元协方差分析

源	因变量	III 型平方和	df	均方	F	Sig.	η^2
组别	数字读写	36.185	1	36.185	27.772	0.000	0.202
	数学事实	2.820	1	2.820	8.191	0.005	0.069
	正式数学运算	0.343	1	0.343	2.372	0.126	0.021
	数概念	0.065	1	0.065	0.278	0.599	0.003
性别	数字读写	0.455	1	0.455	0.349	0.556	0.003
	数学事实	0.030	1	0.030	0.087	0.769	0.001
	正式数学运算	0.062	1	0.062	0.432	0.512	0.004
	数概念	0.002	1	0.002	0.007	0.932	0.000

续表

源	因变量	III 型平方和	*df*	均方	*F*	*Sig.*	η^2
组别×性别	数字读写	1.010	1	1.010	0.775	0.380	0.007
	数学事实	0.035	1	0.035	0.101	0.751	0.001
	正式数学运算	0.059	1	0.059	0.412	0.522	0.004
	数概念	0.145	1	0.145	0.618	0.434	0.006

3.5 数学学习困难儿童在各个维度表现出的数学缺陷

运用吕雪自编的《数学学习困难儿童诊断量表》对本研究中数学学习困难儿童进行诊断，该量表一共分为六个分量表，分别是数数、基数概念、心理数字线、运算、书面符号表征、数的比较（吕雪，2013）。结果发现：数学学习困难儿童中24.4%的儿童在数数方面存在缺陷；26.7%的儿童在基数概念方面存在缺陷；8.9%的儿童存在心理数字线缺陷；24.4%的儿童存在运算缺陷；33.3%的儿童存在数的比较的缺陷；33.3%的儿童存在书面表征缺陷。其中有的儿童存在一个方面、两个方面或者三个方面的数学能力缺陷，也有的儿童在每个方面都存在缺陷。

本研究中将儿童的数学能力分数转换为 Z 分数，结果发现，在各个维度 Z 分数低于 -1 的儿童的比例如下：在数数方面存在缺陷的儿童有 28 人（43.8%），数的比较方面存在缺陷的儿童有 25 人（39.1%），简单运算方面存在缺陷的儿童有 28 人（43.8%），数数概念方面存在缺陷的儿童有 2 人，数字读写方面存在缺陷的儿童有 30 人（46.9%），正式数概念方面存在缺陷的儿童有 22 人（34.4%）。

4 讨论

4.1 数学学习困难组儿童数学能力的特征

从总体上看，数学学习困难组儿童的得分范围为68—104 分，得分的差距比较大。这在一定程度上说明了数学学习困难儿童是一个异质性群体（Gersten et al.，2005）。有的儿童数学学习困难的程度可能特别严重，只能完成3—4 岁儿童水平的数学能力测试题目。从群体分布状态看，大部分数学学习困难儿童集中在100 分以内。从个体的分布看，得分为 104 分的数学学习困难儿童比例不低，占数学学习困难样本的17.2%。本研究还需要在具体分析每个儿童的数学能力发展水平的基础上来制定干预的方案。数学学习困难组数学能力的各个维度的分数均低于正常组。虽然一些维度从得分上看差距不大，如正式数学能力维度的运算、数概念方面，但是这并不能代表数学学习困难组儿童在这方面的数学能力与正常组儿童差距不大，这是因为在量表中涉及这些能力的项目比较少。在描述统计的分数上很难看出其差距。

4.2 5—6岁儿童数学能力和智商的关系

智商和数学能力存在极其显著的相关，智商可以在一定程度上显著预测数学能力的发展。研究认为智商低于平均水平（IQ < 85）的儿童会存在数学学习困难，智商低的儿童在数数、数的比较、运算等方面都要比同龄儿童差（Hoard, Geary, & Hamson, 1999）。在识别数学学习困难儿童数学能力核心缺陷时，智商是一个重要的影响因素，因此，对数学学习困难儿童进行干预可能也需要考虑他们的智商水平。智商可以解释6—16岁儿童大约52%到76%的数学学业成绩变异量（Wechsler, 2003）。本研究中，智商可以解释数学学习困难组儿童27.6%的数学能力变异，虽然与韦克斯勒的研究有一定差距，这可能是样本的特殊性造成的。韦克斯勒的研究中采用的正常儿童样本，本研究中采用的数学学习困难组儿童样本。本研究中的数学学习困难儿童样本的儿童智商虽然处于正常范围，但是智商的平均分数低于正常儿童样本一个多标准差，可见，智商相对较低可能是本研究中儿童数学学习困难的重要原因之一。当前大量的研究已经表明，很多一般认知能力，如工作记忆和执行功能对数学学习困难的影响很大（De Smedt et al., 2009; Swanson & Kim, 2007）。即使控制了智商的影响，工作记忆和数学学业成绩之间的相关依然显著（Alloway, 2009）。未来的研究需要进一步探究数学能力与工作记忆或执行功能之间的关系。

4.3 数学学习困难的鉴别标准

不同的研究对数学学习困难儿童的定义是不同的，这是因为没有公认的数学学习困难定义和一致的分数切割点。有的研究采用的数学学习困难儿童的鉴别标准为3%—8%之间（Desoete, Roeyers, & De Clercq, 2004），也有是10%（Mazzocco & Thompson, 2005），或者25%（Locniak & Jordan, 2008）。已有的研究中采用的标准在3%—25%之间（Devine et al., 2013）。本研究中选取了数学能力分数最低的10%，与有的研究的筛选标准一致（Michèle, Mazzocco, & Kover, 2007; Murphy, Mazzocc, Hanich, & Early, 2007; Mazzocco et al., 2011）。选择这个标准是因为这是现在数学学习困难研究领域普遍接受的标准（Jordan et al., 2009; Geary, 2010）。同时，排除了智商分数低于90分的儿童，经过教师评定数学学习困难样本中不存在注意力缺陷多动症（ADHD）和语言交流困难。格瑞等人认为数学学习困难并不一定是持续不变的（Geary et al.，2000）。最好能够在连续两个时间点上（如在小学一年级末和小学二年级末）都发现儿童的数学能力处于低分，才能确认这个儿童是数学学习困难者（Mazzocco & Thompson，2005）。在本研究中，由于时间的限制，不能从两个时间点进行判断，只是根据1个时间点的评分鉴别的数学学习困难儿童，因此可能在研究的推论上存在一定的局限性。

4.4 数学学习困难儿童数学能力的缺陷

4.4.1 非正式数学能力的缺陷

学前儿童主要以非正式数学能力发展为主。数概念方面，数数、数的比较、简单运算，数学学习困难组儿童显著低于正常组儿童。这与已有的一些研究结论是一致的，学前班的数学学习困难儿童在基数概念、一位数的认读、运用操作材料进行一位数的加法（简单运算）以及在数字线上判断数字距离（数的比较）方面存在困难（Geary，Bailey，Littlefield，Wood，Hoard，& Nugen，2009）。数学学习困难儿童普遍存在数数方面的困难（Östergren & Träff，2013）。数数为儿童其他的数概念和技能的发展提供了重要的前提和基础，它也是学习数学的一个关键组成部分，也是在此基础上进行后续学习的重要基础（Ginsburg，1989；Baroody et al.，2006）。因此，数数在一定程度上决定了学前阶段数学能力的发展水平。近年来的研究发现，97.25%的5—6岁儿童的唱数可以数到30，55.53%的儿童可以完成30个物体的按数取物（赵振国，2009）。本研究中，数学学习困难儿童中有50%不能完成20以内的唱数。在运算方面，有的数学学习困难儿童并不是不会计算，而是计算的错误率很高（吕雪，2013）。

已有研究认为，有效地识别早期儿童数学学习困难的因素需要综合考察以下方面："10以内数字的认读、数序的恒定性、使用实物进行10以内数的加减运算以及10以内数字的大小比较。"①一些研究发现，数学学习困难儿童在数的比较方面存在困难（De Smedt & Gilmore，2011；Landerl，Fussenegger，Moll，& Willburger，2009）。数学学习困难组儿童在数数知识和技能、书面数符号表征和集合比较任务中存在显著性差异，唱数、倒数、数字认读、按数取物、数字大小比较和口头加减法等方面均存在缺陷（吕雪，2013）。本研究与吕雪的研究中对数学

① Mazzocco，M. M.（2005）. Challenges in identifying target skills for math disability screening and intervention. *Journal of Learning Disabilities*，38（4），318－323.

学习困难儿童数学缺陷的诊断结果大致相同，具体数据上存在一些差异也是很自然的现象。虽然两个研究为同一批被试，但是在数学学习困难样本的鉴别、测查工具以及测查时间上有一定差别。在数学学习困难的鉴别标准上存在一些差异，她的研究中选取数学能力最低的 15% 为学习困难儿童；她采用的是自编的诊断量表，在计分方式上存在一定的差异；此外，她的测查是在本研究测查结束后一个月进行的。

尽管现有的研究对早期数学学习困难儿童的核心缺陷的研究的争议比较多，但是大多承认数学学习困难儿童的数感比较差，包含数数、数字大小比较等。有的数学能力的发展会影响到其他数学能力的发展，如数数可能会影响到数的比较、简单运算等。因此，有的儿童并不只是存在一种数学能力缺陷，而是表现出多种数学能力缺陷，有的甚至在四个维度均存在缺陷。造成儿童这些方面学习困难的原因可能是多方面的。一是可能是学习经验的缺乏，二是可能是一般认知能力方面的原因。跟一般儿童相比，数学学习困难儿童在解数学题时使用更多的是不成熟的数数技能，对数数缺乏概念方面的理解，在长时记忆中提取数学事实时有持续的困难。抑制和转换是影响这些领域中许多方面的一个重要因素（Geary et al.，2009）。有的研究比较数学学习困难组儿童和正常组儿童的数学能力差异时，采用了协变量进行分析，然而这些协变量并没有“修正”自变量产生的主要差异（Miller & Chapman，2001）。本研究也采用了智商作为协变量分析，数学学习困难组的儿童的数学能力依然显著低于正常组儿童。这个结果进一步表明，数学学习困难儿童在数学能力方面的确存在缺陷。

4.4.2 数学学习困难儿童正式数学能力的缺陷

本研究发现，数学学习困难组儿童在正式数字读写方面和正式数学事实方面显著低于正常组儿童。非正式数学知识是未来学业成就的重要预测因子（Duncan et al.，2007），如果缺乏以数数能力为主的非正式数学能力，会阻碍儿童其他数学能力的发展。“学前儿童的正式数学能力与非正式数学能力受到数数知识和技能的调节。”[①]非正式数学能力影响到儿童的正式数学能力。这可能是造成数学学习困难儿童在正式数学能力方面存在缺陷的重要原因。在数字读写方面，数学学习困难儿童显著差于正常组儿童。有研究发现“大学附属幼儿园 4—5 岁儿童的

① Purpura，David J. Baroody，Arthur J. Lonigan，Christopher J.（2013）. The transition from informal to formal mathematical knowledge：Mediation by numeral knowledge. *Journal of Educational Psychology*，105（2），453 - 464.

书面数符号表征能力好于为工人家庭服务的幼儿园儿童的能力"①。这说明数的表征方面的差异还可能与家庭环境有关，可能数学学习困难儿童接触数字的机会和日常生活中学习的机会相对较少，或者父母对他们的数学教育较少，以及数学游戏和互动机会都比较少。

儿童可能在数学事实提取（Gifford, 2005）、文字应用题（Russell & Ginsburg, 1984）以及运算（Bryant, Bryant, & Hammill, 2000）均存在困难。数学学习困难儿童的核心缺陷是数概念、数学事实的提取（Hanich et al. , 2001），而且小学阶段的数学学习困难儿童存在数学事实的提取困难（Geary, 2004）。这可能与数学学习困难儿童的一般认知能力水平低下有关。数学学习困难儿童不仅仅是数学发展水平低，他们在支持性的认知资源、工作记忆、流动智力和语言技能方面也不如一般儿童；这些缺陷在学前的数学学习困难儿童中就能观察到（Kyttala, Aunio, & Hautamaki, 2010）。数学学习困难儿童与正常组儿童在正式数学运算和正式数概念方面不存在显著性差异，一是因为在量表中，正式数学运算和正式数概念的项目相对较少；二是正式数学运算和正式数概念的内容大多属于6—8 岁儿童的学习内容，因此儿童在测查中较少涉及这些项目，无法进行两组之间的比较。由于正式数概念的掌握属于6 岁以上的数学学习范围且本研究中涉及的任务不多，在本研究中不做讨论。

4.5 对数学学习困难儿童进行分类存在一定困难

已有的研究中把数学学习困难儿童分为单一型数学学习困难和数学、阅读双困型（Andersson, 2008）。有的研究把数学困难分成三种类型：一是数字加工困难（表现在理解数量、数字符号本质、从数字的表面形式提取出数字的内部表征等方面存在困难；二是数学事实提取困难（在表征、记忆和提取算术事实存在困难）；三是程序性数学学习困难（进行运算时无法理解各个步骤）（Temple & Sherwood, 2002）。依据数学学习困难儿童的表现，数学学习困难儿童可以分成不同的亚类型。格瑞将数学学习困难儿童分成三种类型（Geary, 2007）：第一种是过程性数学学习困难（Procedural MD），这种类型的儿童一般表现为在运算中采用不成熟的程序（如加法中采用全部数的策略）、理解数概念缓慢、学习多种步骤的运算时感觉困难。第二种类型是语音记忆困难（Semantic Memory MD），这种类型的学习困难儿童提取数学事实困难，提取的过程中经常出错，这类型的儿

---

① 周欣，王滨.4—5 岁儿童对书面数符号的表征和理解能力的发展［J］. 心理科学，2004（05）：1132 - 1136.

童经常依赖手指或者简单的计数符号进行运算。第三种类型是视觉空间困难型（Visuospatial MD），这种类型的儿童在数学学习中常常会出现数字和符号混乱、位值理解困难、心理旋转和数字转换困难、空间问题解决困难等。这些分类方法比较适合于小学生或者初中生。学前阶段数学学习困难的研究起步比较晚，目前对分类的研究刚刚开始，尚未有权威的分类方法，期待进一步的研究来解决这个问题。

5 研究结论

（1）数学和智商的关系呈正相关，智商在一定程度上可以解释数学能力的变异。因此，在研究过程中需要考虑智商对数学学习困难儿童数学能力产生的影响。

（2）与正常儿童相比，数学学习困难儿童在非正式数学能力和正式数学能力方面均显著低于正常儿童。其中，在非正式数学能力方面，如数数、数的比较、简单运算，数学学习困难组儿童显著低于正常组儿童；在正式数学能力的数字读写和正式数学事实两个方面，数学学习困难组儿童显著低于正常组儿童。本研究将依据这些缺陷对数学学习困难儿童进行有针对性的数学干预。

第三节 5—6 岁数学学习困难儿童执行功能缺陷

1 研究目的

执行功能是一种认知结构，由一组特殊的认知过程组合而成，可以指导认知、情绪和动作活动，包括与从事有目的性、组织性、策略化、自我控制和目标导向的活动相关的各种能力的心理功能（Miyake et al.，2000），主要分成工作记忆（更新）、转换（认知灵活性）和抑制控制三种成分。一般认知能力（如执行功能、处理速度等）对于儿童的数学学习非常重要（Passolunghi & Siegel，2004），是儿童数学能力的重要支持机制（Nath & Szücs，2014）。儿童的执行功能会影响他们的数学学习能力，能够预测未来的数学学业成绩（Monette，Bigras，& Guay，2011）。然而，“执行功能各个成分与数学能力之间的关系如何，还是一个尚待研究的问题"①。数学学习困难儿童与正常儿童的认知能力有显著差异（Swanson, Jerman, & Zheng, 2009），数学学习困难儿童的执行功能的抑制、转换和工作记忆等可能都比正常儿童差（Passolunghi, Mammarella, & Altoè, 2008）。工作记忆是不同年龄儿童的数学技能非常重要的预测因子（Toll, Vander Ven, Kroesbergen, & Van Luit, 2011），然而数学学习困难儿童在工作记忆上得分很低（Alloway, Gathercole, Kirkwood, & Elliot, 2009）。

那么，5—6 岁数学学习困难儿童在执行功能方面的缺陷是表现为只是工作记忆更差，还是也表现出转换、抑制等各个方面都不如比正常儿童？本研究考察了 5—6 岁数学学习困难儿童在执行功能方面与正常儿童的差异，旨在分析数学学习困难儿童在执行功能方面存在的核心缺陷，为干预提供基础。本研究的研究问题是：5—6 岁数学学习困难儿童的执行功能有什么特点？本研究的假设：5—6 岁数学学习困难组儿童与正常组儿童相比，在执行功能的各个方面均不如正常组儿童。数学学习困难组儿童可能在工作记忆、抑制、转换等各个方面均存在缺陷。

2 研究方法

2.1 研究对象

数学学习困难组儿童 64 人和正常组儿童 64 人。数学学习困难组儿童平均年龄为 67.66 个月，标准差为 5.993，其中男孩 36 人，女孩 28 人。从数学能力分数位于 25% 以上的正常儿童样本中随机选取 64 人作为正常儿童对照组，其平均年龄 66.62 个月，标准差为 5.691，其中男孩 34 名，女孩 30 名。

2.2 实验材料

2.2.1 执行功能测查工具

见第三章第二节。

3 研究结果

3.1 数学学习困难组和正常组儿童在执行功能各项任务得分的描述性统计

分别比较数学学习困难组和正常组儿童在执行功能的各项任务中得分的平均

① Verdine, B. N., Irwin, C. M., Golinkoff, R. M., & Hirsh-Pasek, K. (2014). Contributions of executive function and spatial skills to preschool mathematics achievement. *Journal of experimental child psychology*, 126, 37-51.

分和标准差，如表4-3-1所示。数学学习困难组儿童在各个任务上的得分都比正常组儿童的得分低。

表4-3-1 两组儿童在执行功能各个任务中得分的平均数和标准差

任务	组别	*M*	*SD*
圆点短时记忆	数学学习困难组	7.213	2.893
	正常组	10.000	2.426
词语倒背	数学学习困难组	3.885	1.342
	正常组	5.000	1.732
数字倒背	数学学习困难组	3.393	1.573
	正常组	5.135	2.016
灵活项目转换	数学学习困难组	12.606	3.804
	正常组	15.108	2.664
形状学校2	数学学习困难组	0.698	0.312
	正常组	0.997	0.304
数形转换	数学学习困难组	0.238	0.163
	正常组	0.279	0.114
白天黑夜	数学学习困难组	0.461	0.191
	正常组	0.618	0.156
形状学校3	数学学习困难组	0.307	0.153
	正常组	0.438	0.154
形状学校4	数学学习困难组	0.435	0.236
	正常组	0.553	0.180

3.2 两组儿童在执行功能各项任务的方差分析

3.2.1 两组儿童在工作记忆各项任务的方差分析

为了考察数学学习困难组和正常组儿童在工作记忆方面的差异，把圆点短时记忆、词语倒背、数字倒背三项任务作为因变量，以言语智商为协变量，数学能力组、性别和年龄作为自变量，进行多元方差分析，结果如表4-3-2所示。方差分析结果表明，数学能力组在圆点短时记忆、科斯积木、记忆特别形状三项任务上的主效应极其显著；性别在三项任务中的主效应不显著；年龄在各项任务上的主效应不显著；性别和年龄在各任务上交互作用不显著；数学能力分组与性别在所有任务上的交互作用均不显著；数学能力分组和年龄在各项任务上交互作用不显著。其中η^2为效应值，$\eta^2=0.01$是较小的效应值，$\eta^2=0.06$为中等效应，

$\eta^2=0.14$ 为大效应值（Murphy & Myors，2004）。

3.2.2 数学学习困难组和正常组儿童在转换能力各项任务的方差分析

以灵活项目转换、数形转换、形状学校2为因变量，以言语智商为协变量，以数学能力组、性别和年龄作为自变量，进行多元方差分析，来考察数学学习困难组儿童与正常组儿童在转换能力上的差异。由表4-3-3的数据可以看出，数学能力分组在灵活项目转换、形状学校2任务中主效应极其显著，但是数形转换的任务中组别效应不显著。性别在灵活项目任务上的主效应显著，在灵活项目和形状学校任务中主效应不显著；年龄在三项任务中的主效应不显著。数学能力分组和性别在各项任务中的交互作用均不显著；数学能力分组与年龄在各项任务中的主效应不显著；性别和年龄在各项任务中的交互作用均不显著。

3.2.2 数学学习困难组和正常组儿童在抑制控制各项任务的方差分析

把白天黑夜、形状学校3、形状学校4三项任务作为因变量，以言语智商为协变量，数学能力组、性别和年龄作为自变量，进行多元方差分析，考察数学学习困难组和正常组儿童在视觉空间工作记忆方面的差异，结果如表4-3-4所示。方差分析结果表明，数学能力组在三项任务上的主效应极其显著；性别在三项任务中的主效应不显著；年龄在各项任务上的主效应不显著；性别和年龄在各任务上交互作用不显著；数学能力分组与性别在所有任务上的交互作用均不显著；数学能力分组和年龄在各项任务上交互作用不显著。

表4-3-2　数学学习困难组和正常组工作记忆各项任务差异分析

		圆点短时记忆				词语倒背				数字倒背			
	df	*MS*	*F*	*P*	η^2	*MS*	*F*	*P*	η^2	*MS*	*F*	*P*	η^2
数学分组	1	201. 138	28. 314	0. 000	0. 235	21. 420	8. 227	0. 005	0. 082	57. 390	17. 138	0. 000	0. 157
性别	1	0. 059	0. 008	0. 927	0. 000	0. 050	0. 019	0. 890	0. 000	0. 868	0. 259	0. 612	0. 003
年龄	1	6. 841	0. 963	0. 329	0. 010	1. 605	0. 617	0. 434	0. 007	10. 457	3. 123	0. 081	0. 033
数学能力组×性别	1	0. 978	0. 138	0. 711	0. 001	0. 728	0. 280	0. 598	0. 003	0. 018	0. 005	0. 942	0. 000
数学能力组×年龄	1	2. 441	0. 344	0. 559	0. 004	6. 759	2. 596	0. 111	0. 027	7. 647	2. 284	0. 134	0. 024
性别×年龄	1	40. 818	5. 746	0. 089	0. 059	5. 557	2. 134	0. 147	0. 023	0. 251	0. 075	0. 785	0. 001

表4-3-3　数学学习困难组和正常组转换能力各项任务差异分析

		灵活项目转换				数形转换				形状学校2			
	df	*MS*	*F*	*P*	η^2	*MS*	*F*	*P*	η^2	*MS*	*F*	*P*	η^2
数学分组	1	152. 167	13. 426	0. 000	0. 127	0. 037	1. 684	0. 198	0. 018	2. 879	30. 708	0. 000	0. 250
性别	1	6. 012	0. 530	0. 468	0. 006	0. 005	0. 219	0. 641	0. 002	0. 240	2. 558	0. 113	0. 027
年龄	1	73. 899	6. 520	0. 012	0. 066	0. 022	1. 004	0. 319	0. 011	0. 334	3. 565	0. 062	0. 037
数学能力组×性别	1	0. 783	0. 069	0. 793	0. 001	0. 044	2. 037	0. 157	0. 022	0. 016	0. 168	0. 683	0. 002
数学能力组×年龄	1	0. 367	0. 032	0. 857	0. 000	0. 009	0. 414	0. 521	0. 004	0. 009	0. 091	0. 763	0. 001
性别×年龄	1	6. 120	0. 540	0. 464	0. 006	0. 013	0. 597	0. 442	0. 006	0. 002	0. 020	0. 888	0. 000

表4-3-4　数学学习困难组和正常组抑制控制各项任务差异分析

		白天黑夜				形状学校3				形状学校4			
	df	*MS*	*F*	*P*	η^2	*MS*	*F*	*P*	η^2	*MS*	*F*	*P*	η^2
数学分组	1	0.524	15.324	0.000	0.161	0.391	15.782	0.000	0.165	0.400	7.994	0.006	0.091
性别	1	0.050	1.451	0.232	0.018	0.025	1.024	0.315	0.013	0.043	0.860	0.357	0.011
年龄	1	0.052	1.518	0.222	0.019	0.075	3.046	0.085	0.037	0.058	1.158	0.285	0.014
数学能力组×性别	1	0.000	0.006	0.938	0.000	0.005	0.221	0.640	0.003	0.016	0.318	0.574	0.004
数学能力组×年龄	1	0.010	0.283	0.596	0.004	0.000	0.004	0.947	0.000	0.028	0.561	0.456	0.007
性别×年龄	1	0.010	0.284	0.596	0.004	0.022	0.876	0.352	0.011	0.007	0.134	0.715	0.002

3.3 数学学习困难组和正常组儿童在工作记忆、抑制控制、转换能力的描述统计和方差分析

为了考察各个维度总分之间的差异，把每项任务的得分转换为标准分，再相加组成维度总分。各个维度总分情况如表 4－3－5 所示，数学学习困难组儿童各个维度的总分都是负数，正常组儿童各个维度都是正数。数学学习困难组儿童在工作记忆、抑制控制、转换能力的平均分均比正常组儿童低。

表 4－3－5　工作记忆、抑制控制、转换能力三个成分平均数和标准差描述性统计

分组	工作记忆		抑制控制		转换能力	
	M	*SD*	*M*	*SD*	*M*	*SD*
数学学习困难组	－0.974	1.592	－0.451	2.135	－0.553	2.124
正常组	0.913	2.196	0.527	1.405	0.673	1.955

为了考察两组之间的差异，以工作记忆、抑制控制和转换能力为因变量，组别为自变量进行一元方差分析，结果表明在工作记忆维度上两组儿童存在极其显著的差异（$F = 28.834$，$p < 0.001$），数学学习困难组儿童显著差于正常组儿童。在抑制控制维度上，两组儿童之间存在显著的差异（$F = 8.101$，$p = 0.005$），数学学习困难组儿童显著差于正常组儿童。在转换能力维度上，两组之间存在非常显著的差异（$F = 10.248$，$p = 0.002$）。

3.4 数学学习困难组和正常组儿童的执行功能各个维度缺陷的百分比

为了分析数学学习困难组儿童的执行功能缺陷，进一步分析存在执行功能缺陷的个体在数学能力分组中的分布情况。参照已有的研究，将执行功能各个维度的分数转换为标准分 Z 分数。如果个体获得的 Z 分数小于 －1（Kroesbergen et al.，2003），则认为儿童在执行功能的这个维度有缺陷。从表 4－3－6 可以看出数学学习困难样本中各维度有缺陷的儿童的比例相当高，有 57.81% 的儿童存在工作记忆缺陷，42.19% 的儿童存在转换能力缺陷，45.31% 的儿童存在抑制控制缺陷，67.19% 的儿童在执行功能的总体上有缺陷。相反，正常组儿童中的比例则要低得多，只有 3.12% 的儿童存在工作记忆缺陷，3.12% 的儿童存在抑制控制缺陷，4.69% 的儿童在总体上存在缺陷。

表4-3-6 数学学习困难组和正常组儿童执行功能各个维度缺陷的频次和百分比

	执行功能			
	工作记忆	转换	抑制	总分
数学学习困难组（$n=64$）	37（57.81%）	27（42.19）	29（45.31%）	43（67.19%）
正常组（$n=64$）	2（3.12%）	0（0%）	2（3.12%）	3（4.69%）
小计	39	27	31	46

4 讨论

4.1 数学学习困难儿童工作记忆的特点

本研究的目的在于通过5—6岁数学学习困难组儿童与正常组儿童在执行功能各任务得分的比较来了解数学学习困难儿童执行功能的发展特点。在本研究中，数学学习困难组儿童工作记忆能力显著差于正常组儿童。这表明数学学习困难组儿童存在工作记忆缺陷（Ashkenazi et al.，2012；Passolunghi & Mammarella，2010）。数学学习困难组儿童工作记忆的三个任务得分均显著低于正常组儿童。工作记忆缺陷是数学水平低下的可能原因，而不是数学水平低下的结果（Kyttala，Aunio，& Hautamaki，2010）。这就是说，儿童有可能因为工作记忆差而导致学习困难。这是因为工作记忆可能为儿童提供一个心理空间，这个心理空间可以用来进行信息的转换和操作关键的数概念（Kyttala et al.，2010）。这个心理空间对于早期儿童数学学习非常重要，特别是早期数学学习困难儿童，因为他们在数学能力方面存在缺陷，数数不流畅、简单运算错误率高和数学事实提取困难，在数学学习过程中会产生较大的认知负荷。如果工作记忆容量不足，就无法让数学学习困难儿童顺利完成这些心理运算。例如，进行加减运算时，如果儿童能把数字想象成排列在一条线上的数字线，运算就相对容易而且迅速。但是，数学学习困难儿童却无法有效地运用这些工作记忆空间（Geary et al.，2009）。这可能就是因为数学学习困难儿童记忆容量不够，他们无法像正常儿童那样承载那么多认知负荷，导致数学学习困难儿童无法自如地运用工作记忆空间。

数学学习困难儿童在词语倒背任务上显著低于正常组儿童，这与已有研究发现数学学习困难儿童存在语音工作记忆的缺陷（Geary et al.，2012）的结果一致。语音工作记忆包括数字记忆广度，也包括词语的记忆广度。数字的广度或者执行功能各项任务与数学学习困难之间存在反向预测关系（Gathercole，Pickering，Knight，& Stegmann，2004）。这代表着在广度任务上得分越低，成为数学学习困难儿童的可能性就越大。在研究儿童的语音工作记忆缺陷时，最好对数学学习困难儿童和对照组儿童的阅读/语音成绩进行控制（Andersson & Ostergren，2012；Ashkenazi et al.，2012）。因为这样才能排除因阅读困难造成的记忆成绩差的可能性。但是判断早期儿童是否是阅读困难，本身就存在一定难度。因此，本研究将言语智商作为协变量来分析，数学学习困难儿童在语音工作记忆任务（词语倒背和数字倒背）上的得分仍然显著低于正常组儿童，这可能可以解释为语音工作记忆上的差异。此外，本研究还发现工作记忆在各项任务的得分上均不存在性别和年龄差异。

4.2 数学学习困难儿童抑制控制的特点

有关执行功能的理论假设认为，抑制过程，特别是抑制干扰是执行功能非常重要的成分（Caretti et al.，2004）。抑制控制是对与当前无关刺激与信息或者不适宜的优势反应和自动反应的控制。本研究发现，数学学习困难组儿童在抑制控制得分上显著低于正常组儿童，数学学习困难组儿童在抑制控制方面存在缺陷，这与已有研究结论是一致的（Pasolunghi et al.，1999；Passolunghi & Siegel，2004）。布尔对9岁儿童的研究也得到了相似的结论，数学学习困难儿童在威斯康星卡片分类任务中（Bull，et al.，1999）和在数学运算任务中对抗干扰的抑制控制比较差（De Visscher & Noel，2013）。抑制控制一直被认为是参与数学学习的重要认知机制，是儿童数学能力的预测因子。抑制可能是导致数学学习困难儿童执行功能的任务得分较低的重要原因（Bull et al.，2001）。对小学儿童的研究发现，抑制控制是造成儿童数学能力差异的重要原因，抑制控制的差异又导致了转换功能和工作记忆的差异（文萍，2007）。即使这些研究中儿童的年龄也不相同，得出的结论却是一致的。这可能说明抑制控制对儿童数学学习的影响，可能会从学前阶段一直延续到小学阶段。抑制功能差可能会导致数学学习问题，因为数学运算需要对几个运算过程和提取相似的数学事实等过程进行暂时的、空间的协调，抑制控制差可能会干扰这种协调机制的正常运行（Swanson，2011）。

4.3 数学学习困难儿童转换能力的特点

数学学习困难组儿童转换能力显著差于正常组儿童，也就是数学学习困难儿童存在着转换能力的缺陷。跟一般儿童相比，早期数学学习困难儿童在简单运算时更倾向于使用不成熟的策略，对数数缺乏概念方面的理解，抑制和转换是影响这些领域中许多方面的一个重要因素（Geary et al.，2009）。转换能力差可能影响到儿童的数数和运算能力的发展。从灵活项目转换、形状学校2和数形转换三个任务的得分看，在灵活项目转换能力维度的灵活项目转换、形状学校 2 两项任务上，数学学习困难组儿童的得分均显著低于正常组儿童，只有在数形转换任务上两组儿童无显著性差异。造成这种情况的原因可能有：一是任务本身难度不够，对两组儿童都不具有挑战性；从两组儿童在这项任务的平均分看，相差不大，都处于中等水平。二是数学学习困难儿童的转换能力并不一定存在严重的缺陷。在任何一个时间点，在控制了阅读等变量后，执行功能的各个成分与数学能力显著相关，尽管如此，也不能意味着执行功能各个成分能够单独地在数学能力的学习过程中起作用。

此外，在灵活项目转换任务上存在年龄差异，其他两项任务均无年龄差异。数据显示 6 岁儿童在灵活转换项目上的得分比 5 岁儿童更好。这可能是因为 5—6 岁之间是人类执行功能飞速发展时期，年龄大的儿童发展比较成熟，在这项任务中得分更高。

4.4 数学学习困难儿童执行功能的核心缺陷

本研究对数学学习困难儿童执行功能进行了研究，目的在于研究数学学习困难儿童的执行功能缺陷是反映在某一维度，还是在几个维度上都存在缺陷。结果发现，数学学习困难儿童在转换、抑制、工作记忆三个维度上均比正常儿童差，这与已有的研究结果是一致的（Furst & Hitch，2000；Seitz & Schumann，2000；Lee & Kang，2002）。数学学习困难儿童在言语工作记忆、视觉空间工作记忆、抑制和转换上都比一般儿童差，说明数学学习困难儿童在执行功能各个维度上确实存在缺陷（Geary，2011）。那么，在某种程度上讲，数学学习困难儿童的执行功能缺陷是整体“模块”的问题（Kyttala et al.，2010）。值得注意的是，每个数学学习困难儿童的执行功能各部分的水平特征可能并不一样。因此，数学学习困难儿童的执行功能特点是复杂多样的。通过进一步分析发现，数学学习困难组儿童有执行功能缺陷的占 67.19%。两个组儿童中（128 人）有 46 人（35.94%）存在执行功能缺陷，而这些人中有 93.48% 来自数学学习困难儿童组，这说明了执行功能较差的儿童的数学学习困难发生率远远高于没有执行功能缺陷的儿童。在执行功能各个维度的技能中，有工作记忆缺陷的比例最高，其次是抑制控制和转换能力。这在一定程度上说明了工作记忆对早期儿童数学能力的重要性。工作记忆存在缺陷的儿童会经历一系列的学习困难，尤其是数学学习（Alloway，Gathercole，Kirkwood，& Elliot，2009）。

5 研究结论

（1）5—6 岁数学学习困难儿童在工作记忆和抑制控制的各项任务上的得分均比正常组儿童差；5—6 岁儿童在工作记忆和抑制控制各个任务上不存在性别差异和年龄差异。除了数形转换任务外，数学学习困难儿童在转换能力的其他两项任务上均比正常儿童差。只有灵活项目转换任务有年龄差异，其他任务均无年龄差异。所有任务均无性别差异。

（2）执行功能的三个成分的方差分析结果表明，5—6 岁数学学习困难儿童在执行功能的三个成分——工作记忆、抑制控制、转换能力上均存在缺陷。

（3）数学学习困难儿童的整个执行功能系统水平较低。执行功能较差的儿童的数学学习困难发生率要高于没有执行功能缺陷的儿童。

第四节　数学学习困难儿童数学能力与执行功能的关系

1 研究目的

执行功能可能对数学表现总体上有最重要的影响，因为它对工作记忆起到控制和调整的作用，是问题解决和做出决策过程不可缺少的认知成分。执行功能的成分如注意的转换、抑制无关信息以及工作记忆这三个因素都能单独预测数学运算技能的得分（McLean & Hitch, 1999）。与一般儿童相比，小学数学学习困难儿童在解数学题时策略不成熟，在长时记忆中提取数学事实时有持续的困难，执行功能是影响这些领域的重要因素之一（Geary et al. , 2009）。学前儿童数学学习过程需要执行功能的支持，如语音工作记忆能够储存和复述语言信息，至少在数数时需要语音工作记忆的参与。工作记忆还能够保持数学问题中的言语编码，支持从长期记忆中回忆数学事实等（Kyttala, Aunio, & Hautamaki, 2010）。另外，还有研究发现，工作记忆可以预测学前儿童诸如对积木数量的表征之类的非言语数学能力（Rasmussen & Bisanz, 2005）和数学问题解决（Passolunghi & Mammarella, 2010）。

已经有证据显示，随着年龄增长，儿童的数学能力与执行功能各个成分之间的关系也在不断改变（Bull, 2014）。5—6 岁数学学习困难儿童的执行功能的各个成分能在多大程度上解释学前儿童数学能力的变异？解决这些问题能够更加明晰执行功能与数学能力之间的关系。本研究的问题是：数学学习困难儿童的数学能力与执行功能的关系是什么？数学学习困难儿童数学能力的各个维度与执行功能的各个维度之间是什么关系？本研究的假设是：执行功能与数学能力相关关系显著；执行功能可以预测数学能力；执行功能与数学能力各个维度之间的关系比较复杂。

2. 研究方法

2.1 被试

研究对象为数学学习困难组儿童64人，数学学习困难组儿童平均年龄为67.66个月，标准差为5.993，其中男孩36人，女孩28人。

2.2 测查工具

本章运用的工具是执行功能测查工具和早期儿童数学能力测查工具，具体工具介绍和测查方法见第三章第二节。

2.3 数据处理

TEMA测查后的原始分参照常模转换为儿童能力分数。执行功能测查的分数分别按各自任务的原始分计算，各个维度（工作记忆、抑制控制、转换能力）的得分按照标准分进行计算，即将各个维度的三项任务分别转换为Z分数，将各个任务的Z分数相加，合成各个维度的总分。所有数据采用SPSS 20.0进行处理。

3 研究结果

3.1 执行功能各任务和数学能力得分的描述性统计

被试的执行功能各个任务和数学能力平均数和标准差见表4-4-1，其中工作记忆、抑制控制、转换能力维度的分数为Z分数。

表4-4-1　执行功能及其各任务和数学能力的平均分和标准差

	M	*SD*
圆点短时记忆	7.213	2.893
词语倒背	3.885	1.342
数字倒背	3.393	1.573
灵活项目转换	12.606	3.804
形状学校2	0.698	0.312
数形转换	0.238	0.163

续表

	M	SD
白天黑夜	0. 461	0. 191
形状学校 3	0. 307	0. 153
形状学校 4	0. 435	0. 236
工作记忆	-0. 974	1. 592
抑制控制	-0. 451	2. 135
转换能力	-0. 553	2. 124
数学能力	95. 59	7. 729

3. 2 执行功能各任务与数学能力的相关

采用相关系数分析数学能力与视觉空间工作记忆、语音工作记忆、转换和抑制之间的相关程度。从表 4-4-2 可以看出，数学能力与执行功能的各项任务之间的关系都非常显著，其中相关程度较高的有圆点短时记忆（$r=0.613$，$p<0.01$）、数字倒背（$r=0.557$，$p<0.01$）、形状学校 2（$r=0.544$，$p<0.01$）、灵活项目转换（$r=0.412$，$p<0.01$）；执行功能各任务之间相关程度也达到了非常显著的水平。

表 4-4-2　数学能力与执行功能各任务之间相关分析

	1	2	3	4	5	6	7	8	9	10
1 圆点短时记忆	1									
2 数字倒背	0. 469**	1								
3 词语倒背	0. 377**	0. 360**	1							
4 白天黑夜	0. 399**	0. 303**	0. 350**	1						
5 数形转换	0. 363**	0. 263**	0. 358**	0. 279**	1					
6 灵活项目转换	0. 429**	0. 364**	0. 394**	0. 451**	0. 357**	1				

续表

	1	2	3	4	5	6	7	8	9	10
7 形状学校 2	0.449**	0.343**	0.362**	0.312**	0.263**	0.329**	1			
8 形状学校 3	0.362**	0.458**	0.245**	0.217**	0.322**	0.395**	0.372**	1		
9 形状学校 4	0.374**	0.498**	0.377**	316**	0.326**	0.432**	0.152**	0.423**	1	
10 数学能力	0.613**	0.557**	0.363**	0.370**	0.344**	0.412**	0.544**	0.383**	0.396**	1

备注：$^{*}p<0.05$，$^{**}p<0.01$

3.3 执行功能各个维度与数学能力各个维度之间的相关

将执行功能各个任务转换为 Z 分数再合成工作记忆、转换能力、抑制控制三个维度的分数，执行功能三维度与数学能力各个维度的相关系数如表 4－4－3。从表中的数据可以看出，执行功能的各个维度与数学能力的各个维度、执行功能各个维度之间以及数学能力的各个维度之间的相关系数均非常显著，其中工作记忆与数学能力的各个维度的相关程度最高。

表 4－4－3　执行功能各个维度与数学能力各个维度得分相关分析

	1	2	3	4	5	6	7	8	9	10
1 工作记忆	1									
2 转换能力	0.602**	1								
3 抑制控制	0.590**	0.517**	1							
4 数数	0.639**	0.329**	0.487**	1						
5 数的比较	0.571**	0.430**	0.498**	0.671**	1					
6 简单运算	0.444**	0.548**	0.432**	0.701**	0.656**	1				
7 数概念	0.397**	0.296**	0.268**	0.456**	0.454**	0.469**	1			

续表

	1	2	3	4	5	6	7	8	9	10
8 正式数字读写	0. 657**	0. 521**	0. 616**	0. 842**	0. 638**	0. 696**	0. 398**	1		
9 正式数学事实	0. 567**	0. 367**	0. 422**	0. 603**	0. 549**	0. 688**	0. 432**	0. 645**	1	
10 正式数学运算	0. 508**	0. 360**	0. 350**	0. 507**	0. 473**	0. 653**	0. 496**	0. 567**	0. 777**	1
11 正式数概念	0. 503**	0. 358**	0. 418**	0. 537**	0. 544**	0. 562**	0. 484**	0. 587**	0. 518**	0. 611**

备注：* $p<0.05$，** $p<0.01$

3.3 执行功能及其成分得分对数学能力各个维度的回归分析

如表4－4－4所示，以数学能力为因变量，执行功能三个维度为自变量进行逐步回归分析时，只有工作记忆进入了回归方程，是数学能力的显著预测因子，总的预测力度是48.3%。再分别以数学能力的四个维度为因变量（由于学前阶段以非正式数学能力的发展为主，这里主要分析非正式数学能力的四个维度），执行功能的三个子成分为自变量进行逐步回归分析。结果表明，工作记忆和抑制控制可以显著预测数数；工作记忆可以显著预测数的比较；转换能力可以显著预测简单运算；工作记忆可以显著预测数概念。

表4－4－4 执行功能对数学能力的回归分析

因变量		*B*	*SE*	*β*	*t*	*p*	R^2
数学能力总分	工作记忆	1. 626	0. 505.	0. 379	3. 220	0. 000	0. 483
	（常数项）	95. 594	0. 901		106. 050	0. 000	
数数	工作记忆	0. 452	0. 168	0. 318	2. 686	0. 009	0. 390
	抑制控制	0. 299	0. 138	0. 256	2. 163	0. 034	
	（常数项）	13. 156	0. 288		45. 622	0. 000	
数的比较	工作记忆	0. 205	0. 064	0. 374	3. 180	0. 002	0. 374
	（常数项）	2. 781	0. 115		24. 204	0. 000	
简单运算	转换能力	0. 126	0. 047	0. 322	2. 680	0. 009	0. 315
	（常数项）	1. 953	0. 096		20. 331	0. 000	
数概念	工作记忆	0. 094	0. 040	0. 287	2. 343	0. 022	0. 124
	（常数项）	2. 319	0. 072		32. 260	0. 000	

4 讨论

4.1 5—6 岁数学学习困难儿童执行功能与数学能力的相关

本研究发现，学前儿童数学能力总分与执行功能各个任务之间的相关都非常显著，其中圆点短时记忆和数字倒背与数学能力的相关程度最高。执行功能中的工作记忆、转换能力、抑制控制与数学能力的各个维度（数数、数的比较、简单运算、数概念、正式数字读写、正式数学运算、正式数学事实、正式数概念）之间存在非常显著的相关。有观点认为："工作记忆是支撑数学能力的最重要的认知资源。"① 而且，本研究还表现出不同成分的执行功能对数学学习的影响因数学领域的不同而不同。工作记忆能够储存和复述语言信息，至少在数数词时会需要用到工作记忆，而且它还负责保存数字的言语编码和中间结果。转换功能具有注意转换的功能，能够支持儿童在不同数学问题策略之间进行转换，例如，数学的学习过程中需要转换功能来帮助儿童完成在不同解决问题策略之间的转换。抑制能抑制无关信息的干扰，让儿童专注于当前的任务，保证任务的顺利完成。

4.2 执行功能各个维度对数学能力的预测

回归分析发现，执行功能能够解释数学能力总变异的48.3%。将数学能力作为因变量，执行功能三个成分作为自变量，结果发现只有工作记忆能够显著预测数学能力，而且执行功能的预测力度超越了智商（27.4%）的预测力度。这些数据证明了执行功能对数学学习的重要性。斯旺森（Swanson，2007）的研究也发现，在预测数学成绩时，工作记忆能够解释 74% 的数学成绩。本研究与这个研究在解释力度上的差异可能是因为本研究中用的是数学学习困难儿童的样本，数学学习困难儿童在数学学习方面本身就存在一定的特殊性。5—8 岁数学学习困难儿童的数学发展轨迹与正常儿童不同（Murphy，Mazzocco，Hanich，& Early，2007）。执行功能可以很好地预测数学能力，而且这种相关独立于智商、语言以及加工速度（Bull，2007）。9 岁以下的儿童依赖于视觉空间资源，视觉空间工作记忆在早期儿童的数学表现中发挥着更重要的作用，因为使用心理模型时需要视觉空间工作记忆资源（Kyttala，Aunio，& Hautamaki，2010）。从本研究的结果可以看出，数学学习困难儿童的数学能力低下，主要可由工作记忆能力不足来解释。工作记忆是早期儿童数学能力最重要的预测因子（Kolkman，Hoijtink，Kroes-

① Kyttl，M.，Aunio，P.，& Hautamki，J.（2009）. Working memory resources in young children with mathematical difficulties. *Scandinavian Journal of Psychology*，51（1），1－15.

bergen, & Leseman, 2013）。对于5—6岁数学学习困难儿童而言，工作记忆对于他们的数学学习非常重要，可以作为解释他们数学学习困难的原因之一。此外，本研究还尝试以执行功能的三个成分为因变量，以数学能力为自变量，进行回归分析。结果发现，回归方程不成立。数学能力不能预测执行功能。可见，数学能力和执行功能并不是互为因果的关系。执行功能可能是影响儿童数学学习困难的原因，而不是结果。

4.3 执行功能各成分得分对数学能力及其各个维度的预测

已有的文献证明了执行功能能够预测数学能力（Clark et al. , 2010）。本研究的回归分析发现，只有工作记忆得分可以显著预测数学能力的发展，而抑制和刷新并没有进入回归方程。这一结论与其他工作记忆的发展与数学能力发展的关系非常密切的结果一致。当工作记忆变量出现时，抑制和刷新并不能预测数学能力（Van der Ven, Kroesbergen, Boom, & Leseman, 2012）。本研究进一步支持了“工作记忆对早期儿童数学学习非常重要”这一结论（Simmons, Willis, & Adams, 2012）。这可能意味着可以把对数学学习困难儿童的工作记忆干预作为提高其数学能力的重要目标和途径。在本研究中，抑制和转换对数学能力的预测水平并不显著，这与有的研究中的结论不一致。已有的研究中发现对儿童的数学学习而言，抑制控制非常重要（Bull et al. , 2001）。这种差异可能是被试的年龄不同造成的，也可能是研究对象的特殊性或者是研究测查的工具不同造成的。

本研究以数学能力各个维度的分数为因变量，执行功能各个成分为自变量，进行回归分析的结果表明，能预测数数、数的比较、简单运算及数概念的预测因子各有不同，而且预测的程度也有所差异。本研究发现，对数数具有显著预测效力的是工作记忆和抑制控制；对数的比较和数概念具有显著预测效力的是工作记忆；对简单运算具有显著预测效力的是转换能力。这个研究结果表明，数学学习困难儿童数数能力低于正常儿童水平，可能可以由工作记忆和抑制控制不足共同来解释；数的比较、数概念的得分低下主要由工作记忆来解释；数学学习困难儿童的简单运算得分低，主要由转换能力来解释。有的研究认为：“工作记忆可以解释数字书写、数字大小判断和一位数加减的显著性差异。”[①]与本研究相同的是在数字大小判断（数的比较）方面的结论，数的比较（包括物体数量的比较和

---

① Simmons, F. R. , Willis, C. , & Adams, A. M. (2012) . Different components of working memory have different relationships with different mathematical skills. *Journal of experimental child psychology*, 111 (2), 139 - 155.

数字大小的判断）需要工作记忆的支持，尤其进行数字大小比较时，必须先记住比较哪两个数字，然后再对信息进行编码和加工。如比较5大还是7大，儿童就需要先记住是比较5和7，然后再在数数的数串上判断5在前还是7在前（或者说先数5还是先数7）。工作记忆在数的比较中发挥着重要的作用。

工作记忆和抑制是数数能力的预测因子（Lan，Legare，Ponitz，Li，& Morrison，2011），这与本研究结论一致。工作记忆对于数数能力的发展非常重要，这很好解释。这是因为儿童在数数时需要记住数词和数序，工作记忆特别是语音工作记忆显得尤其重要（Kyttala，Aunio，& Hautamaki，2010）。数数包括唱数、接着数、倒数、按数群数数（如2个一群数数）等技能，接着数和倒数，特别是倒数和数群数数是需要儿童的抑制控制参与的。在倒数没有达到自动化之前，他必须抑制住自己已经“习惯化”的顺数行为；如倒数一样，按数群数数必须是能够抑制住已经“习惯化”的一个一个数（例如2，4，6，……）

同时，工作记忆对于数概念的发展也很重要。学前儿童数概念涉及部分—整体概念、均分概念。以部分—整体概念为例，如“小明买了些糖，妈妈又给他3颗，他现在有5。他自己买了几颗糖果?”要求儿童能判断出小明他自己买的少于5。儿童在解决这类问题时，必须要能够利用工作记忆捕捉到最关键的信息，“妈妈给小明3颗糖之前，小明已经有一些糖”，然后利用这些信息进行加工“之前有的糖加上妈妈给的3颗等于5，那么之前有的糖少于5颗”。大部分数学学习困难儿童不能完成这一加工过程，在这类型问题上错误率极高（TEMA测查中，数学学习困难样本这道题平均得分为0）。数概念的掌握对工作记忆提出了较高的要求，如部分—整体概念，不仅要求儿童要记住关键信息，其中还需要对信息进行刷新和加工。可以认为，对数概念的掌握在一定程度上依赖工作记忆能力的发展。

简单运算涉及不同运算方法以及运算策略之间的转换，而数学学习困难儿童在进行运算方法单一，策略简单（刘颂，2007）。也有研究发现，7岁儿童的转换能力差在数学运算方面出现学习困难，因为他们不能从常用的策略转换到新的策略来解决问题（Bull & Scerif，2001）。转换能力对于这个年龄阶段的数学学习困难儿童完成简单运算尤其重要。

5 研究结论

（1）执行功能各个成分与数学能力之间的相关非常显著，执行功能各个成分与数学能力各个维度之间的相关非常显著，相关程度有所不同。

（2）执行功能的工作记忆是 5—6 岁数学学习困难儿童数学能力的重要预测因子。执行功能不同成分对数学能力的预测力度不一样，工作记忆比抑制和转换能力更能解释数学学习困难儿童数学能力的变异。工作记忆在数学学习困难儿童的数学学习中非常重要，可能可以考虑把干预数学学习困难儿童的工作记忆作为执行功能干预的重点。

（3）工作记忆和抑制控制可以预测数学学习困难儿童数数能力的发展；转换能力可以预测数学学习困难儿童简单运算的发展；工作记忆可以预测数学学习困难儿童非正式数概念的发展。

第五章　对5—6岁数学学习困难儿童的教育干预

现有的数学学习困难的干预研究，大多是对一种技能的干预，如数学技能或某一种一般认知能力，很少同时考察数学干预和执行功能干预对数学学习困难儿童的数学和执行功能的交叉影响。本研究采用干预跟踪研究的方式来进一步解释早期数学学习困难儿童的数学和执行功能的关系。把干预的方式分成两种：第一种干预方式是通过与数字有关的游戏（如飞行棋、扑克牌）来增加数学学习的机会，发展学习策略，提高数学能力；第二种干预方式是通过一系列旨在训练儿童执行功能的游戏和练习（如图片记忆、萝卜蹲游戏等）。通过这两种干预方式以期提高儿童的数学能力和执行功能。本章通过对数学学习困难儿童进行数学能力和执行功能的干预，分析干预是否可以对儿童的数学能力和执行功能产生积极的影响。

第一节　数学干预或执行功能干预对数学学习困难儿童数学能力的影响

1 研究目的

早期儿童已具备了大量的非正式数学知识和能力（Ginsburg, Lee, & Boyd, 2008）。他们这种非正式数学能力，如数数、数量比较、简单运算和数学问题解决等是在日常生活中与教师和家人的交往过程中形成和发展的，并在早期阶段不断发展为未来进入学校学习正式数学知识提供了重要基础。到了学前阶段末期，大部分儿童已经掌握了大量的数学知识和技能（Geary, 2000）。然而，并不是所有的儿童都熟练地掌握了这些知识和技能。有的儿童在学前期就表现出数学学习困难，数感比正常儿童差（Jordan et al. , 2012）。

长期以来，人们对早期儿童数学学习困难不太关注，相关的干预研究比较少。近年来，欧美国家明显开始重视对早期数学学习困难儿童的鉴别和干预，以预防小学以后数学学习困难。数学康复项目（Math Recovery project）是一个基于建构主义理论建构的对小学一年级数学学习困难儿童的干预项目，该研究的结果发现，数学干预可以提高儿童的计算策略、数数、数字辨认、空间模式和位值的理解等数学能力（Holly & MacLean, 2003）。另外一个叫作数字世界课程干预项目（Number Worlds Curriculum），从学前班开始的对来自低收入家庭的数学学习困难儿童进行干预，参与干预的儿童在小学二年级赶上了正常儿童，对照组的儿童与正常儿童的差距却越来越大（Griffin, 2004）。由此可见，早期的干预项目可以有效地减少儿童数学成绩的落后（Gervasoni, 2001）。儿童在进入小学前具备的数感与将来的数学成绩有显著相关。数学学习困难是一种累积性成长模型，在学前班阶段数学能力得分较低者在小学将面临着数学学习困难的可能性很大（Toll, Van der Ven, Kroesbergen, & Van Luit , 2011）。因此，为了预防未来数学学习困难（Brandt, 1993），要尽早对数学学习困难儿童进行干预。

本文的研究问题是：数学干预或执行功能干预可以提高儿童的数学能力吗？研究的假设：对数学学习困难儿童进行数学干预可以提高他们的数学能力，对儿童进行执行功能干预可以提高他们的数学能力。

2 研究方法

2.1 研究对象

将数学学习困难组儿童随机分成数学干预组、执行功能干预组和对照组。数学干预组 22 人，男孩 12 人，女孩 10 人，月龄的平均数和标准差为（M = 67.909，SD = 3.571）。执行功能干预组 20 人，男孩 11 人，女孩 9 人，其月龄的平均数和标准差为（M = 67.000，SD = 4.623）。对照组 22 人，男孩 13 人，女孩 9 人，月龄的平均数和标准差为（M = 68.091，SD = 3.975）。数学干预组儿童智商分数（M = 99.82，SD = 6.745）与执行功能干预组儿童的智商分数（M = 100.82，SD = 5.769）之间无显著性差异（t = −0.491，p = 0.626）。对照组儿童智商的平均数和标准差为（M = 103.64，SD = 7.804），数学干预组与对照组儿童的智商不存在显著性差异（t = −1.736，p = 0.090），执行功能干预组和对照组儿童的智商不存在显著性差异（t = 1.245，p = 0.221）。

2.2 实验材料

见第三章第二节。测查工具为《早期儿童数学能力测试》。

2.3 实验程序

前测：2012年9月开始前测，分别对儿童的数学能力、智商进行了测查。

干预：实施两种干预方案，分别对两组儿童进行数学干预和执行功能干预，对照组儿童不组织活动。干预过程没有回避对照组儿童，允许他们在干预的环境里走来走去，但是不让他们接触到真正的干预内容。这是一种提供给对照组“安慰剂”的办法之一（Klingberg，2010；Shipstead，Redick，& Engle，2012）。干预时间为2012年10月—2013年5月。每个星期2次，每次30—35分钟。

后测：干预结束后，分别对三个组的儿童进行数学能力测查。

2.4 数据分析

数学能力的测查分数是将原始分按照常模转换为儿童能力分数。将所有数据录入计算机，采用SPSS 20.0进行处理。幼儿数学能力的测查分数是将原始分按照常模转换为能力分数（考虑了年龄维度）。采用重复方差分析比较各组数学能力的差异，采用一元方差分析和多元方差分析分别检验各组前测和后测的数学能力的组间差异。

3 结果分析

3.1 干预前后各组数学能力分数的描述性统计

以数学能力前测分数为因变量，分组为自变量，进行一元方差分析，结果显示三个组的前测分数无显著性差异（$F(2, 61) = 1.487$，$p = 0.234$，$\eta^2 = 0.046$）。这一结果表明，三个组的数学能力在干预前发展水平是一致的。前、后测的平均数数据显示（如表5-1-1和图5-1-1），数学干预组和执行功能干预组前测和后测数学能力分数的变化最大，数学干预组前测和后测的平均分增长变化最大；其次是执行功能干预组；对照组数学能力分数增长幅度较小。干预结束后，两个干预组之间数学能力的平均分相差不大；两个干预组与对照组的差距增大了。

表5-1-1　干预前、后各组数学能力得分的平均数与标准差

		前测		后测	
	N	*M*	*SD*	*M*	*SD*
数学干预组	22	93.450	8.798	109.950	7.112
执行功能干预组	20	96.450	6.724	110.450	6.581
对照组	22	96.950	7.313	98.909	8.338

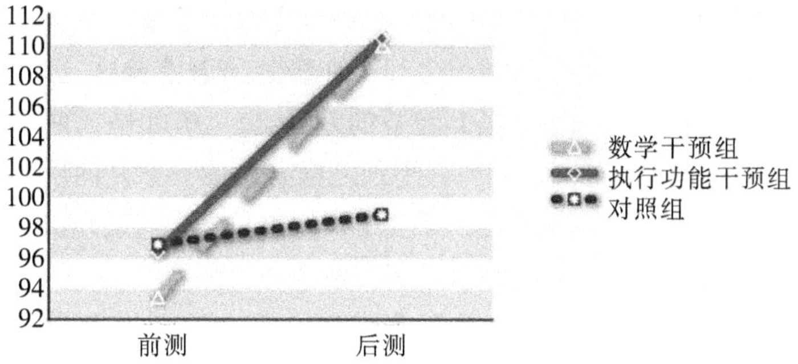

图5－1－1　三组儿童的数学能力前测和后测均值图

3.2 干预后各组数学能力分数增长的组间差异和组内差异比较

采用重复测量方差分析来比较各组数学能力增长的组间差异和组内差异。以两次数学能力分数为因变量，以组别为自变量进行重复方差分析，分析结果如表5－1－2所示。从组间差异分析表看，组别效应显著，这表示各组的数学能力存在显著性差异。事后*LSD*分析发现，数学干预组与执行功能干预组之间差异不显著（$p=0.534$），数学干预组与对照组之间差异非常显著（$p=0.035$），执行功能干预组与对照组之间差异非常显著（$p=0.023$）。

表5－1－2　各组数学能力组间差异分析

源	III 型平方和	*df*	均方	*F*	*Sig.*	η^2
截距	1225764.917	1	1225764.917	12545.297	0.000	0.995
分组	602.364	2	301.182	3.082	0.041	0.096
误差	5667.013	58	97.707			

从表5－1－3可以看出数学能力增长的差异极其显著，也就是说，至少有一组以上的数学能力增长是显著的；数学能力与干预分组之间交互效应极其显著，需要进行简单效应检验。

表5－1－3　各组数学能力组内效应检验

源	III 型平方和	*df*	均方	*F*	*Sig.*	η^2
数学能力（时间）	3422.858	1	3422.858	174.107	0.000	0.750
数学能力×干预分组	1286.271	2	643.135	32.714	0.000	0.530
误差	1140.254	58	19.660			

简单效应检验结果显示，在数学能力条件下，前测水平上，数学干预组与对照组之间无显著性差异（$p=0.443$），数学干预组与执行功能干预组之间无显著

性差异（$p=0.704$），执行功能干预组与对照组之间无显著性差异（$p=0.978$）；在后测水平上，数学干预组与对照组之间存在极其显著性差异（$p<0.001$），执行功能干预组与对照组之间存在极其显著的差异（$p<0.001$），两个干预组之间无显著性差异（$p=0.989$）。这表明，干预之前各组的分数是同质的，三组儿童的数学能力分数之间无显著性差异；干预结束后，数学干预组和执行功能干预组儿童的数学能力分数显著高于对照组儿童的数学能力分数。

在分组条件下，数学干预组前测和后测之间存在极其显著的差异（$p<0.001$），执行功能干预组前测与后测之间存在极其显著的差异（$p<0.001$），对照组前测与后测无显著性差异（$p=0.145$）。可见，数学干预组和执行功能干预组两个组的数学能力的增长非常明显，对照组的数学能力增长不显著。

3.3 各组儿童数学能力各维度得分前测和后测的描述统计

从表 5－1－4 可见，数学干预组前测和后测比较，每个维度的平均分都有不同程度的增长。变化较大的是非正式数学能力的数数和正式数学能力的数字读写维度。执行功能干预组在数学能力的各个维度的平均分也都有不同程度的增长，前测和后测数据变化较大的也是非正式数学能力的数数和正式数学能力的数字读写维度。对照组的数学能力各个维度的平均分也有所增长，只是增长的幅度比干预组小。

表 5－1－4　各组儿童数学能力各个维度前测和后测的平均数与标准差

分组		非正式数学能力				正式数学能力			
		数数	数的比较	简单运算	数概念	数字读写	数学事实	运算	数概念
数学干预组	前测 *M*	12.409	2.636	1.727	2.182	2.591	0.000	0.000	0.636
	SD	2.719	0.902	0.827	0.501	1.469	0.000	0.00	0.492
	后测 *M*	20.318	4.136	3.545	3.454	5.221	1.363	0.090	1.272
	SD	1.041	0.833	0.509	2.219	0.528	1.432	0.426	0.455
执行功能干预组	前测 *M*	13.700	3.000	1.900	2.550	2.950	0.100	0.000	0.850
	SD	2.105	0.973	0.552	0.686	1.316	0.307	0.000	0.587
	后测 *M*	20.250	4.450	3.700	3.350	5.500	1.250	0.050	1.300
	SD	1.371	0.686	0.571	0.587	0.827	1.292	0.223	0.571
对照组	前测 *M*	13.40	2.727	2.227	2.238	2.95	0.045	0.000	0.818
	SD	2.702	1.077	0.556	0.538	1.132	0.213	0.000	0.394
	后测 *M*	18.272	4.181	3.181	2.681	4.500	0.500	0.000	1.045
	SD	4.049	0.795	0.732	0.646	0.963	0.740	0.000	0.213

3.4 各组儿童数学能力各维度得分前测的组间差异比较

以前测数数、数的比较、运算、数概念、正式数字读写、正式数学事实、正式数概念为因变量（几组儿童的正式数学运算为0，无法分析这一个维度），以组别为自变量进行多元方差分析（如表5－1－5），结果表明各个因变量的组间效应不显著。这表明，干预前数学干预组、执行功能干预组和对照组基本是同质的，干预之前各组的数学能力的各个维度的分数之间没有显著性差异。

表5－1－5　各组儿童数学能力各个维度前测多元方差分析

源	因变量	III 型平方和	*df*	均方	*F*	*Sig.*	η^2
干预分组	数数	13.468	2	6.734	1.045	0.358	0.035
	数的比较	1.525	2	0.762	0.809	0.450	0.028
	非正式运算	2.161	2	1.081	1.731	0.186	0.057
	数概念	1.783	2	0.892	2.647	0.080	0.085
	正式数字读写	4.812	2	2.406	1.369	0.263	0.046
	正式数学事实	0.169	2	0.084	2.723	0.074	0.087
	正式数概念	0.450	2	0.225	1.003	0.373	0.034

3.5 各组数学能力各维度得分干预后的组间差异比较

以后测数数、数的比较、运算、数概念、正式数字读写、正式数学事实、正式数学运算、正式数概念为因变量，以组别为自变量进行多元方差分析（如表5－1－6）。结果表明，数数、非正式运算、正式数字读写、正式数学事实四个维度组间效应显著。

事后*LSD*比较发现，数学干预组和执行功能干预组的数学能力各个维度均不存在显著性差异。在数数方面，数学干预组和对照组之间存在显著性差异（$p=0.017$），执行功能干预组和对照组存在显著性差异（$p=0.021$）。简单运算方面，数学干预组和对照组存在显著性差异（$p=0.019$），执行功能干预组和对照组之间存在显著性差异（$p=0.048$）。数概念方面，数学干预组和对照组之间存在显著性差异（$p=0.040$），执行功能干预组和对照组之间也有显著性差异（$p=0.005$）。正式数字读写方面，数学干预组和对照组之间存在显著性差异（$p=0.004$），执行功能干预组和对照组之间存在极其显著性差异（$p<0.000$）。正式数学事实方面，数学干预组和对照组之间存在显著性差异（$p=0.012$），执行功能干预组和对照组之间差异不显著（$p=0.140$）。在正式数概念方面，数学干预组和对照组之间不存在显著性差异（$p=0.574$），执行功能干预组与对照组之间

存在显著性差异（$p = 0.034$）。数的比较、正式数学运算方面各组之间不存在显著性差异。

表 5-1-6　干预后各组数学能力各维度方差分析

源	因变量	III 型平方和	*df*	均方	*F*	*Sig.*	η^2
干预分组	数数	55.391	2	27.695	3.998	0.024	0.121
	数的比较	1.213	2	0.606	1.031	0.363	0.034
	非正式运算	2.666	2	1.333	3.439	0.039	0.106
	数概念	3.880	2	1.940	4.665	0.013	0.139
	正式数字读写	10.335	2	5.168	7.972	0.001	0.216
	正式数学事实	9.224	2	4.612	3.440	0.039	0.106
	正式数学运算	0.093	2	0.047	0.567	0.570	0.019
	正式数概念	1.029	2	0.514	2.664	0.078	0.084

3.6 执行功能干预组后测数学能力的回归分析

为了检验执行功能干预组的数学能力的提高是否是因为执行功能的提高而引起的，以数学能力为因变量、执行功能各个任务为自变量，进行回归分析，分析结果如表 5-1-7。词语倒背、灵活项目转换、数字倒背三项任务对数学能力的预测力度显著，三项任务对数学能力的解释力度达到 50.4%。

表 5-1-7　执行功能组后测执行功能对后测数学能力的回归分析

	非标准化系数		标准化系数	*t*	*Sig.*
	B	*se*	*Beta*		
常量	99.888	11.483		8.699	0.000
词语倒背后测（工作记忆）	2.776	0.807	1.010	3.439	0.009
灵活项目转换后测（转换）	1.305	0.384	0.643	3.395	0.009
数字倒背后测（工作记忆）	3.303	0.945	0.755	3.493	0.008

4 讨论

4.1 数学干预对数学学习困难儿童的数学能力的影响

本研究的第一个假设就是对数学学习困难儿童数学游戏的干预能够提高他们的数学能力。研究的结果也证实了这个假设。国外的研究也发现，对早期数学学习困难儿童进行数字方面的干预能够有效提高数学学习困难儿童的数学能力（Dyson et al., 2011; Jordan et al., 2012）。因为干预增加了数学学习困难儿童学习数学的经验和他们熟练、流畅的程度。数数在早期儿童数学能力发展中非常重要，因为它帮助儿童在数的基础上扩展了对数量的理解（Baroody, Lai, & Mix, 2006）。例如，一个非常重要的知识就是让儿童理解在数字序列上后面那个数总是比前面那个数多1，这个知识可以帮助儿童发展运用数数的策略来解决加法和减法问题。有目标地对数学学习困难儿童进行干预是非常重要的，因为有研究证实了目标明确的干预对于提高早期儿童数学能力非常有效（Bullough et al., 2014; Toll & Van Luit, 2013）。数学学习困难儿童很难把各种数学技能相互联系起来，他们不会运用数数的策略来解决运算问题（Jordan et al., 2006）。早期数学干预中一个重要的目标就是帮助儿童把各种数学技能联系起来，例如本研究运用了大量的数字游戏活动帮助儿童发现数数和运算之间的联系，最后帮助他们提高简单运算能力和运算策略。

在干预的过程中，采用的是一对一的个别干预和小组干预两种形式，这种形式给儿童提供了充分的学习机会和互助合作、观察学习的机会。在早期儿童的干预方式中小组干预和个别化教学是最有效的干预形式（Wilson & Räsänen, 2008）。本研究首先对数学学习困难儿童进行了诊断，然后有针对性地对儿童数学学习方面存在的缺陷进行了干预。因此，针对儿童的缺陷进行干预是提高干预效果的重要途径。针对儿童的弱项进行干预比不针对儿童的弱项进行干预的效果更好（Praet & Desoete, 2014）。纵向的跟踪研究结果表明，数量和关于数字的知识是数学学习的重要组成成分，这些知识不仅可以预测儿童进入小学后的数学成绩，而且可以降低数学学习困难发生的可能性。支持3—5岁儿童的数学学习能够对他们以后很多年的学习产生积极的影响（Clements & Sarama, 2011）。

4.2 执行功能干预对数学学习困难儿童数学能力产生的影响

本研究结果验证了第二个假设，对儿童进行执行功能干预能够提高他们的数学能力。这个干预研究是希望通过提高儿童的执行功能，进而间接地提高儿童的数学能力。也就是说，干预是为了能够实现“近迁移”和“远迁移”。“近迁移”是指能够提高与训练任务相似的任务；“远迁移”是指能够有效提高与训练任务不同的任务。本研究中，执行功能干预组的数学能力与对照组相比有显著的提高，而且回归分析的结果显示了执行功能后测得分可以解释数学能力变异的50.4%。这证明了执行功能的干预有助于儿童的学习数学能力的提高，同时也证明了执行功能与儿童的数学学习有着密切的联系。

有的研究发现，对儿童进行执行功能干预并不一定能够提高儿童的数学能力（Gray, Chaban, Martinussen, Goldberg, Gotlieb, Kronitz, & Tannock, 2012）。与本

研究结论一致的，有研究证明了干预数学学习困难儿童的工作记忆能够提高数学能力。对5岁数学学习困难儿童的工作记忆干预不仅提高了他们的工作记忆技能，而且干预内容带数字的干预组的数学能力也提高了（Kroesbergen et al.，2014）。与之不同的是，本研究对执行功能干预是控制了数字的影响，所有的干预内容都不带数字。因此，从这个意义上来说，本研究中干预的迁移效应是“远迁移”。控制数字的影响，可能能够真正说明干预提高了一般认知能力，而不是数字的出现带来的练习效应。为什么对儿童进行执行功能干预能够对数学能力产生影响呢?

可能有以下几种假设。第一，工作记忆的干预可以提高儿童的数学能力，是因为工作记忆起着支持儿童数字表征的心理黑板的作用（mental blackboard），如数数和简单运算等任务（Olesen，Westerberg，& Klingberg，2004）。这可能是一个重要原因，如果执行功能干预改善了儿童的工作记忆，扩展了儿童信息加工的心理空间，在数学学习中，就有足够的工作记忆容量进行心算。因此，扩展工作记忆容量是一种对数学能力产生间接影响的方式。第二，执行功能的改善也有可能对数学学习产生直接影响（Simmons，Willis，& Adams，2012）。譬如，学习数数就需要语音工作记忆的直接参与，儿童要能够记住数词和数词的顺序，才能完成数数；计数起码要记住一一对应、固定顺序和基数原则三个数数的基本原则。第三，干预可能改进了数学学习困难儿童数学学习策略和方法，例如数学学习困难儿童在学习中能够有效地记住重要信息，并能够更加有效地运用学习策略并调节、监控自己的学习过程，提高了数学能力测试的准确率。第四，通过干预执行功能，可能提高了儿童的学习品质，例如学习的兴趣、坚持性、专注性等，从而帮助儿童间接提高了数学能力。执行功能与学习品质关系呈正相关，执行功能得分高的儿童在教室里表现出更好的行为，比如学习的专注性更强，注意力更容易集中，学习持续时间更长，能控制自己的冲动行为（Brock，Rimm - Kaufman，Nathanson，& Grimm，2009）。因为执行功能的提高可以帮助儿童更好地抑制冲动、抵抗干扰。幼儿园教师认为，这些品质对于儿童适应幼儿园的生活和学习是非常重要的（Rimm - Kaufman，Pianta，& Cox，2000）。更进一步的研究可以尝试引入一个中介变量或者间接变量（例如学习品质）来进一步考察执行功能是如何对数学能力的发展起作用的。执行功能的增强有助于儿童学习更加抽象的数学内容（Espy，McDiarmid，Cwik，Stalets，Hamby，& Senn，2004）。对儿童进行执行功能干预不仅能够提高执行功能的整体水平，还意味着对以后学习更抽象的数学内容也能产生积极的影响。

4.3 数学干预或执行功能干预对数学学习困难儿童数学能力各个维度的影响

数学干预组儿童在简单运算、正式数学事实、正式数字读写等方面有显著的进步。干预获得显著提高可能有三个原因：一是干预时间的长短和次数有关系。干预的总次数在30次左右，干预组儿童有了较多的学习机会。“干预的时间和强度可能是影响儿童数学能力变化的一个重要因素。”①第二个原因是干预策略的影响。克莱门茨等（Clements & Sarama）总结了美国的一个干预项目数字世界（The Number Worlds）和积木构建课程（Building Blocks）实施成功的策略，“两个项目都采用了多元的方法进行干预，并且依据儿童的学习轨迹来干预他们的数学学习”②。本研究的数学干预是按照儿童数学发展的轨迹进行的，在数学学习困难儿童熟练掌握了数数知识和技能的前提下，加强了简单运算、数概念、数字读写、数学事实提取等方面的干预。第三是干预形式的影响。主要是采用（2—4人的）小组干预和一对一的干预方式，这有利于儿童非常清晰地理解活动内容和过程；学习过程中数学学习困难儿童遇到困难时，干预提供了及时的反馈与引导或者降低学习难度，提供学习支架，帮助儿童克服了学习中的困难。国外的研究也发现“幼儿期的数感是可塑的”③，关键在于能否给儿童提供充分的学习机会。此外，从干预的过程分析看，在数学干预中虽然每个阶段强调的重点不一样，但是大部分时候会用“接数”“唱数”“数字卡片”“扑克牌”等游戏作为活动的“热身游戏”，儿童会有更多的机会练习数数、认读数字和简单运算。工作记忆可能是支持数数和运算的重要机制等（Geary, 2010）。工作记忆的提高，可能对儿童非正式数学能力的提高产生了直接的或间接的影响。

不同的是，数学干预对儿童数学事实的掌握有积极的影响，而执行功能干预没有产生这种影响。这是因为正式数学事实的掌握要求儿童能够熟练提取简单运算的答案（Ginsburg et al., 2003），如“2 + 0 = 2”，这种自动化的提取需要建立在大量的练习和较深刻的理解基础之上。掌握数学事实依赖于儿童对数的组合的储存以及自动化提取信息的熟练程度（Geary, 1993），数学学习困难儿童必须经过大量的练习才能形成自动化的连接（Fuchs et al., 2005）。与执行功能相比较，

---

① Wilson, A. J., & Räsänen, P. (2008). Effective interventions for numeracy difficulties/disorders. *Encyclopedia of Language and Literacy Development*, 1 - 11.

② Clements, D. H., & Sarama, J. (2011). Early childhood mathematics intervention. *Science*, 333 (6045), 968.

③ National Council of Teachers of Mathematics (NCTM). (2006). *Curriculum focal points for pre - kindergarten through grade* 8 *mathematics: A quest for coherence.* Reston, VA: NCTM.

数学干预组儿童有较多的直接练习的机会，能够帮助他们达到熟练化程度。显然，数学干预组比执行功能干预组有更多的练习机会。

另外一个发现是执行功能干预对正式数概念有积极的作用，而数学干预没有产生这种影响。执行功能干预组在正式数概念方面的获得了显著的提高，而数学干预组没有这种进步。正式数概念涉及如加法交换律等概念。理解加法交换律需要儿童能够进行灵活的转换，可能执行功能干预组儿童在灵活转换方面的训练有助于他们对正式数概念的理解。另外一种可能是，由于正式数概念涉及的项目太少，这种差异有可能是测量的偶然性造成的。

5 研究结论

（1）数学干预和执行功能干预都能促进数学学习困难儿童数学能力的发展，两种干预方式都对数学学习困难儿童的数学能力的发展产生了积极的影响。

（2）数学干预和执行功能干预对儿童的数学能力产生的影响的维度有相同的部分，也有不同的部分。它们都对数数、简单运算、正式数字读写方面产生了积极的影响。此外，数学干预组提高了数学学习困难儿童的正式数学事实提取方面的能力，执行功能干预组提高了数学学习困难儿童的正式数概念方面的能力。

第二节　数学干预或执行功能干预对数学学习困难儿童执行功能的影响

1 研究目的

学前阶段是执行功能与数学能力都发展飞速的时期，执行功能对于儿童的学习过程非常重要（Holmes, Gathercole, & Dunning, 2009），两者之间可能相互影响（Messer, Leseman, Boom, & Mayo, 2010）。工作记忆在儿童数学学习发展中起着非常重要的作用，可以把对数学学习困难儿童的工作记忆干预作为提高儿童数学能力的重要目标和途径（Van der Ven, Kroesbergen, Boom, & Leseman, 2012）。学前儿童的执行功能是可以通过干预提高的（Dilmond & Lee, 2011），也有研究证实了这一点（Thorell et al., 2009）。而且，有研究还发现对儿童进行执行功能的干预可以提高儿童的执行技能和数学能力（Witt, 2011）。

教育干预对正常儿童的执行功能的积极影响已经得到了部分研究的肯定，但是对数学学习困难儿童的相关研究却是非常少。对5岁的数学低分儿童进行的工作记忆训练，不管训练的任务是否带有数字，干预组儿童的工作记忆都提高了（Kroesbergen et al.，2014）。对数学学习困难儿童进行执行功能干预可能可以提高他们的工作记忆、抑制或者转换能力。但是对数学学习困难儿童的数学干预能否提高儿童的执行功能呢？至今尚未有有力的证据来证明这个问题。因此，有必要对这个问题进行探索。本研究的目的是：数学干预或执行功能干预是否可以提高数学学习困难儿童的执行功能？本研究的假设是：对数学学习困难儿童进行数学干预或执行功能干预都可以提高他们的执行功能。两种干预方式对儿童执行功能产生的影响可能存在差异。

2 研究方法

2.1 研究对象

同实验五。

2.2 实验材料

2.2.1 执行功能工具

测查工具为改编了的克拉克（Clark）等人编制的学前儿童执行功能测查工具。见第三章第二节。

2.3 统计处理

将所有数据录入计算机，采用SPSS 20.0进行处理。采用重复测量方差对每组前、后测得分进行差异分析。

3 研究结果

3.1 各组儿童工作记忆、抑制控制、转换能力前测和后测得分描述性统计

对各组的执行功能的各个任务的前测和后测的分数转换为Z分数，再将各个维度的任务的Z分数相加组成各个维度的分数。从表5-2-1可以看出，数学干预组在工作记忆和抑制控制两个维度的得分有所提高，在转换能力维度没有提高；执行功能干预组在三个维度上的得分均有所提高；对照组在三个维度上的得分均没有提高。分别对以工作记忆、抑制控制和转换能力的前测得分为因变量，以组别为自变量，进行一元方差分析，分析干预前三组儿童之间的组间差异。在工作记忆的前测得分上，三组之间无显著性差异（$F(2, 61)=0.758$，$p=0.473$，$\eta^2=0.024$）。在抑制控制的前测得分上，三组之间无显著性差异（F

(2，61) $=1.893$，$p=0.699$，$\eta^2=0.014$)。在转换能力的前测得分上，三组之间无显著性差异 (F (2，61) $=0.537$，$p=0.587$，$\eta^2=0.017$)。干预之前三组儿童在工作记忆、抑制控制和转换能力三个维度的得分基本上是同质的。

表 5－2－1　各组执行功能各个维度前测和后测得分平均数和标准差

		前测		后测	
		M	*SD*	*M*	*SD*
工作记忆	数学干预组	－0.384	1.827	－0.132	1.431
	执行功能干预组	－0.353	1.737	1.035	1.698
	对照组	－0.433	1.569	－0.364	1.362
抑制控制	数学干预组	－0.597	1.748	－0.330	1.647
	执行功能干预组	－0.585	1.188	－0.220	1.251
	对照组	－0.437	1.501	－0.308	1.994
转换能力	数学干预组	0.356	1.739	0.424	1.495
	执行功能干预组	0.304	1.448	0.330	1.572
	对照组	0.206	1.055	0.371	2.109

3.2 各组儿童工作记忆得分的重复方差分析

以工作记忆为因变量，以组别为自变量进行重复方差分析（如表 5－2－2)，结果发现，时间的主效应不显著，也就是说两次测查之间，时间与组别之间交互效应显著。

表 5－2－2　各组工作记忆得分组内效应检验

源	III 型平方和	*df*	均方	*F*	*Sig.*	η^2
工作记忆（时间）	0.001	1	0.001	0.000	0.983	0.005
时间 × 组别	17.451	2	8.726	3.373	0.041	0.108
误差	144.880	58	2.587			

时间和组别之间交互效应显著，需要进行简单效应检验。结果表明，在前测分数上，执行功能干预组与对照组之间无显著性差 ($p=0.536$)，数学干预组与对照组之间无显著性差异 ($p=0.491$)，执行功能干预组与数学干预组之间无显著性差异 ($p=0.351$)。三组分数的前测不存在显著性差异。在后测分数上，执行功能干预组显著优于对照组 ($p=0.001$)，执行功能干预组与数学干预组无显著性差异 ($p=0.102$)，数学干预组与对照组无显著性差异 ($p=0.244$)。

在组别的条件下，数学干预组前测和后测之间无显著性差异 ($p=0.203$)，对照组前测和后测之间无显著性差异 ($p=0.057$)，执行功能干预组前测和后测之间存在显著性差异（$p=0.045$），执行功能干预组后测显著优于前测。

表5-2-3　各组工作记忆得分组间效应检验

源	III 型平方和	*df*	均方	*F*	*Sig.*	η^2
截距	0.181	1	0.181	0.048	0.828	0.001
组别	51.788	2	25.894	6.851	0.002	0.197
误差	211.652	58	3.780			

从表5-2-3的数据可见，以工作记忆得分为因变量、组别为自变量的重复方差分析，组别效应显著，*LSD*事后检验结果表明，执行功能干预组与数学能力干预组之间存在显著差异（$p=0.003$），执行功能干预组与对照组之间存在显著性差异（$p=0.002$），数学干预组与对照组之间无显著性差异（$p=0.726$）。这个结果表明，执行功能干预组的干预效果显著优于数学干预组和对照组。

3.3 各组儿童抑制控制得分的重复方差分析

以抑制控制为因变量、组别为自变量进行重复方差分析，结果发现，时间的主效应不显著（$F=0.069$，$p=0.794$，$\eta^2=0.001$），时间与组别之间存在交互效应不显著（$F=0.953$，$p=0.392$，$\eta^2=0.035$）。*LSD*事后检验结果表明，三组之间均不存在显著性差异。主体间效应结果表明，组别效应不显著（$F=2.446$，$p=0.097$，$\eta^2=0.086$），*LSD*检验结果表明，三组之间不存在显著性差异。三组儿童后测抑制控制的得分无显著性差异。

3.4 各组儿童转换能力得分的重复方差分析

以转换能力为因变量、组别为自变量进行重复方差分析，主体内效应检验结果表明，时间的主效应不显著（$F=0.003$，$p=0.956$，$\eta^2=0.000$），时间与组别之间存在交互效应不显著（$F=0.143$，$p=0.867$，$\eta^2=0.006$）。主体间效应结果表明，组别效应不显著（$F=0.766$，$p=0.470$，$\eta^2=0.029$）。*LSD*事后检验结果表明，各组之间均不存在显著性差异。三组儿童在后测转换能力的得分上不存在显著性差异。

4 讨论

4.1 数学干预对儿童的执行功能力影响

本研究采用了执行功能测查工具来考察各组儿童干预前、后执行功能能力的变化。数学学习困难组儿童在工作记忆上的得分虽然有所提高，但是并没有达到显著性水平。根据重复测量方差结果，数学学习困难组儿童在工作记忆、抑制控制、转换能力三个维度均没有显著提高。对小学一年级数学学习困难儿童的干预研究发现，工作记忆与学业成绩关系非常密切，对儿童的数学进行干预不仅提高了数学学习困难儿童估算、数概念，而且降低了数学学习困难的发生率，且对工作记忆有促进作用（Fuchs et al.，2007）。然而，在本研究中数学干预组儿童数学能力显著提高了，但是这种积极的影响并没有迁移到执行功能中。本研究与他们的研究结果不一致可能有以下几个原因：第一，福奇斯（Fuchs）等人的干预研究对象年龄大一些，认知水平比学前儿童要高，他们可能比学前儿童更加懂得如何将学习到的策略和方法运用到新的情境中。第二，数学学习困难儿童迁移能力差，无法自动地将已有的经验迁移到新的情境中去（Siegel & Ryan，1989），他们很难将已有的经验与当前的学习情境联系起来。第三，从迁移的条件看，桑代克的迁移理论认为，只有两种情境中有相同要素时才能发生迁移（赫根汉，奥尔森，2011），这需要儿童具有“一定的元认知水平”①。然而，数学学习困难儿童的元认知水平比正常儿童差，在解决数学问题的过程中表现出缺乏运用认知和元认知策略的能力（Elawar，1992）。第四个原因可能是本研究中干预方法的问题。虽然本研究干预的持续时间长，但是干预的密集度不够。此外，执行功能更多地受神经系统特征的影响，无法在短时间内表现出来。

在一定的时间内，对儿童进行数学干预可以提高其数学能力，但是这种积极的影响并不一定会迁移到支持其学习的执行功能，因为这对儿童的认知能力提出了更高的要求。“产生迁移最关键的地方在于学习者在学习活动中能够概括出它们之间的共同特征，也就是说主体获得经验的概括化。”②因此，如果要促使儿童提高迁移能力，在数学干预的过程中除了通过数学游戏学习数学知识和技能外，还需要引导帮助儿童一边学习一边概括、总结和归纳学习方法和策略，并且预测未来学习中可能出现哪些新的学习情境能够运用这些策略。例如，告诉他们：“如果你记不住这个数字，你就心里读3遍。以后碰到记不住的东西，都可以在心里默默读3遍。”

4.2 执行功能干预对儿童执行功能的影响

对数学学习困难儿童进行执行功能干预的目的在于探讨执行功能训练是否能够提高儿童的执行功能能力。从本研究的结果看，与对照组比较，儿童的工作记

① 章建跃，曹才翰．数学教育心理学［M］．北京：北京师范大学出版社，2006：75.

② 刘电芝．儿童发展与教育心理学［M］．北京：人民教育出版社，2006：162－163.

忆能力有显著的提高，但是抑制控制和转换能力无显著提高。那么可以这么说，执行功能干预对工作记忆是有效的，干预产生了“近迁移”。工作记忆的提高可能有以下几个方面的原因：第一，本研究基于“学前儿童的数学能力的变异大部分由工作记忆来解释”的假设，在干预过程中强调了对工作记忆的干预，提示干预者把干预的重点放在工作记忆方面（针对有工作记忆缺陷的数学学习困难儿童），这可能是干预工作记忆有效的最重要的原因。第二，词语倒背、数字倒背等任务要求儿童对数字进行存储并且反向记忆得到正确的答案，这种任务需要启动较多的认知资源。已有的研究证实了“工作记忆综合训练对需要更多认知资源的反式数字或文字广度记忆任务更为有效”①。第三，对儿童进行执行功能的训练可能会促使儿童运用一些有效的策略帮助他们来完成测查任务。例如，运用他们的空间策略回忆数字来完成数字倒背任务，策略的使用可以帮助他们提高工作记忆能力的得分。

有研究认为，儿童的工作记忆和抑制控制之间有密切的关系（Engle & Kane，2004；Dilmond，2013），工作记忆的训练对儿童抑制控制产生了影响，工作记忆的训练可以显著提高 ADHD 儿童在 stroop 任务上的得分（Klingberg et al.，2005）。但是本研究中并没有得到类似的结论，儿童工作记忆提高了，但是抑制控制并没有显著提高。此外，儿童的转换能力也没有显著提高。可见，干预结束后并不是所有的执行功能都有显著性进步，这可能有以下几个方面的原因：第一，执行功能干预见效可能比较缓慢，而且有时对执行功能进行干预，可能在执行功能方面没有获得进步，但是其他相关的学科领域的学业成绩可能会提高（Leasak，Hunt，& Randhawa，1982）。第二，工作记忆、抑制控制和转换能力在神经机制上至少有一部分是不同的，不同的联合皮质区具有不同密度的神经末梢接收器，不同区域的可塑性也是不同的（Kuboshima Amemori & Sawaguchi，2007）。第三，已有的研究认为，要让儿童不断取得进步，就需要不断增加任务难度（Klingberg et al.，2005）。在进行干预的过程中，对工作记忆任务的难度很容易把握（比如增加记忆的广度或者维度），但是抑制控制和转换能力的训练的任务难度很难把握。第四，抑制控制和转换任务的训练的耗时都比较短，如从大脑将信息存贮到工作记忆到抑制住一个相对优势的反应，到做出正确的反应，在大脑中的神经活动过程只需要几秒钟（Curtis，Rao & D’Esposito，2004）。可见，

---

① Shipstead，Z.，Redick，T. S.，& Engle，R. W.（2012）. Is working memory training effective? *Psychological Bulletin*，138（4），628.

对抑制控制和转换能力训练的时间实际相对比较短。在另外一个研究中，对 4—5 岁正常儿童进行工作记忆和执行功能的训练，儿童在训练任务上提高了，但是两组儿童在非训练抑制任务上的得分均没有显著提高（Throll et al.，2005）。这个研究结果与本研究结果一致，进一步说明了工作记忆、抑制控制和转换能力在心理加工过程和潜在的神经机制上可能存在差异。

尽管转换能力和抑制控制的提高没有达到显著性水平，但是执行功能干预组儿童的数学能力却有显著的提高。从前文数据可以看出，在数学能力的回归方程中，工作记忆的预测力度显著。而且，数数、数的比较等方面的学习对工作记忆的依赖程度很高，可见，对于 5—6 岁数学学习困难儿童的学习而言，工作记忆可能是最重要的。也许在这个阶段对数和数的关系的学习的内容，数学学习困难儿童需要较多地依赖于工作记忆，抑制和转换可能暂时处于次要地位。但是，并不是说抑制控制和转换能力对于数学学习困难儿童不重要，因为在学前阶段，儿童的工作记忆与抑制控制、转换能力都是不能完全分开的（Bull & Lee，2014），儿童的数学学习过程中执行功能各个成分不可能单独起作用。

5 研究结论

（1）对数学学习困难儿童进行数学干预对执行功能没有显著性影响。

（2）执行功能干预提高了执行功能干预组儿童的工作记忆能力，但是抑制控制和转换能力没有得到显著性提高。

第三节 5—6 岁数学学习困难儿童数学能力的成长轨迹

1 研究目的

纵向研究可以帮助我们理解数学学习困难儿童是如何随着时间改变和发展的（Jordan，Kaplan，& Hanich，2002）。一些随机分组的强调数学能力发展的数学干预项目证明了干预对儿童数学能力发展的积极作用（Broody et al.，2009；Clements & Sarama，2007）。在干预研究中，成长模型的建构可以有助于了解个体数学能力随着时间有什么样的变化，以及个体之间的变化是否存在差异，还可以探究用什么因子可以预测和解释个体之间的变化差异。

儿童数学能力的发展轨迹受到多种因素的影响。有的儿童可能有低的、平均水平或高的初始状态，而增长轨迹可能是平坦的、缓慢提升的或者陡峭的

（Ginsburg & Pappas，2004）。例如，在数学能力的发展中，与非言语数的组合任务相比，在口头应用题任务中，正常儿童的发展会呈现“低/平”的轨迹而不是“高/中等”或者“高/平”的轨迹。正常儿童数学能力发展轨迹取决于数学学习任务的性质（Jordan，Kaplan，Olah，& Locuniak，2006）。目前我们对于数学学习困难儿童在数学学习中的发展轨迹知之甚少。因此，在干预研究的基础上建构数学学习困难儿童数学能力的发展轨迹，对于评价干预项目的有效性以及理解数学学习困难儿童的数学能力发展的个别差异都是有意义的。

乔丹的一个对数学学习困难儿童干预研究发现，干预显著提高了儿童的数感能力，而且如果把前测的数学分数作为控制变量的话，干预效应更加显著（Jordan et al.，2012）。尽管发展和学习困难才是数学学习困难的根源，但是数学成绩与家庭经济地位的关系也非常密切（Jordan et al.，2007）。与来自高收入家庭的儿童相比，来自低收入家庭的学前儿童，由于缺乏进入正式的数学学习的基本知识和技能，成为数学学习困难儿童的可能性比较大（Jordan & Levine，2010）。已有的研究还发现，性别也可能是影响儿童数学能力的一个重要变量。有研究发现，5—6岁儿童和一年级小学生男孩和女孩在解决计算问题时采用了不同策略（West，Denton，& Germino－Hausken，2000）。因此，可以考虑将数学能力前测得分、家庭经济收入以及儿童性别作为分析数学能力成长模型的协变量。

本研究需要解决两个问题：（1）对儿童进行干预是否使儿童数学能力发展更快？（2）个体数学能力发展是否存在个别差异？首先，本研究运用多层线性成长模型来描述个体数学能力随时间变化的趋势，其次用这个模型对个体发展特征之间的差异进行分析，并分析是否参与干预、性别、数学能力前测以及家庭经济状况可以预测个体数学能力趋势的差异。

2 研究方法

2.1 研究设计

从9月开始，收集了第一轮数据（即实验五前测数据）。从2012年10月开始，对两个干预组进行干预。在学期末进行了第二轮数据的收集（干预了3个月），对每个儿童进行了数学能力的测查。干预继续进行，到第二年6月初进行了第三轮数据的收集（一共干预了6个月）。每次数据采集历经两周左右。每次收集数据间隔的时间相同。

2.2 研究对象

本研究的研究对象为数学学习困难组儿童64人。把儿童是否参与干预作为预测变量，需要对两个干预组三次数学能力测查分数进行检测，结果表明两个干预组三次测查的数学能力分数之间均无显著性差异（如表5－3－1）。本研究中的数学干预组和执行功能干预组儿童合成干预组儿童，人数为42人，其中男孩为23人，女孩为19人。对照组儿童为22人，其中男孩13人，女孩9人。儿童家庭收入状况为，家庭月收入3000元以下的4人，家庭月收入3001—6000元的19人，家庭月收入6001—8400元的21人，家庭月收入8401—10811元的14人，家庭月收入10800元以上的6人。

表5－3－1　两个干预组三次数学能力分数平均值、标准差和差异分析

	干预分组	N	均值	标准差	t	p
数学能力1	数学干预组	22	93.45	8.798	1.230	0.226
	执行功能干预组	20	96.45	6.724		
数学能力2	数学干预组	22	108.182	7.352	1.695	0.098
	执行功能干预组	20	104.100	8.258		
数学能力3	数学干预组	22	109.955	7.114	0.234	0.817
	执行功能干预组	20	110.450	6.581		

2.3 测试工具及变量

本研究采用了《早期儿童数学能力测试》工具进行测查。数学分数按照年龄常模转换为能力分数进行统计。本研究的预测变量有：是否参与干预、性别、家庭收入、数学能力前测分数。是否参与干预变量是一个虚拟变量，在模型中给参与干预的被试赋值为1，给没有参与干预的对照组赋值为0。本研究的结果变量只有一个，就是儿童的数学能力分数。得分范围为0—146。

2.4 数据分析方法

本研究数据处理软件为SPSS 20.0和HLM student 7.0。本研究采用线性增长模型进行拟合。线性增长模型会同时考虑因素的平均值和方差，线性增长模型不仅分析了总体的发展趋势，而且可以分析不同个体之间存在的差异（刘红云，张雷，2002）。

3 研究结果

3.1 干预组和对照组儿童三次数学能力测查分数的描述统计

干预组三次测查数据结果显示（见表5－3－2），随着时间的推移，每次数据都有不同程度的增长。三次数据之间的相关系数程度在0.57—0.71之间，达到了非常显著的水平。对照组三次测查数据结果，第一次和第二次之间有增长，第二次和第三次之间有倒退。三次数据之间的相关系数程度在0.67—0.82之间，达到了非常显著的水平。两个相邻时间点的两者之间的相关系数证明了测查是稳定的。

表5－3－2　干预组和对照组三次数学能力的相关系数、均值和标准差

	干预组				对照组		
	T1	T2	T3		T1	T2	T3
T1	1.000			T1	1.000		
T2	0.578**	1		T2	0.673**	1	
T3	0.619**	0.706**	1	T3	0.743**	0.818**	1
M	94.880	106.238	110.190	*M*	96.950	100.818	98.909
SD	7.930	7.971	6.786	*SD*	7.313	9.414	8.338

$^{*}p<0.5$, $^{**}p<0.1$

图5－3－1表示三组儿童数学能力测试三次测查结果，干预组三次测查都呈现出增长，而对照组第二次测查时出现了增长，第三次测查时没有增长。随着时间的推移，干预组和对照组之间的差距越来越大。

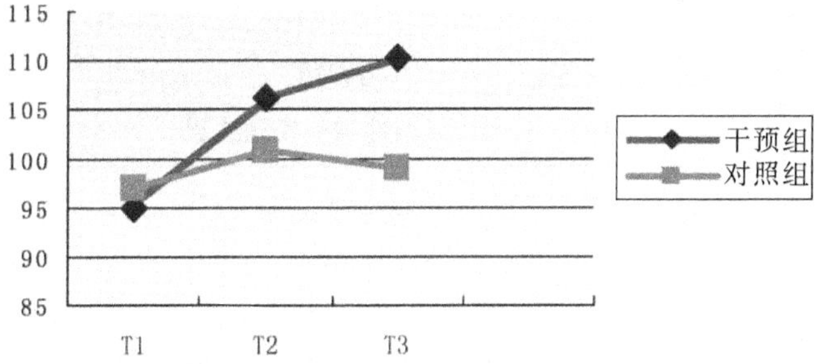

图5－3－1　数学能力三次测查平均数图

3.2 无条件均值模型

无条件均值模型的公式是：

第一层　数学能力$_{ij}$ = $\beta_{0j} + r_{ij}$

第二层　$\beta_{0j} = \gamma_{00} + u_{0j}$

合并模型：数学能力$_{ij} = \gamma_{00} + u_{0j} + r_{ij}$

表5-3-3　无条件均值模型统计结果

Fixed Effect	Coefficient	*se*	*t*	*df*	*p*
For INTRCPT1，β_0					
INTRCPT2，γ_{00}	102.752	0.964	106.568	57	<0.001
Random Effect	*SD*	*VC*	*df*	x^2	*p* - value
INTRCPT1，u_0	4.873	23.746	57	100.494	<0.001
level-1，*r*	9.662	93.362			

（*SD* = Standard Deviation *VC* = Variance Component）

固定部分参数估计结果表明（见表5-3-3），三次测查总体平均值的估计值为102.75。随机部分的参数估计结果可以看出，个体之间存在显著的差异（$SD = 4.873$，$x^2 = 100.499$，$df = 57$，$p < 0.001$）。整体拟合的差异统计量为1311.408。无条件模型中的第二水平随机变异显著。跨级相关（Intra-class correlation，*ICC*），个体之间变异占总变异的比例为23.746/（23.746+93.362）=20.28%，说明个体之间的变异解释了总体变异的20.28%。只有第二水平的随机变异显著，才需要做后面的多水平分析。

3.3 无条件增长模型

无条件增长模型的公式是：

第一层　数学能力$_{ij} = \beta_{0j} + \beta_{1j} \times (TIME_{ij}) + r_{ij}$

第二层　$\beta_{0j} = \gamma_{00} + u_{0j}$

$\beta_{1j} = \gamma_{10}$

合并模型：数学能力$_{ij} = \gamma_{00} + \gamma_{10} \times TIME_{ij} + u_{0j} + r_{ij}$

表5-3-4　无条件增长模型结果

Fixed Effect	Coefficient	*se*	*t*	*df*	*p*
For INTRCPT1，β_0					
INTRCPT2，γ_{00}	97.313	1.003	97.003	57	<0.001
For TIME slope，β_1					
INTRCPT2，γ_{10}	5.440	0.619	8.777	115	<0.001
Random Effect	*SD*	*VC*	*df*	x^2	*p* - value
INTRCPT1，u_0	5.782	33.435	57	145.862	<0.001
TIME，u_1	2.854	7.876	55	83.653	0.002
level-1，*r*	8.020	64.323			

无条件增长模型的固定参数估计结果表明（见表5-3-4），初始状态的数学能力的平均值为97.313，数学能力呈现增长趋势（$\gamma_{10}=5.440$，$se=1.003$，$t=97.003$），平均增长速度为5.440。从随机部分的参数估计结果可以看出，第一水平的截距（$u_0=33.435$，$x^2=145.862$，$p<0.001$）和斜率（$u_1=7.876$，$x^2=83.653$，$p=0.002$），均存在显著的个体差异。无条件增长模型回答个体是否有线性变化趋势，以及这种线性变化趋势是否存在个体差异。整体拟合的差异统计量为1267.786。整体拟合差异统计量比无条件均值模型小，说明两者有嵌套关系。

3.4 全模型增长模型

全模型增长模型的公式是：

第一层　数学能力$_{ij}$ = $\beta_{0j}+\beta_{1j}\times(TIME_{ij})+r_{ij}$

第二层　$\beta_{0j}=\gamma_{00}+\gamma_{01}\times$（干预与否$_j$）$+\gamma_{02}\times$（前测$_j$）$+\gamma_{03}\times$（性别$_j$）$+\gamma_{04}\times$（家庭收入$_j$）

$\beta_{1j}=\gamma_{10}+\gamma_{11}\times$（干预与否$_j$）$+\gamma_{12}\times$（前测$_j$）$+\gamma_{13}\times$（性别$_j$）$+\gamma_{14}\times$（家庭收入$_j$）$+u_{1j}$

合并模型：数学能力$_{ij}$ = $\gamma_{00}+\gamma_{01}\times$干预与否$_j+\gamma_{02}\times T1_TEMA_j+\gamma_{03}\times$性别$_j+\gamma_{04}\times$家庭收入 $+\gamma_{10}\times TIME_{ij}+\gamma_{11}\times$干预与否$_j\times TIME_{ij}+\gamma_{12}\times$前测$_j\times TIME_{ij}+\gamma_{13}\times$性别$_j\times TIME_{ij}+\gamma_{14}\times$家庭收入$_j\times TIME_{ij}+u_{1j}\times TIME_{ij}+r_{ij}$

表5-3-5　全模型增长模型

Fixed Effect	Coefficient	se	t	df	p
For INTRCPT1, β_0					
INTRCPT2, γ_{00}	79.354	7.702	10.302	111	<0.001
干预与否，γ_{01}	0.358	0.693	0.517	111	0.606
前测，γ_{02}	0.760	0.211	3.605	111	<0.001
性别，γ_{03}	-0.015	1.716	-0.009	111	0.993
家庭收入，γ_{04}	-0.242	0.838	-0.290	111	0.773
For TIME slope, β_1					
INTRCPT2, γ_{10}	18.288	1.724	10.603	53	<0.001
干预与否，γ_{11}	2.464	0.487	5.057	53	<0.001
前测，γ_{12}	-0.407	0.079	-5.093	53	<0.001
性别，γ_{13}	-1.048	0.899	-1.166	53	0.249
家庭收入，γ_{14}	0.420	0.290	1.447	53	0.154
Random Effect	SD	VC	df	x^2	p

续表

Fixed Effect	Coefficient	se	t	df	p
For TIME slope，β_1					
INTRCPT1，u_0	4.986	34.684	55	136.458	<0.001
TIME，u_1	3.255	10.598	53	92.712	<0.001
level-1，r	8.410	70.742			

加入干预与否、前测、性别和家庭收入四个变量之后，从固定部分的参数估计结果可以看出（见表5-3-5），对于第一水平的截距，在控制干预与否、前测、性别和家庭收入后，数学能力的均值为79.354，干预前各组数学能力分数不存在显著性差异（$\gamma_{01}=0.358$，$se=0.693$，$t=0.517$），前测的数学能力对数学能力的发展有显著的预测作用（$\gamma_{02}=0.358$，$se=0.211$，$t=3.605$），数学能力的增长无性别差异（$\gamma_{03}=-0.015$，$se=1.716$，$t=-0.009$），家庭收入对儿童数学能力的增长没有显著的影响（$\gamma_{04}=-0.242$，$se=0.838$，$t=-0.290$）。对于第一水平斜率，在控制了四个变量的影响后，数学能力有明显的增长趋势（$\gamma_{10}=18.288$，$se=1.724$，$t=10.603$），干预组的数学能力的增长更快（$\gamma_{11}=2.464$，$se=0.487$，$t=5.057$），前测数学能力分数高的增长反而缓慢（$\gamma_{12}=-0.407$，$se=0.079$，$t=-5.093$）。从随机部分的参数估计结果可以看出，截距（$u_0=34.684$，$x^2=136.458$，$p<0.001$）和斜率（$u_1=10.598$，$x^2=92.712$，$p<0.001$），个体之间差异极其显著。整体拟合的差异统计量为1246.596。个体之间变异占总变异的比例为32.90%，说明个体之间的变异解释了总体变异的32.90%。

4 讨论

4.1 教育干预加速了数学学习困难儿童数学能力的发展

本研究结果表明，与对照组相比，干预组数学能力的发展呈现快速上涨趋势。干预组数学能力的增长第一次测查与第二次测查之间增长幅度较大，第二次测查与第三次测查增长的幅度比第一次小一些，不过仍然有所增长。对照组儿童没有施加教育干预，数学能力的增长比较平缓。三次测查数据说明，随着年龄的增长，对照组儿童的数学能力在同龄群体中有些微下降。干预组与对照组之间的差距增大了。这说明了如果不及时对数学学习困难儿童进行干预，早期的数学学习困难儿童的数学能力可能会一直处于最低端，与同伴的差距会越来越大。

本研究考察了 5—6 岁数学学习困难儿童在 9 个月期间 3 个时间点的数学能力的发展轨迹，目的在于探索教育干预是否加速了儿童数学能力的发展，以及个体间发展的差异。为了考察教育干预对儿童数学能力产生的影响，本研究通过逐渐增加变量拟合了一系列模型。有研究发现，游戏干预对于数学学习困难儿童的数学能力发展非常有效，干预后儿童数学能力的平均增长速度为 2.87（$SD = 2.89$），而对照组儿童的数学能力平均增长速度为 0.86（$SD = 3.17$）（Dowker, 2013）。本研究与这一研究结论一致，教育干预对数学学习困难儿童数学能力发展有显著的促进作用。与对照组相比，干预组儿童数学能力的增长速度比对照组儿童更快，有极其显著的差异（$p < 0.001$）。高质量的早期干预项目能够支持数学学习困难儿童数学学习，给他们提供充足的学习数学知识和技能的机会，减少儿童早期的数学学习问题，预防他们数学能力持续落后（Fuchs, 2011）。这些干预项目加速了儿童数学能力的发展，而且幼儿园阶段的数学学习产生的积极影响可以持续到小学一年级（Shalev & Gross - Tsuer, 2001）。

4.2 儿童数学能力的增长具有显著的个体差异

成长模型的第二水平模型，主要用来描述个体间发展趋势的差异以及个体预测变量对这一差异的解释。从模型的拟合来看，每个模型上第二水平的个体差异都是显著的。从最终模型的随机水平参数估计结果可以看出，截距（$u_0 = 34.684$，$x^2 = 136.458$，$p < 0.001$）和斜率（$u_1 = 10.598$，$x^2 = 92.712$，$p < 0.001$），个体之间差异极其显著。个体之间变异占总变异的比例为 32.90%，说明个体之间的变异解释了总体变异的 32.90%。这说明本研究中的儿童的数学能力增长方面表现出极大的个体差异。其他的研究也发现，学前儿童在数学学习方面就表现出个别差异，如数字表征、数数、简单运算等（Jordan et al., 1992；周欣，2008），因此他们在数学能力的发展方面也会体现出个别差异。本研究发现，这种差异受到是否参与干预和前测数据的影响。从干预组的前测和后测也可以看出这种差异，即使是同样接受了教育干预，他们之间的差异也是很大的。有的儿童前测 68 分，后测却增长到了 95 分；也有从 81 分增长到 112 分的；增长较少的个体有从 98 分增长到 100 分的；或者也有没有明显增长的。总之，个体差异比较大。值得注意的是，该方法的运用要避免在测查过程中出现“地板效应”和“天花板效应“的数据。否则，增长模型的曲线可能会被扭曲。如果被试在开始的测查中出现“地板效应”或者在后面的测查中出现“天花板效应”，他们的发展呈现出的线性模型就会成为曲线轨迹。这种现象很少出现在对群体样本的描述中，但是在个人发展轨迹中很容易观察到。在纵向研究中，如果前测和后测采用

相同的任务考察儿童的发展，对于年幼儿童而言比较难的任务很有可能在初始状态出现“地板效应”，而随着年龄的增长在后测时可能出现“天花板效应”（Ginsburg，& Pappas，2004）。因此，要注意测查任务的选择。本研究中前测和后测用的是同一个工具，但是量表测查的范围是 3—8 岁，测查的任务没有出现“地板效应”和“天花板效应”。由于本研究样本量的限制，模型拟合的指数没有达到更为理想的状况，能够增加的控制变量数有限。如果需要进一步探索影响个体数学能力增长的变量有哪些，还需要更大的样本进行分析。

4.3 不同收入水平家庭、不同性别儿童在数学能力增长速度方面无显著差异

本研究考察了来自不同收入水平家庭的数学学习困难儿童在数学能力增长方面是否有显著性差异。已有的研究认为，家庭经济状况是造成低收入家庭儿童与高收入家庭儿童数学能力之间的差距的重要原因（Ramani & Siegler，2011）。“家庭经济水平与儿童早期的加法和减法能力相关。”①低收入家庭的儿童进入幼儿园时，在数感方面就远远落后于中产阶级家庭儿童（Starkey，Klei，Locuniak，& Ramineni，2007）。对我国小学一年级的新生（平均年龄 6.63 岁）的入学准备研究发现：“在入学准备的重要方面——数学准备方面，不同 SES 家庭的儿童已经存在很大的差异。”②也有研究发现 4—5 岁来自低收入家庭和高收入家庭的儿童学习数学方面不存在差异（Ginsburg & Russell，1981）。在本研究中，经济收入没有影响到数学能力的增长。这可能有以下几个原因：第一，现有的低收入家庭儿童数学发展水平低于中产阶级家庭儿童的研究大多是对正常儿童的研究。家庭收入对数学学习困难儿童的影响还不清楚。第二，从本研究的家庭收入数据看，大部分数学学习困难被试的家庭经济状况都不错，说明影响数学学习困难儿童数学学习发展的因素比较复杂，特别是个人的内在因素在某种程度上是主因。第三，真正决定个体数学能力发展状况的家庭因素可能不是经济水平，而是父母与儿童互动的质量（周欣等，2007）。这一研究结果具有积极的意义。这表明不管来自高收入家庭的儿童还是来自低收入家庭的儿童都能够通过干预活动促进其数学能力的发展。尽管这些数学学习困难儿童的个人内在因素没有给他们的数学学习提供理想的条件，但是只要环境中提供适当的补偿因素，他们就可以在原有的

---

① Ginsburg，H. P.，& Pappas，S.（2004）. SES，ethnic，and gender differences in young children's informal addition and subtraction：A clinical interview investigation. *Journal of Applied Developmental Psychology*，25（2），171－192.

② 肖树娟，冯晓霞，成丽媛等．不同社会经济地位家庭儿童的入学数学准备状况比较［J］．学前教育研究，2009（3）：3－13.

基础上有较快的改善。有的研究发现，儿童数学学习上有性别差异。本课题组2011年的样本研究发现，数学学习困难组的男孩显著多于女孩（周欣等，2013）。本研究的数学学习困难被试中虽然男孩比女孩多，但是这种差异并不一定导致最终数学能力发展的差异。而且，在数学能力的增长上并不存在性别差异。可见，性别、家庭经济状况等因素并不是影响数学学习困难儿童数学能力发展的重要因素。

4.4 前测数学能力分数对儿童个体数学能力增长的预测

前测的数学能力分数是儿童数学能力发展的预测变量，能够解释个体数学能力增长差异。从个体增长水平看，前测越高，数学能力增长的速度越慢（$\gamma_{12}=-0.407$，$se=0.079$，$t=-5.093$）。也就是说，在9个月时间内前测的分数越高，儿童数学能力的增长越慢；前测的分数越低，儿童数学能力增长越快。在其他干预项目中，也存在类似的情况。当控制了前测分数后，干预组与对照组之间存在显著性差异（Jordan et al.，2012）。由此可以推测，数学学习困难儿童前测的分数高低是影响他们数学能力增长以及干预效应的一个重要变量。这可能是因为低分的数学学习困难儿童成长和进步的空间更大（从干预的过程中也可以发现这种现象存在）。然而，儿童数学能力的成长可能比想象中更要复杂得多。可能受到其他变量的影响，或者几个变量的交互效应影响。这需要进一步的研究进行论证。

5 研究结论

儿童数学能力成长模型的建立，能够更进一步评估干预的有效性，了解个体发展的差异性及如何解释这些差异性。从拟合的最终成长模型可见，儿童数学能力的发展不受性别和家庭收入的影响，而是受到干预与否和干预前测分数的影响，而且前测的得分是数学能力成长的重要预测变量。教育干预加速了儿童数学能力的成长，每个个体数学能力的增长不一样，具有显著的差异性。对个体而言，前测分数越高，数学能力的增长反而少；前测分数越低，数学能力的增长反而多。

第六章　5—6岁数学学习困难儿童的干预个案研究

早期儿童数学能力的发展“具有个体差异，在数数、基数、书面符号表征和加减运算能力方面均存在个别差异”①。而且数学学习困难儿童是个异质性群体，每个数学学习困难儿童数学能力和执行功能的核心缺陷都不一样。虽然有的研究认为，儿童执行功能的缺陷是整体“模块”，但是各个儿童还是有差异的。因此，具体的对每个儿童的干预方法可能不一样。本章分别从数学干预和执行功能干预个案来描述如何依据儿童的特点进行干预、监控和测查干预产生的效果，探讨干预的可行性。

第一节　数学学习困难儿童的数学干预个案研究

1 研究目的

儿童早期的数学学习经验有利于他们进入小学后正式的数学学习。数学能力发展较好的儿童能够迅速对数字做出反应，判断数字代表的含义，对数字数量比较做出正确判断，并且能够在大脑中进行简单的数学运算。儿童可以在日常生活中从与家人交往的过程中习得这种能力（Ginsburg，1989）。然而，对于具有一定学习困难的儿童来说，这种自然的学习可能不会发生。他们需要额外的干预和帮助才能获得数学能力的发展。学前儿童的数学能力是可塑的，可以通过干预促进其加速发展。本研究借鉴了干预—反应模式（RTI）的干预思想对数学学习困难儿童进行干预和发展监控。对干预的个案的详细描述和分析，可以进一步深入地了解数学学习困难儿童在数学学习过程中的具体表现，了解干预是如何帮助他们

① 周欣．儿童数学学习的个别差异和个性化数学教育［J］．幼儿教育（教育科学版），2006（z1）：7－8.

克服学习困难的，以及干预对不同儿童的影响等。

本研究的问题是：（1）哪些因素影响到数学学习困难儿童的数学学习？（2）数学学习困难儿童在干预过程中有哪些具体表现？（3）干预者如何帮助数学学习困难儿童克服学习困难？（4）对数学学习困难儿童的数学干预是否可以促进其数学能力的发展？

2 研究方法

本研究采用了量化研究和质的研究相结合的方法。具体来说，包括测查、观察、家长问卷、家长和教师访谈等。测查包括早期儿童数学能力（TEMA）和执行功能前测和后测，本研究中对儿童数学的进步情况进行了监测，采用的是乔丹（Jordan）等人编制的数字感筛选量表工具（Number Sense Screener，NSS）①，对儿童在干预过程中的发展状况进行测查。为了了解三位数学学习困难儿童在家庭和幼儿园的学习状况，对家长进行了关于儿童在家庭中学习数学状况的问卷调查，同时还对家长和教师进行了访谈。对以上三个儿童的研究均征求了其老师和父母的同意，研究内容和研究过程均符合伦理学标准，研究对象父母签署了知情同意书。

2.1 研究对象

2.1.1 数学学习困难儿童ZJ

干预对象为ZJ，男，干预前5岁3个月。言语智商为102分，操作智商为85分，智商分数为93分。家庭经济条件较好，父母学历均为本科，但是由于工作比较忙，陪伴他游戏和学习的时间很少，并不重视对儿童的数学教育。

经过诊断，该儿童数学学习的困难表现为：

（1）无法完成10以内的唱数，10以内的接数、相邻数、跳数、按数取物均存在困难。例如，他不知道“4后面是几?”

（2）10以内数的比较有困难，数量转换有困难。例如，他不知道“5大还是6大?”，也不知道“6颗糖多还是5颗糖多?”

（3）简单运算方面存在困难，不理解加减法的意义，也不懂得用实物或者手指解决简单的口头应用题。

---

① Jordan，N. C.，Glutting，J.，Ramineni，C.，& Watkins，M. W.（2010）. Validating a number sense screening tool for use in kindergarten and first grade：prediction of mathematics proficiency in third grade. *School Psychology Review*，39（2），181－195.

（4）数的表征存在困难，具体表现在：用数字表征物体的数量和用实物表征数字大小均存在困难。10以内的数字认读常常出错，不会认读10以上的数字；不会书写5以上的数字。

（5）对数学语言的理解存在困难。不理解“哪个更长?”“哪个更多?”“多几个?”

2.1.2 数学学习困难儿童ZK

ZK，男，干预前5岁10个月，身体健康，感知觉功能正常，是上海市某二级幼儿园大班的幼儿。言语智商为99分，操作智商为111分，智商分数为105分。ZK性格比较活泼，喜欢玩滑梯及球类活动；语言表达能力比较强，同伴交往状况良好；控制情绪的能力比较差。数学学习的困难表现在：

（1）缺乏数学学习的兴趣，完全排斥数学活动。

（2）10以上20以内唱数有困难，10以内倒数困难；基数概念不稳定；10以内按数取物有困难。

（3）简单运算的准确率低，不理解加减法和口头应用题的含义。

（4）提取相邻数和数学事实困难，无法完成简单的心算。

（5）10以内数的符号表征有困难。

2.1.3 数学学习困难儿童RY

干预对象RY，女，干预前5岁11个月。言语智商为95分，操作智商为104分，智商分数为105分。家庭经济条件比较差，不重视数学教育。数学学习困难表现为：

（1）无法完成10以内的数数，无法正确跳数、倒数、接数和按数取物。

（2）10以内的数的比较、数量转换、数量估计均存在困难。

（3）无法完成10以内的简单实物运算。

（4）无法记住数学任务和提取数学事实。

（5）10以内数的表征存在困难。

2.2 工具和统计方法

测查工具采用的是本研究中运用的TEMA和执行功能测查工具。数据采用SPSS 20.0进行描述性统计和分析。对数学能力分数的描述用原始分根据年龄转换成能力分；对执行功能分数的描述有所差别，圆点短时记忆、词语倒背、数字倒背任务、灵活项目转换任务均采用原始分进行描述，白天/黑夜任务、数形转换、形状学校采用的是效率分数描述，即在完成任务时，回答对的数目减去回答错的数目的结果，除以时间（秒），得到的评分结果。

2.3 评估与鉴别

个案来自实验中的数学学习困难样本。三位儿童智商均正常，运用《早期儿童数学能力测试》量表（中文版）对三位儿童进行数学能力测查。ZJ的早期数学能力（TEMA）原始分为20分，对应该年龄阶段的数学能力分数为97分；RY的TEMA原始分是17分，对应该年龄阶段的数学能力分数是82分；ZK的TEMA原始分是27分，对应该年龄阶段的数学能力分数为98分。根据本研究的鉴定标准，三位儿童均处于总体样本数学能力分数最低的10%，可以鉴定ZJ、RY和ZK为数学学习困难儿童。为了评估对儿童进行数学能力干预是否能够把这种积极影响迁移到执行功能能力上，运用执行功能评估工具进行了前测和后测。

2.4 干预方式和内容

由两名学前教育专业博士研究生为他们提供干预，干预者曾经是幼儿园教师，接受了课题组的专业干预培训。干预者事先对该儿童的数学能力的核心缺陷进行分析，制定出干预计划，并在干预过程中对儿童的表现和反应及时进行调整，完善干预方案。从本研究中实验部分的数学能力入手，对这几名儿童进行的干预内容包括数数、数的比较、数概念、运算、数的表征等几个方面（如表6-1-1）。由于几个儿童的数学能力发展状况不同，各自干预的侧重点和具体实施过程也有所不同。

表6-1-1　数学干预内容表

干预领域	具体内容
数数	在熟练掌握了10以内唱数的基础上干预10以上的唱数、10以内的倒数、10以内的计数、10以内相邻数的提取、10以内按数取物。在能掌握的基础上，可以适当提高要求
数的比较	熟练掌握10以内数的比较、10以内数与量的对应和比较，在熟练掌握10以内数的比较的基础上干预15以内数与量的对应、数的比较
简单运算	运用实物解决简单文字应用题，逐渐过渡到能够运用手指解决问题；从实物水平到手指运算10以内的加减法。能够理解“接数”的加法策略
数符号的表征	能够用多种方式表征数；熟练掌握10以内数字认读和书写的基础上，干预20以内的数字认读
非正式数概念	能够在游戏中理解均分概念、整体与部分概念。能够通过操作实物完成10以内数字的分解和组成

3 研究结果

3.1 三个儿童的家庭教育背景

从三个个案的家庭教育状况来看，共同特征就是父母没有时间对他们的数学学习给予关注，“很少有时间陪他们玩数学类游戏”①，“我们根本就不懂如何教他”②。家庭教育者的态度和家庭教育的方式是影响儿童学习的一个重要因素。

在进行本研究之前，ZJ 的幼儿园老师已经意识到了他的学习困难问题，并且尝试把 ZJ 的学习困难与家长沟通，遭到了家长的“抗议”和指责。家长对 ZJ 数学能力的评价是“优秀”。直到本研究测查结束后，经过沟通，家长才逐渐意识到 ZJ 的数学学习困难问题。ZJ 的家长担心他小学后跟不上其他同伴，让 ZJ 在家里大量做“数学题”。ZJ 说：“每天回家后，我要做很多加法和减法题。”

RY 来自单亲家庭，母亲学历为初中水平，独自教养她和哥哥，平时忙于工作，没有时间关心她的学习。RY 性格内向，不喜欢表达。她的母亲没有意识到她的学习问题，一直保持着“放任自流”的态度，她的观念是：“我对女孩的要求不高，只要让她健康长大就好了。”③对待 RY 数学学习存在的问题，她的母亲认为：“我自己的数学也不好，这没有影响我长大后赚钱。”④

ZK 的父母忙于工作，将他寄养在奶奶家。ZK 只有在周末时才和父母在一起。奶奶对 ZK 主要是基本的生活照料，没有进行其他的教育。没有人陪他玩游戏、阅读、看故事书。平时主要是看电视、玩平板电脑、画画。父母对其数学学习的态度是“孩子还小，不想对他要求太高。数学应该是小学以后才开始学习的”⑤。

3.2 对三个儿童数学干预过程及其在干预活动中的表现

3.2.1 数数的干预

数数的发展会影响整个数学能力的发展。数数是学前阶段非常重要的数学学习内容。数数既包含着概念性知识，也包含着程序性知识。这个研究中主要干预

---

① 资料来源于对家长的访谈。
② 资料来源于对家长的访谈。
③ 资料来源于对家长的访谈。
④ 资料来源于对家长的访谈。
⑤ 资料来源于对家长的访谈。

他的唱数、点数、相邻数、倒数、按数取物等帮助他提高数数能力。

（1）唱数

一般的大班儿童10以内唱数基本没有困难，三个个案中ZJ和RY表现出10以内唱数有困难，有时候会出现漏数的情况。例如，1，2，3，5……儿童对数词的掌握与成熟程度和经验均有关，儿童数词系统的习得在很大程度上受到练习机会的影响（Fuson，1988），因此，“倘若在干预过程中提供大量的练习机会，数学学习困难儿童还是有可能进一步完善数词系统的学习的”①。干预者采用了数数接龙游戏、计时游戏等方式，让ZJ和RY自由地唱数。经历了6—7次干预的练习后，他们能够熟练地从1数到10。在能接受的范围内，逐渐尝试让他们从1数到20。三个儿童均表现出无法理解为什么9后面是10，19后面就是20，在相当长一段时间里都是认为19后面是“十十”。数词系统是一个有着内在规律的系统，儿童对数词系统的掌握也是经历了从不完善到完善的阶段，这个完善的阶段应该是对数逻辑的理解过程。金斯伯格认为，儿童经过不断尝试、修正、建构，最终学会唱数法则（Ginsberg，1989）。因此，对他们的干预要想办法让他们掌握数的顺序规律。干预者尝试让他们观察“数字表”（见图7-1-1），并且在观察后让他们报告自己的发现。期待他们能够发现数序的规律，这个过程非常漫长，他们需要干预者的提示和引导。当他们能够逐步发现数的形式法则，并将这些法则运用到新的数数过程中时，才真正能够熟练数数。

干预者还采用了“跳数字”游戏（数字做成大的卡片，放在地上当作跳板，让他们数一个数字就跳在数字上），这个游戏不仅帮助儿童练习了唱数，还在唱数的过程中帮助他们对数词与数字进行对应，为后面的数字读写打下基础。另外一种游戏是“识别错误”（干预者故意在唱数的过程中犯错，让儿童担任小老师来判断数数过程中是否存在错误）。这个游戏对他们来说新奇而有趣，他们在游戏中可以获得很多数数程序方面的知识，例如，他们可能会发现“你数这个数字数了两次”等。当儿童能够认识数字符号，就可以用“数字连线”的游戏（如图6-1-1）来帮助儿童提高唱数的流畅性。这个游戏要求儿童按照数数的顺序把数字连起来，实际上数字本身的排列就是按照一定图案排列的，可以让儿童在练习过程中自我纠错。三个儿童都对这个游戏表现出极大的兴趣。

① 周欣．儿童数概念的早期发展［M］．上海：华东师范大学出版社，2004：62.

图6－1－1　数字连线图

（2）计数

3—7岁儿童计数能力的发展顺序基本是从口头数数到实物计数，再到数后能说出总数。唱数能力是计数能力的前提和基础，而计数能力是儿童数数能力的重要标志之一。儿童的数数能力是内在固有的数数规则和基于数数经验相结合的产物（Geary，2004）。这种内在固有的规则就是由格尔曼和格力斯特（Gelman & Galistel，1978）提出的数数的五个基本原则：顺序固定原则、一一对应原则、基数原则、抽象原则、顺序无关原则。掌握好前面三个数数原则是发展运算能力的重要基础（Dowker，2005）。儿童数数的几项原则的掌握并不是同时发展的，顺序固定原则最先发展，然后是一一对应原则，最后才是发展基数原则（Butterworth，2008）。

ZJ能够准确计数（较小的集合），但是在某些原则的理解上（如顺序无关原则、基数原则）还是存在困难。一般情况下，儿童是通过重复练习数字序列来学习数数并逐渐从日常经验中提炼出数数原则的（Briars & Siegler，1984），数数能力和数数原则的发展是相互支持的（Baroody，1992）。一般5岁儿童能够计数20件，6岁儿童能够正确计数28件（Ginsburg，1989）。数数原则的掌握并不是仅仅通过机械地练习和模仿而获得，而是随着数数经验的增加逐渐内化而成。在干预过程中，只有让数学学习与生活经验结合起来，运用生活中的各种机会帮助儿童学习计数，因此干预者对ZJ的干预就是把数学学习与日常生活结合起来。如让ZJ在上楼梯时数楼梯，数一数班上小朋友的人数，数一数掉在地上的树叶，数墙面上有多少幅画，数一数一段距离内的步数等；在ZJ喜欢的户外活动中数一数跳绳的次数，拍球多少下……这些计数活动非常自然地发生在生活中，他没有压力地自然地学习了计数，并能逐步掌握基数原则。RY 在计数方面的困难表现为无法记住自己数到第几个数了，“1，2，3……嗯，我忘记数到几个了，我再数一遍。”

在7个以上的数目物体的计数方面 RY 和 ZJ 存在困难，这是因为他们在计数过程中缺乏一些有效策略，因为发生漏数和重复数而产生错误。他们总是忘记把数过的物体拨放在另外一堆。干预者通过示范和提示的方式让他们学会了把数过的物体与没有数的物体分开，计数的准确性大大提高。请他们数一数纸上的圆点的数量（如图6-1-2），这对他们来说是一件非常困难的事情，因为无法挪动纸上的点，他们总是会忘记自己曾经数过哪些点，从而会漏数或者重复数。儿童的工作记忆容量是有限的，因此需要采用一些策略来降低对工作记忆的要求。干预者可以让儿童自己探索最适合他的计数方式。举例说明，当儿童屡次数散乱圆点失败时，可以提供一些支架帮助儿童学习计数。

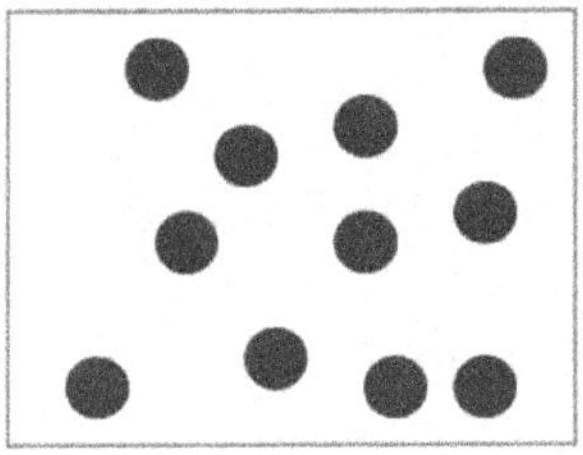

图6-1-2 散乱圆点图

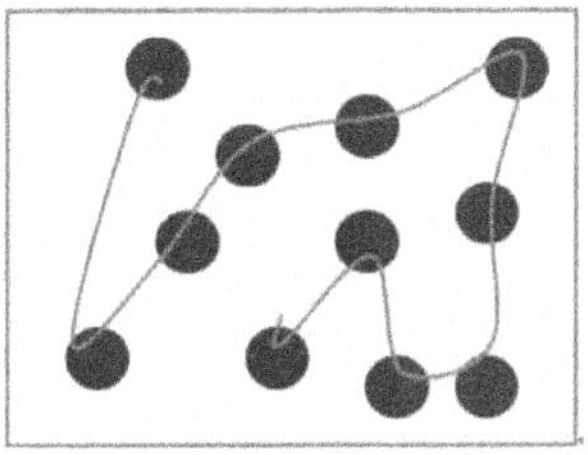

图6-1-3 散乱圆点计数策略

干预者：就像串冰糖葫芦一样，你用一条线把所有的圆点连接起来。

RY：我画好了。这里一共有11个圆点（如图6-1-3）。

干预者：还有别的好办法帮助你数圆点吗？

ZJ：我不用画线，我数完一个就在圆点上画一个小点点。

RY：我有一个好办法。先数这边的（指着右边的圆点），再数这边的（指着左边的圆点）。

数学学习困难儿童工作记忆能力显著低于正常儿童。因此，干预的过程中需要降低数学学习对他们记忆负荷的要求。通过干预者提供提示，让儿童自己发现计数的较佳策略，他们有可能可以根据这些线索探索解决问题的方法。

（3）倒数

倒数可能是儿童以后学习减法的一个重要策略（Jordan et al.，2012）。倒数是大部分数学学习困难儿童的一个难点，并不是会顺数就能够倒数。本研究正常儿童的样本中，5—6 岁儿童中 95.3% 的儿童能够完成 10 以内的倒数，70% 以上的儿童可以完成 20 以内的倒数。因此，可以尝试让数学学习困难儿童学习倒数。干预数学学习困难儿童的倒数，采用了倒计时的游戏，以及渗透到生活中的一些环节，比如要求他们 10 秒或者 15 秒内把玩具收好；上楼时顺数，下楼时倒数等。10 以内的倒数需要较长时间才能掌握，10 以上的倒数比较困难。从干预 10 以内的倒数开始，例如创设类似游戏的情景帮助儿童将倒数与具体的实物操作联系起来。如“托马斯的小火车”游戏里，“托马斯有一辆 10 节车厢组成的小火车，火车向前开时，车厢从 10 开始被挪走，接着是 9，8，7，……”另外一个游戏叫作“倒走数字线”，三个儿童都非常感兴趣。让他在数字垫上运球，从 10 到 1；运用数字线也可以帮助儿童练习倒数，创设类似“小青蛙搬家”的游戏情景（如图 6－1－4），让儿童帮助小青蛙把家从 10 的位置搬到 1 的位置。这种重复的练习可以帮助儿童内化从 10 到 1 的数字序列。

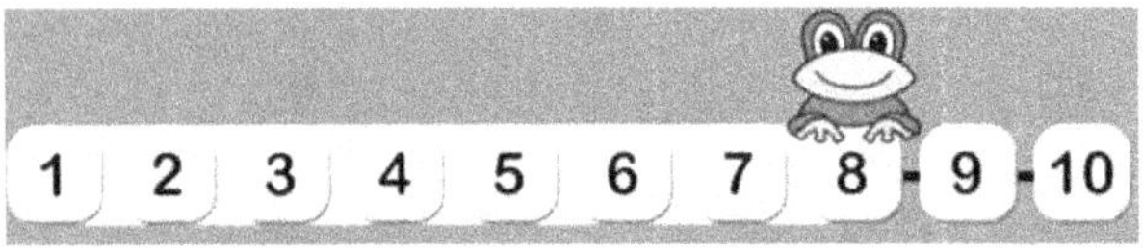

图 6－1－4　小青蛙搬家游戏图

能够掌握 10 以内的倒数后，运用同样的方法扩展到 11、12、13、14、15 以内的倒数。干预数学学习困难儿童，需要小步骤地一个数一个数地增多，这样对他们来说难度较小一些。15 以内的倒数需要花很长的时间才能掌握。需要给他们提供各种练习倒数的机会。如果儿童熟悉了数字表征，“数字连线”也可以运用到倒数，要求儿童“把数字从最大连到最小”。

（4）接着数

接数是指儿童从任意一个数开始接着往后数的能力，而不是只能从“1”开始数数，这也是数数能力非常重要的一个方面。儿童在比较两个或者三个数的大小时，以及在一个数的基础上加上 1，在做加法时都可能运用接着数策略。数学学习困难儿童在这方面表现比较机械，因此被提问相邻数时，一定要从 1 开始重新数一遍。在这个方面，三个儿童均有同样的表现。

干预者：7 后面那个数是多少？

ZK：1、2、3、4、5、6、7、8，7 后面是 8。

干预组：4 后面那个数是几呢？

ZK：1、2、3、4，是 4。

他们“接着数”有一定困难，总是要先从“1”开始数。尽管他们能够熟练了唱数后，但是要接数仍然有一定困难。这可能是因为他们对数的理解比较机械，认为“数链”是一个从 1 开始的不可切割的整体。实践证明，“数数接龙”游戏是一个比较好的干预方式，这个游戏适合小组进行。每组 3—4 个儿童，每个人轮流数数，每次数一个数字，熟练后可以让每个儿童数 2—3 个数字。这种游戏既提高儿童接数能力，也能提高儿童的精数能力。布拉迪（Broody，1989）提供了较好的“汽车跑道”游戏，这个游戏是让儿童通过掷筛子来决定自己的小汽车可以走的步数，比如儿童掷筛子 5 步，根据游戏规则就可以走 6 步，如果掷到 6 就可以走 7 步。在干预中运用这个游戏可以帮助熟悉相邻数，并且感知在已有的数的基础上加 1 变成后面那个数。也可以用蛇棋和飞行玩这个游戏。游戏可以提供儿童感知数的变化，给他们更多的机会探索发现数与数之间的关系。

（5）按数取物

按数取物对于儿童来说比较困难，有两个原因：第一，他们必须能够理解“反向基数原则”；第二，他们必须在取物体的过程中记住要求他们取出的物体的数量（Broody，1989）。对于 ZJ 来说，要求他数一数排在桌子上的小熊一共有多少个，他可以数清楚了。但是让他从一堆小熊里面拿出 13、15 个来，他就总是会少拿或者多拿。他知道取物时数数与拿物体手口要一致，但是取物的动作总是滞后于说数字的速度。对于这种情况，干预者主要通过要求他放慢速度，强调手口一致数物体；另外，通过多种手部的动作练习来锻炼手的动作能力。还有一种可能是他从程序上能正确完成点数任务，但是并没有掌握 13 和 15 的数概念，即不懂 13 和 15 的真正含义。这就需要帮助他先发展基数概念。

RY 的困难在于另外一种情况就是，要求她拿出 12 个小熊，RY 会一直数下去，数到 18、19 还停不下来。她无法记住要他拿多少个。这种现象在数学学习困难儿童中是普遍存在的，他们在取物时总是会忘记要取多少个，这可能与他们的工作记忆能力差有关系。干预者需要提醒她“记住要拿多少个”，RY 在干预过程自己“发明”了提示自己的方式，她有时候会重复提醒自己要拿多少个，有时候会再纸上做个标记。运用一些如“抽数字卡取物”之类的游戏，帮助她学习用“卡片”上的数字作为提示的“记号”，使她不会忘记自己的任务，这样对他们的记忆降低了要求。

3.2.2 数的比较的干预

影响儿童数学熟练程度的两大因素是数数和数字大小比较。数学学习困难儿童在数的比较方面存在困难，主要有两种解释，第一种解释是数学学习困难儿童先天的数字模块缺陷（Butterworth，2008），学习困难源于内在的理解数字大小表征的能力的缺陷。另外一种假设学说是获得性缺陷（Rouselle & Noel，2007），认为这种学习困难源自于对符号的数字意义的不理解，而不是在加工过程中的困难。有的研究证实了数的比较是一种后天获得性的缺陷，而且可能是一种滞后性学习困难，并不是永久性学习困难（Brankaer，Ghesquière，& De Smedt，2011）。因此，对数学学习困难儿童的干预既要发展儿童数字大小的表征，也要帮助儿童理解符号和表征对象的关系。有个非常有效的方式就是玩棋类游戏，棋类游戏可以提供大量的把符号和数量联系起来的线索来帮助儿童提高数的比较的能力（Ramani & Siegler，2008）。

数的比较包括两个方面，一个是数量的比较，一个是数字大小的比较。两者是相互联系的。数量比较涉及“集合”概念，“它是两个或者两个以上集合之间的比较”①。因此，数的比较能力依赖于儿童数数能力，是在数数能力发展起来之后才发展的。一般情况下，儿童3岁左右就能够知道“多一些”是用来标记两个差别明显的数量多的那个集合。儿童最初依赖于比较明显的线索来判断集合的多少，例如排列的物体的长度等。4到5岁的儿童，已经知道了数词“7”大于“3”（Ginsburg & Russell，1981）。RY也能明白6比5大，8比7大，她判断的依据是“因为数数时，后面的数字比前面的大”。ZK则会“伸出手指比划，7个手指比6个多”。前者是数的比较，后者是量的比较。在数的比较方面，ZJ存在困难。对ZJ进行数的比较的干预活动主要从实物的多少比较到数字表征，再到数字大小的比较。干预者可以用豆子、回形针、积木、玩具小熊、数字卡等游戏材料进行一些比多少的游戏。如干预者和儿童同时从“神秘的布袋”中抓一些积木，比比谁更多。可以先让儿童进行目测，然后让儿童想办法来验证谁的更多。

干预者：谁的积木比较多？

儿童ZJ：好像你的多。

干预者：你怎么知道的？

儿童ZJ：我看的。

干预者：我觉得可能你的比较多。怎么办？

儿童ZJ：比一比。

干预者：怎么比？

---

① Ginsburg，H. P.，& Baroody，A. J.. Test of early numeracy mathematics ability（3rd ed.）. Austin，TX：Pro－Ed，2003，92.

儿童ZJ：排成一排比。

儿童ZJ没有运用一一对应或者数一数的方法进行比较，而是看哪排的积木更长，因此干预者决定换不规则形状的材料来比多少。该儿童仍然采用排成一排，看看谁的更长来比较多少。数学学习困难儿童在数学学习策略的使用方面比正常儿童差，而且转换策略的能力比较差（Fuch et al.，2009）。因为他“不知数数比视觉性比较更有效，或者他们在集合比较中的数数易受情景因素的影响”①。即使是采用点数的方式来比较两个集合，ZJ仍然可能会受到材料外形的影响，造成判断的错误。例如，5根长的数棒与7根短的数棒，他认为长的数棒多。因此，还需要大量的实物操作经验帮他建立起数量的恒常性概念。

值得一提的是，对数学语言的理解也是影响儿童进行数的比较的重要因素。

干预者：5大还是6大？

儿童ZJ：5大。

干预者：6大还是7大？

儿童ZJ：6大。

干预者：如果我有6颗糖果，你有5颗糖果，你的多还是我的多？

儿童ZJ：我的多。

干预者：如果我有5颗糖果，你有6颗糖果，你的多还是我的多？

儿童ZJ：我的多。

干预者：我们来玩分糖果的游戏（拿出糖果分给两个人）。你有4颗糖，我有5颗糖。谁的糖果多？

儿童ZJ：我的多。

干预者：小明有5颗糖果，小红有4颗糖果，谁的糖果比较多？

儿童ZJ：小红的多。（排除了分不清“你我”的可能。）

干预者：你想想再告诉我，小明有5颗糖果，小红有4颗糖果，谁的糖果比较多？

（将两个人的糖果排成如图6-1-5所示）。

儿童ZJ：小红的糖果多。

干预者：你是怎么知道的？

儿童Z：我猜的。

① 周欣．幼儿在集合比较中运用数数的实验研究［J］．心理科学，2003，26（1）：82-86.

图6-1-5　糖果数量比较

在这个案例中，运用了三种水平的数的比较，从数字水平到表征水平再到实物水平。在互动过程中，ZJ在数字水平上的数字大小比较水平比较差，因此不断降低难度。即使是实物水平运用“一一对应”的方法比较两个人的糖果的数量，仍然存在困难。在数量的比较方面，不管如何变化，他总是认为自己的糖果多。造成这种情况的原因可能有两个：第一，他不理解集合概念；第二，他不理解数学语言。经过诊断，才发现真正的原因在于他对数学语言的理解比较混乱，他不能理解“多”“少”“大”“小”“长”“短”等概念。因此，对他的干预首先需要帮助他理解数学语言，并且需要把这种对数学语言的干预渗透到每次的活动和游戏中。

3.2.3 非正式数概念

学前儿童需要掌握一些非正式数概念，如基数概念、整体—部分和均分等。很多数学任务都能够帮助儿童建立基数概念。例如集合概念、序数概念等，这些都是基数概念建立的基础。基数概念是儿童学习计算和运算的重要前提。也就是一个集合的物体中最后一个数词也代表了集合的总数。基数原则依赖于儿童对固定顺序原则的掌握。有的数学学习困难儿童可能知道数到最后一个数词代表有几个，但是并不一定代表他们理解了基数概念。因此，在确定儿童是否掌握了基数概念时，需要多次诊断和分析，结合一个案例进行分析。

干预者：这里有几只小蜜蜂？（如图6-1-6）

儿童RY：有5只。

干预者：你能告诉你是怎么知道的吗？

儿童RY：（指着最后一只蜜蜂），数到了5。

干预者：（拿起了第5只蜜蜂）比刚才少了几只蜜蜂？

儿童RY：5只。

干预者：你怎么知道的？

儿童RY：（指着蜜蜂数数）1、2、3、4、5，这里没有是5，少了5只。

干预者：你是说少了第 5 只吗？（拿起第一排的第 3 只蜜蜂）你看我手里有几只蜜蜂？

儿童 RY：（点数）3 只。

（这个错误并非偶尔，而是频繁地出现在游戏中）

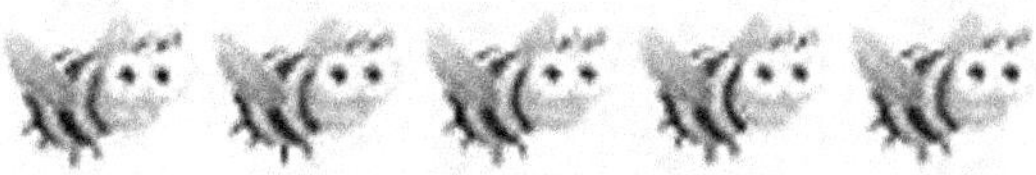

图 6－1－6　蜜蜂数量图

从这个案例可以看出，儿童似乎知道了"最后一个数词代表了有多少只"，但是她只是记住了这个规则，并不理解"集合"的意义，也就是说她并没有真正建立起基数概念。因为她只是认为"5 代表的是第 5 只蜜蜂，而不是集合的 5 只蜜蜂"。因此，当第 5 只不在时就是缺了 5 只，当第 4 只不在时就是缺了 4 只，依次类推。因此，对该儿童的干预要从三个方面进行：第一是帮助她理解集合概念；第二是帮助她明白序数和基数的意义；第三是引导她对"量"和数学语言的理解。

整体与部分概念也是学前儿童应该掌握的数概念之一。在干预简单运算之前可以通过干预整体与部分的关系帮助儿童进一步理解数之间的关系。整体与部分的概念是帮助儿童理解一个数可以由不同的部分组成，整体大于部分。整体与部分是很多数学技能与能力的基础，包括运算、解决文字应用题以及诸如如何解决"？ ＋3 ＝5"之类的问题。布拉迪（Baroody，1993）建议，运用一种解决问题的方法能给儿童提供一种有目的的练习，并在事实上促进儿童对数的组合知识的掌握。如干预者采用的"撒豆子游戏"可以帮助儿童学习数的组成，这个游戏是"把盘子分成两半，分别涂成红色和蓝色，把豆子撒在盘子里，让儿童分别记录撒在红色这边和蓝色这边的豆子的数量"。还可以结合儿童的生活经验运用解决问题的方式帮助儿童建立整体与部分的概念，如"6 只小熊捉迷藏，分别藏在红色的和橘色的盒子里，有多少种藏法？"ZK 可以通过操作，记录出小熊藏起来的几种情况（如图 6－1－7）。对于有困难的儿童，要在"实物"操作的基础上，让儿童逐渐学习记录。此外，还需要通过实物演示，一边演示一边用数学语言帮助儿童理解。比如"小熊有 5 块饼干，它吃了一些，现在还剩下 2 块，它吃了几块？"这类型的情境是一个逆运算的过程，数学学习困难儿童很难理解这些情境，因此需要借助实物分步骤进行演示。在尼尔松（Nelson，2007）的书中提供大量的关于数的部分与整体的游戏，可以加以借鉴和修改后运用到数学干预中。

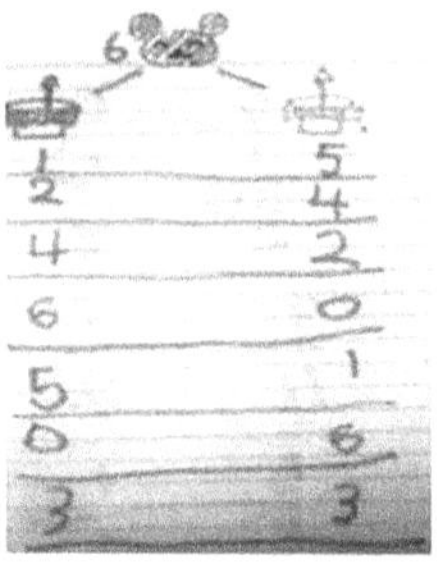

图6-1-7　整体与部分游戏结果记录纸

均分概念也是非常重要的数概念，是未来儿童学习分数的基础。学前儿童要能够参与均分问题的学习。在日常生活中就有大量的均分经验，例如分玩具，他们要求一样多。儿童在帮助老师分发餐具和水果、点心时，可以获得一些均分的经验。因此，大部分儿童解决均分问题时采用的是“分发”的策略。“儿童在解决‘均分’问题时，最重要的是能够理解和运用‘每次每组/人发一个’的策略。”①因此可以运用实物来进行情境式游戏，“把6个苹果分给妈妈和你两个人，每个人要分得一样多，每个人可以分几个?”“把15块饼干分给3只小熊，每只小熊可以分多少个?”ZK和RY都能够“通过一个一个分发，把所有的饼干分完后，再数一数每个人有几个”的程序来完成这个任务。ZJ对这个问题的理解会加入自己的主观愿望，分了几个后，就把剩余的放在一边，他认为“小熊只想吃3块，太多了吃不完”。干预过程中，需要对他强调“全部分完”，让他明白“均分”的含义。

3.2.4 简单运算的干预

在儿童的生活情境中，自然地存在着许多加减运算的机会，如“你已经有2个玩具了，又买了2个，一共有多少个玩具呢？有5颗糖果，吃掉了3颗，还剩下几颗呢?”未接受过正式数学教育、不会运用数字和符号进行运算的儿童能够运用自己的“直觉”和已有的“计数”能力，发展他们自己的运算能力。一般情况下，正常儿童能够运用自己发明的“计算策略”进行实物水平的运算；如果脱离实物的运算，对他们来说比较困难，通常会运用手指或者替代的实物（表征）进行运算；如果让幼儿利用符号、记号来代替想象中的物体进行计数，对他们来说是比较困难的（Ginsburg，1989）。因此，要鼓励数学学习困难儿童能够运

① Ginsburg, H. P., & Baroody, A. J. *Test of early numeracy mathematics ability* (3rd ed.). Austin, TX: Pro-Ed, 2003, 166.

用各种各样的方式来解决问题，如操作实物、手指运算、同伴互助、用图画等来解决问题，并给予儿童充分的时间和空间去探索，自主理解加减的意义。让儿童通过与具体生活的联系以及在情境中解决问题的自主探索，发展加减的概念。

加法对于学前儿童来说是一种实物计数的延伸，也就是两个集合合并成一个更大的集合；减法就是从一个集合中拿走一部分以后剩下的数量。学前儿童的加法策略有：全部数、接数（包括小数开始接数和大数开始接数）（Fuson，1982）。减法策略有：点数剩下的物体、往上增、往下减。他们有时候会使用手指，有时候又会采用口头数（Siegler & Shrager，1984）。与正常儿童相比，三个数学学习困难儿童在运算方面表现出以下特点：较多依赖于不成熟的策略甚至不会运算，在运算过程中容易犯数数的错误；一直采用较低水平的策略（全部数），不明白较高水平策略（接数）。干预运算要从帮助他们理解加减法的意义开始，主要采用实物操作活动帮助儿童理解加法的意义。采用诸如“摘水果”的游戏方式帮助儿童理解加法是两个数合在一起，并且变多了。

在解决这类问题方面：“你刚刚摘了2个苹果，又去摘了3个苹果，现在你篮子里的苹果变多了吗？一共有多少个苹果？”最初他们可能通过数全部的实物来计算，而且会一直采用这个方法。在能够熟练运用全部数的策略后，干预者可以直接向儿童展示接数策略，或者创设一些可以帮助他们理解和运用接数的游戏，如“小熊捉迷藏游戏”（图6－1－8）引导儿童使用接数策略。

第一次游戏采用4只小熊。

干预者：几只小熊玩捉迷藏的游戏了，我们来数一数（一边和儿童一起数，一边把红色小熊一只一只地藏到纸筒里）。这里面藏了几只小熊？

ZK：4只。

第二次游戏加入1只蓝色小熊。

干预者：你说对啦。现在我们先把红色的小熊藏在纸筒里。1、2、3、4，藏了4只红色的小熊在纸筒里。一定要记住是4只小熊在里面，记在心里面。现在蓝色的小熊也进去了。纸筒里一共藏了多少只小熊？

ZK：是5只。

干预者：你怎么知道的？

ZK：这里面有4只小熊了，又进去了1只，4后面是5，就是5只了。

图 6－1－8　小熊捉迷藏游戏图

教给儿童直接从大数开始数的策略（如 2 加 5，从 5 开始数，接到 2 个数字 6、7），但是数学学习困难儿童无法灵活地使用这个策略。经过干预后，ZJ 和 ZK 都能够接受“接数”策略，懂得“把其中一个数记在心里，接着数另外一个数”，但是面对新的情境时还是无法激活和使用这些策略。学习困难儿童难以将新学到的策略技能迁移应用到新情境，这是因为他们对策略的理解与掌握水平不足。他们对策略的理解水平一般低于同伴儿童。组织 ZJ 和 RY 玩了很多次“扑克牌凑数”“购买游戏”“飞行棋”等游戏，让他们有许多练习的机会，既可以让儿童觉得数学是有趣、好玩的活动，又可以帮助儿童体验数字关系或数字运算。不过，大部分时候都是让他们用自己最熟悉的策略解决问题，而不是要求他们一定要使用某种策略。因为儿童只能在他们最近发展区内建构数学能力，不能把干预活动变成纯粹的教学和灌输。

儿童之所以能够发展出计算策略，这是因为他们运用了心理数字线（mental number line）来表征数量并且加深了对数的理解（Resnick，1983）。这种心理数字线具有双向性，每个数字都有相应的位置，越往后走，数字就越大；越往前走，数字就越小。简单运算也是从实物水平到表征水平，再到数字符号水平的运算。因此，帮助数学学习困难儿童学习运算可以在实物操作水平熟练后，充分运用“数字线”。

6 岁儿童在对加减运算式表征中对符号的理解有困难。运用数字线进行加减法的干预可以让儿童更加直观地理解数与量的关系、数字关系，而且可以帮助儿童把表征图像与符号结合起来。以图 6－1－9 为例，如果是加法运算，“站台上有 2 只小兔子，又来了 3 只小兔子，一共有多少只小兔子?”这种方法也能够帮助儿童形象地理解接数策略。如果是减法运算，“有 7 只小兔子在站台上，躲起来了 2 只，还剩下几只?”或者“有 7 只小兔子在站台上，有一些兔子躲起来了，现在还剩下 5 只，有几只兔子躲起来了?”这种运算方式把抽象的数字和具体的实物形象（兔子）结合起来，有利于儿童将实物和符号的意义结合起来。

图6-1-9 图像与数字结合的数字线

3.2.5 数符号表征的干预（包括数字读写）

《指南》要求5—6岁儿童“能用简单的记录表、统计表等表示简单的数量关系”。到了大班末，“幼儿对数量关系的理解逐步从具体到抽象，能够在书面符号表征的层面上反应出来”①。儿童需要学习数字的语音表征和数字符号表征，儿童还要学会从一种方式转换为另外一种方式（Dehaene，1992）。研究发现，数学学习困难儿童在对数量的理解方面比正常儿童落后的可能与他们的数字和数词表征相关（Geary et al.，2000）。而且，建构良好的数表征系统有利于儿童解决加法和减法问题。儿童从具体实物的学习转化为数符号的学习有较大的困难（周欣，2004）。数字的认读很重要，但是更重要的是要能够将抽象的数字与实物、图像和数词代表的数量结合起来。在数学学习的某些方面，数学学习困难儿童的发展与正常儿童的发展过程是一致的。更准确地说，他们只是比其他人掌握得慢（Torbeyns，Verschaffel，& Ghesquiere，2005）。“正常儿童中不少5岁儿童能够较熟练地运用至少1—17的书面数符号来表征数量，尽管其中有人在两位数的表征和数字的正确写法上有困难。”②

ZJ和ZK能够用数字来表征物体数量，不过仅仅限于表征小数目物体的数量。而RY在这方面表现出极大的困难。因为她对于10以内的数字认读和书写还有些困难。他们在用数字表征数量的游戏中，有些数学学习困难儿童会有一些自发的表征方式，而且这些表征方式是多元的。例如，撒豆子游戏中，RY会画4个圈圈来代表豆子的数量，因为她不知道4怎么写；有时候会打几个点或画几条线来表示小动物的数量。积极地进行心理建构与表征能够促进儿童的表征能力发展，因此，鼓励儿童进行设想、创造或经验重组是个有效的方式。干预者要鼓励儿童运用多种方式进行表征，并帮助他们把这些方式记录下来。对于儿童的思考和观点的记录，能够帮助儿童记住有意义的观点并形成新的想法。参与并使用这些记录能够扩展儿童对于表征方式的理解，包括采用多种媒体的语言或视觉表

① 周欣.《指南》各领域的解读——数学认知.李季湄，冯晓霞（编）.3—6岁儿童学习与发展指南（解读）[M].北京：人民教育出版社，2013：138.

② 周欣，王滨.4—5岁儿童对书面数符号的表征和理解能力的发展[J].心理科学，2005，27(5)：1132-1136.

征。这些表征被认为是一种比语言更加简明清晰的交流工具，能帮助儿童明晰并扩展思维。鼓励儿童在学习中进行多元表征。“一方面，能够帮助儿童在循序渐进式的不同表征中加深对数学相关概念的理解和表达；另一方面，通过教师创设的多元表征学习环境，也有助于提高幼儿解决问题和演示、解释数学现象的能力，开拓和发展幼儿的数学思维。”①儿童在认读抽象的数字之前，对数在概念层次要有充分的探索经验，因为在学习数字认读之前需要有概念上的理解。设计一些实物与数字、图片与数字、数字与圆点对应的游戏对儿童建立起数量与符号之间的联系是有益的。

有的学者认为，儿童一般会经历数学语言、符号、实物经验和图像四个表征阶段（Willis，& Fuson，1988），鼓励儿童在几者之间建立联系，才能让儿童真正建构关于数的认知。尽管他们已经从数字卡或者数字表上见过很多次数字，但是在表征过程中仍然是存在困难的。不过值得一提的是，在这个研究中，我们并不要求儿童一定要学会书面的数字表征。只是作为一种数学学习的经验，可以让他们进行一些尝试。RY 表现为 6 和 9、2 和 5、5 和 8 分不清楚，ZJ 表现为 12 和 21、23 和 32 等混淆，ZK 的主要困难在于两位数的表征，经常会把“15”写成“105”、“25”写成“2105”。他在表征数字时是根据读音创造出数字的写法，15 认为是一个 10 和一个 5 组成，就是 105；如果是 105，他就会认为是一个 100 和一个 5 组成，写成 1005。这也是他们在学习表征过程中的独特“创见”。从已有的研究可以总结三种方式帮助儿童建立数字表征：一是帮助儿童理解数学符号（数字，加号、等于号）；二是运用平行的数字线；三是 100 以内的数字表。第二种和第三种方法都有利于儿童建立良好的数感和心理数字线。具体的方法也可以采用具体—表征—抽象的方法，首先从三种维度的物体入手（形状、积木、小木条），再到两维度的表征（数字线、圆点），然后再到数字符号表征。当他们对概念模式比较熟悉时，就可以让他们尝试运用这些表征方式解决复杂的问题。此外，棋类游戏和数字表是帮助儿童提高数字表征能力的重要方式。大量数学能力差的儿童从棋类游戏中获益（Jones & Haylock，1985）。RY 在数字读写方面存在困难，经常会出现“镜像数字”，如“把 3 写成 ε，把 9 写成 ρ”。ZK 出现一些书写困难，总是无法正确书写“8”，“把 8 写成 σ”。对于镜像数字，不必急于纠正，让他们增加接触数字的机会，慢慢能够正确书写数字。对于书写困难的儿童，可以提供类似“描红”的机会，让儿童有练习书写数字的机会。

---

① 黄瑾．论学前儿童数学学习中的多元表征［J］．全球教育展望，2011，40（1）：60－63.

3.3 干预后三个儿童数学能力的发展变化

ZJ 数学测试的原始分数从干预前的 17 分增长到了干预后的 32 分，数学能力分数从 97 分增长到了 112 分（见图 6－1－10）。

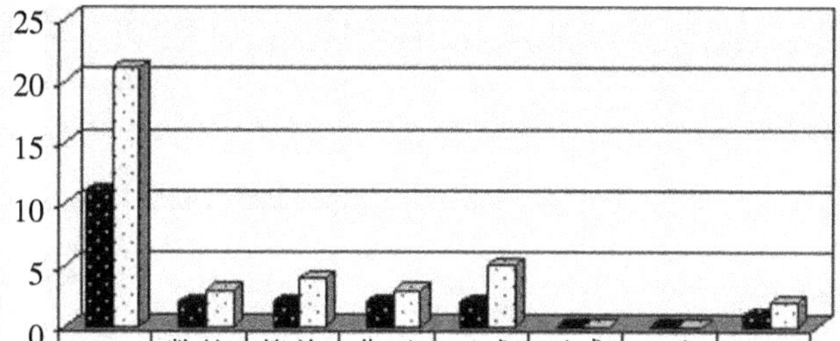

	数数	数的比较	简单运算	非正式数	正式数字	正式数学	正式运算	正式数概
■数测	11	2	2	2	2	0	0	1
□后测	21	3	4	3	5	0	0	2

图 6－1－10　个案 ZJ 数学能力各维度增长图

RY 数学测试的原始分数从干预前的 20 分增长到了干预后的 38 分，数学能力分数从 82 分增长到了 100 分（见图 6－1－11）。

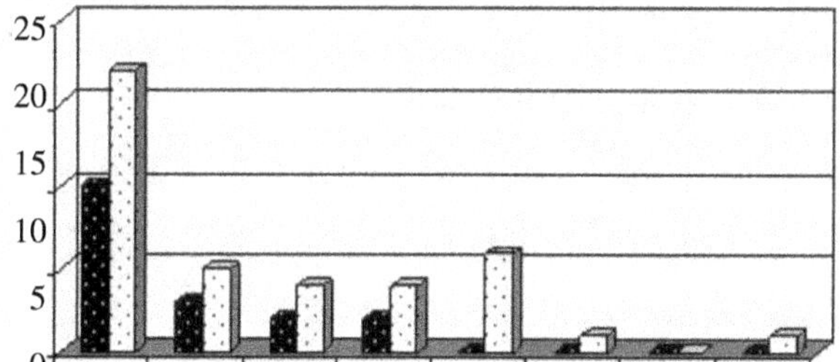

	数数	数的比较	简单运算	非正式数	正式数字	正式数学	正式运算	正式数概
■数测	10	3	2	2	0	0	0	0
□后测	17	5	4	4	6	1	0	1

图 6－1－11　个案 RY 数学能力各维度增长图

ZK 数学测试的原始分数从干预前的 27 分增长到了干预后的 34 分，数学能力分数从 98 分增长到了 100 分，数学能力各维度的增长情况如图 6－1－12 所示。

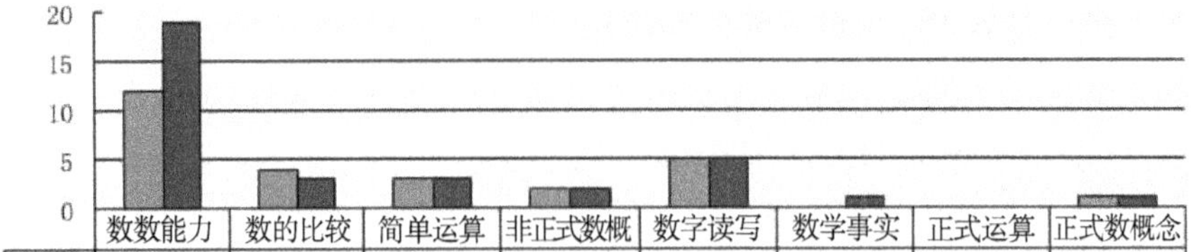

	数数能力	数的比较	简单运算	非正式数概	数字读写	数学事实	正式运算	正式数概念
数测	12	4	3	2	5	0	0	1
后测	19	3	3	2	5	1	0	1

图6-1-12　个案 ZK 数学能力各维度增长图

具体来说，早期数学能力（TEMA）测试包括2个方面（非正式数学能力和正式数学能力）的8个维度（非正式数学能力：数数、数的比较、简单运算、数概念；正式数学能力：正式数字读写、正式数学事实、正式数学运算、正式数概念）。从 ZJ 和 RY 的前测和后测数学能力各个维度的比较图可以看出，两人在各个维度的增长趋势具有较大的相似性。数学能力的增长都体现在非正式数学能力4个维度的增长，尤其是数数能力的发展，其次是数字读写和数的比较方面有了较大的进步。ZK 只在数数能力方面表现出了进步，其他各个维度的变化不大。ZK 与其他同伴相比，发展比较缓慢，略有退步。

3.4 对三个儿童数学能力进步的监测

在进行干预的期间，每个月运用数感测查工具（见附录2）（每答对一次计1分，总分33分）对儿童数感的进步程度进行了监测，测查结果如图6-1-13，三个儿童的数学能力发展状况各有不同。从图6-1-13的发展趋势图可以看出，ZJ 是以相对比较均匀的速度从12分增长到28分，他对干预的反应比较敏感，每个月都能获得进步。RY 有时候发展较快，有时候比较平缓。ZK 从23分增长到28分，一开始 ZK 的得分比 ZJ 和 RY 都高，但是一直没有特别明显的进步，增长的幅度比 ZJ 和 RY 少。ZJ 和 RY 对干预的反应比较敏感，但各个阶段的增长情况也有所差别。

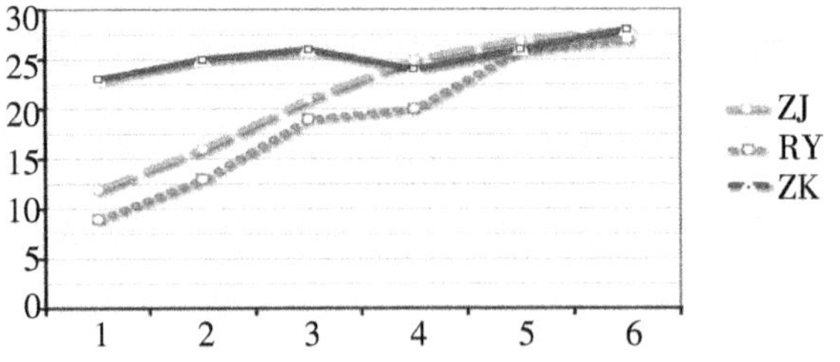

图6-1-13　对 ZJ、RY、ZK 干预过程数学能力发展监控图

4 讨论

4.1 影响三位数学学习困难儿童数学能力的外在因素

4.1.1 数学学习困难儿童对数学活动缺乏兴趣

依据对三位儿童的老师访谈及对其进行的观察和了解，ZJ 对文字很感兴趣，识字量很大，但是对数学丝毫不感兴趣，非常不喜欢参与数学活动，在幼儿园的区域活动中从来不会选择与数字有关的书本和游戏；在数学教学活动中容易走神、开小差，逃避数学学习。他的老师对他的评价是："他从来就听不懂教学活动中讲的数学内容。"① RY 属于工作记忆能力较差的儿童，对数字不敏感，她的老师说："告诉她'这是数字 5'，不到 5 秒钟，她就忘记了这个数字怎么读了。"②她似乎意识到了自己在数学方面的"弱势"，因此从来不会主动参加与数学有关的活动。她自己说："我不会做算术题。" ZK 对关于数字的活动的态度是不假思索，直接拒绝。他只要看到数字就会说："我不想玩这个游戏。""这个太难了，我不玩了。"三位儿童对于数学都不感兴趣，甚至逃避和躲避数学学习。兴趣对于儿童数学学习起着定向作用，能够激发儿童学习的内在动力和主动性，引发儿童的探究欲望，从而促使儿童投入学习，主动思考并提高解决问题的能力。因此，在干预过程中，考虑如何激发和保持儿童的数学学习兴趣是干预的首要目标。

4.1.2 家庭教育的不重视和不恰当

家庭的数学教育活动是儿童未来数学学业表现的重要预测因子（Skwarchuk, Sowinski, & LeFevre, 2014）。加拿大学者对 5 岁儿童的研究认为，在家庭里的数学学习（比如教儿童简单的加减）可以独立预测他们的表征知识（LeFevre & Polyzoi, 2010）。父母在家庭中帮助儿童练习数学技能可以提高他们在幼儿园的数学学习能力（Kleemans, Peeters, Segers, & Verhoeven, 2012）。可见，家庭中的数学教育对于儿童数学能力的发展是非常重要的。从对三个儿童的家长访谈中可以看出，三个儿童的家长并没有意识到家庭中早期儿童数学教育的重要性，也都没有充足的时间陪伴儿童通过游戏、故事书、玩积木、飞行棋游戏等非正式的数学活动来发展儿童的数学能力。ZJ 的家长后来意识到了数学教育的重要性，却用

① 资料来自对教师的访谈。

② 资料来自对教师的访谈。

“题海战术”来训练儿童的数学能力。这是因为很多家长对数学教育的理解都存在一定的误区，认为数学教育就是计算教育（赵振国，2009）。家庭教育的不恰当可能也是导致儿童数学学习困难的重要原因之一。

4.1.3 幼儿园教师的“无能为力”

三位儿童的老师都意识到了他们在数学学习上“落后于其他儿童”，但是谈论到怎么为这些儿童提供有效的支持和帮助时，老师们似乎也很茫然。ZJ 的老师说：“他就是处于小班的水平。一个非常简单的内容，反复教他好多遍，他都学不会。我真的感觉自己无能无力了。”① RY 的老师对她的态度是：“我一般不过问她，感觉她自尊心很强。我担心自己说了她，她就会哭。”② ZK 的老师说：“我一点都没有办法了。不能强迫他去学，也无法与家长沟通。我就希望你们能帮助他了。”③ 依据已有研究，教师对数学学习困难儿童的消极态度是导致这些儿童教育失败的主要原因（Kochhar，West，& Taymans，2000）。教师对待数学学习困难儿童的态度与他们自身关于如何教育数学学习困难的知识准备是显著相关的（Turnuklu & Yesildere，2007）。一个现实的问题是，很多幼儿园教师缺乏对数学学习困难儿童的学习需要的理解，她们自身接受的职前教育中缺乏对于如何帮助数学学习困难儿童的知识储备。教师关于如何帮助数学学习困难儿童的知识和方法与儿童数学能力的发展有显著的相关（Thanheiser，Browning，Edson，Kastberg，& Lo，2013）。因此，为了使幼儿园教师能够有能力帮助学习困难儿童，并且有效地利用他们的专业知识来评价和干预学习困难儿童，应该给予他们足够的机会学习和更新知识储备（NCTM，2000）。

4.2 干预的有效性分析

大部分儿童能够从日常生活中发展数感和数学能力。数学干预能够对儿童的数学能力产生积极的影响（Baroody et al.，2009）。乔丹等人的研究对学前阶段的数学学习困难高危儿童进行数感干预，这些干预内容包括数字、数字关系、数字运算等，相对于对照组，干预组不仅提高了数感，而且一般数学能力也都提高了（Dyson et al.，2013；Jordan et al.，2012）。可见，对早期数学学习困难儿童进行干预能够产生积极的影响。本研究中对三个儿童进行数学干预，不同程度地提高了他们的数学能力，在一定程度上证实了干预对于提高儿童数学能力的有效性。

---

① 资料来自对教师的访谈。
② 资料来自对教师的访谈。
③ 资料来自对教师的访谈。

早期识别和干预儿童数感有助于儿童提高数学能力并且避免未来的学业失败。数感是具有可塑性的而且是可以教的。学前阶段是给数学学习困难儿童数学补偿教育的最佳时期，这个时期提高他们的数学能力，可能能够赶上他们正常同伴（Berch & Mazzocco，2007）。因此抓住这个时间段对数学学习困难儿童进行干预能够取得比较好的效果。本研究中运用 TEMA 已经诊断出中 ZJ 是数学学习困难儿童，进一步运用数感工具诊断结果验证了 TEMA 的诊断结果。从量表的分析看，TEMA 的测查实质上包含了数感的内容，数感属于数学能力的一部分，对数学能力有明显的预测效应。《儿童数感筛选工具》比较简单易操作，可以尝试在教育中运用这个工具来作为筛选数学学习困难儿童的参考指标之一。

三个儿童在数学能力的进步方面表现不一样。ZJ 和 RY 数学能力进步较大，ZK 的数学能力进步不明显。从在数学学习中的具体行为表现来看，干预之前的 ZJ 和 RY 完成 10 以内数数尚有困难，无法倒数，提取相邻数有困难，没有完全掌握数数的基本原则。干预结束后，基本上能够完成 40 以内的顺数和 20 以内的倒数，20 以内的相邻数提取比较流畅，掌握了数数的基本原则，能够运用手指进行加减运算，可以熟练完成 10 以内的数字读写。干预前 ZK 在数数时容易出现重复数、漏数等错误，不能正确点数 10 个以内的物体，只能唱数到 19，无法完成 10 以内的按数取物，基数概念不稳定，加减运算错误率高。ZK 在干预过程中表现出学习能力较强，加工速度很快。例如加法策略，只要示范一次，他就能够迅速掌握，但是问题在于他的错误率很高。这容易给干预者造成一种错觉，感觉他“好像都会”，不太需要担心。虽然干预结束他可以唱数到 30 以上，正确点数 20 以内的物体，可以迅速提取 20 以内的相邻数，可以运用“从大数开始数”的策略完成加法运算。但是，他一直追求“快速”而导致运算的错误率很高，对学习过程缺乏监控和反思。这可能就是他在数学能力分数上表现出来的进步并不大的重要原因。

对干预过程的监控是提高干预效果的重要举措。有的研究应用干预—反应模式（RTI）诊断、干预和监控学前阶段数学学习困难儿童的学习，证明了这种模式对提高数学学习困难儿童数学能力的有效性，而且干预者强调了干预过程中监控儿童数学能力发展的重要性（Clarke，Smolkowski，Baker，Fien，Doabler，& Chard，2011）。对儿童进行数学干预反应的监控，是干预者反思干预过程的一个重要依据。从本研究对三个儿童的数感评估看，三个儿童对数学干预的敏感度不同。其中，通过对 ZK 的非正式数学学习评估和数感测查，发现他在干预的过程中有倒退的现象，表现为简单运算错误率高，不会使用运算策略。这就提示了干预者需要反思自己的干预内容或者干预过程是否存在问题，要根据儿童的学习状况及时进行调整。对ZK干预中比较失败的一点也在于没有很好地调整对他的干预方案。在前三次测查中发现他表现出进步不大时，应该考虑及时调整干预策略。

4.3 干预过程的经验与反思

学习数学的兴趣和动机将会影响儿童未来进入小学的正式数学学习。干预者应该意识到干预的根本目的还是在于要激发儿童学习的主动性和积极性，促使儿童自我建构数学知识和数学能力。往往数学学习困难儿童因为存在认知缺陷或者对数学没有兴趣，可能在学习过程中不能坚持，注意力容易分散，因此在干预过程中，尽量让幼儿体验到数学游戏的快乐，激发他的参与兴趣和获取成功的动机，并且提出适当的要求，引导他反思自己的学习过程。

三位儿童在干预的过程中获得进步最重要的一点就是激发了他们对数学学习的兴趣。对ZJ的干预在很大程度上借助了他的兴趣点，适当介入他的学习。ZJ原来对数学的兴趣不浓厚，最喜欢的活动就是听故事和看图画书，对情境类的数学活动比较敏感，对数学语言的理解却比较差。因此在干预的过程中，会利用他的这种兴趣用一些数学故事把数学学习内容串联起来。例如，用“小猫钓鱼”的故事把数数、加减、平分等数学内容融入其中。ZJ对“数学故事”兴趣很浓厚，并且能够在这些情境中学习解决问题的方法和策略。RY在以前的数学学习中遇到了较多挫败，因此让她获得成功的体验很重要。每次的干预活动都是让她先能够“获得成功”，告诉她“做的全对了”，让她在学习数学的过程中越来越自信。对ZK的干预则是从户外活动与数学的结合开始的，比如“拍球比赛”“比一比谁扔得远”等。这些运动类的游戏没有让他感觉是在学习数学，游戏中渗透了数数、比较数量（数字）大小等。线性棋类游戏对儿童在1—10的数数、数字线估计、数量大小比较、记忆数字认读方面都有积极的作用（Ramani & Siegler, 2008）。在本研究中运用了“数字线”、蛇棋和飞行棋来帮助两个儿童数数、数字大小比较、运算、数字认读等。实践证明，三位儿童都很喜欢这种类型的游戏，既在游戏中获得了快乐的体验，也积累了数学学习经验。

研究中有几个值得思考的问题。第一，对ZK的干预调整力度不够。在数学发展监控过程中，干预者已经发现ZK在数学能力发展方面进步不是很明显，虽然及时做出了调整，但是显然没有发挥出最好的效果。在数学能力后测中，该儿童在数的比较、简单运算方面都没有体现出进步，这可能是因为后期的干预重点并没有突出来。第二，综合性的干预可能效果更好。在干预过程中才发现致使每个儿童数学学习困难的根本性原因是多方面的，对儿童进行综合性的干预效果可能更好。例如，RY 是典型的工作记忆太差和数学学习经验不足致使的数学能力落后。然而，根据实验分组，对她只能进行数学能力的干预，不能进行工作记忆的训练，这在一定程度上可能影响到了干预的效果。第三，干预的方式过于单一。在本研究中，主要采用了干预者对儿童进行个别或者小组干预的方法，家长和教师的参与性不够。家长和教师的参与可以把干预的积极影响持续下去，还可以避免采用不正确的数学教育方式给儿童造成负面影响（例如，做大量的算术题、背诵加法口诀。）因此，良好的干预模式应该是家庭、幼儿园、社会一体化共同发挥作用的具有生态效应的模式。

5 研究结论

运用数学游戏对儿童进行干预是有效的，能够促进儿童数学能力的发展。不同的数学学习困难儿童是有个体差异的，这种差异体现在造成他们数学学习困难的根本原因、数学能力缺陷、对干预的反应以及干预的效果。借鉴干预—反应模式（RTI）的思想对数学学习困难儿童进行边干预边诊断，能对儿童的发展进行检测，对干预方案及时做出调整，提高干预的有效性。影响儿童数学能力发展的因素是多方面的，有可能是儿童的学习兴趣、家庭环境和幼儿园环境因素等。因此，亟需形成一个具有生态效应的家庭、幼儿园、社会三位一体的有效干预模式。

第二节　数学学习困难儿童的执行功能干预个案研究

1 研究目的

执行功能在数学学习技能中起着非常重要的作用。认知因素对儿童早期数学学习能力的影响非常大，儿童的数学学习中需要执行功能各成分的参与。例如，在数数时，儿童需要记住数字的名称、序列和运用数数的原则；在解决口头应用题时，需要关注数字和数量关系，从而抑制住对情境的关注。已有的研究证实：“数学学习困难儿童在执行功能的不同成分可能存在缺陷。与正常儿童相比，数学学习困难儿童在抑制和转换能力方面都存在缺陷。”① 因此，执行功能对于儿童数学学习非常重要。

有的研究发现可以通过训练提高儿童的工作记忆和执行功能，从而提高他们的认知水平和学业成绩。通过训练儿童的执行功能可能可以提高儿童的数学成绩。本研究试图从个案的角度分析是否可以通过执行功能任务或游戏的方式提高儿童的执行功能能力，从而也提高儿童的数学能力。

2 研究方法

2.1 研究对象

W，男，跟踪研究展开之时6岁5个月，是上海市某二级幼儿园大班幼儿，W为本研究中数学学习困难组的儿童。根据本研究的执行功能测查结果分析，W在工作记忆、抑制、灵活转换能力方面均存在缺陷。W作为研究对象时，取得了父母的书面知情同意，研究程序和内容均符合伦理学标准。

2.2 干预内容与方法

在干预的操作过程中，研究者基本上是遵从将工作记忆、抑制、灵活转换等各部分的干预训练同时进行，各任务难度梯级由容易到难度逐渐加大的方法，把所编制的游戏或任务用于干预过程中。同时每个游戏都可以根据儿童的实际反应做出调整，包括游戏材料、难度，根据干预过程中实验组儿童的反应情况将课程难度做了适当调整。整个干预过程以游戏的方式进行，体现层次递进、由易到难（每个游戏都设置了三个层级），如果儿童想挑战更高难度，也可以及时调整增加难度。部分干预内容见表6－2－1。

表6－2－1　对W进行干预的部分内容表

名称	游戏规则	涉及执行功能
拼图	先观察30秒，记忆特征标记的位置，随后拆散进行重新组合，分9块和16块两种（难度分为三个层级：第一个层级要求记住9块拼图图案，可以辅助以标记；第二个层级要求记住9块拼图图案，不能有标记；第三个层级可以运用任何策略记住16块拼图图案）	视觉空间记忆

① Van der Sluis, S., de Jong, P. F., & Leij, A. V. D. (2004). Inhibition and shifting in children with learning deficits in arithmetic and reading. *Journal of Experimental Child Psychology*, 87 (3), 239－266.

续表

名称	游戏规则	涉及执行功能
记忆拼板	在 6×5 的格子里随机摆放若干块不同的积木，要求儿童观察并记忆积木的图案与摆放位置，30 秒后要求儿童复原（难度有三个层级：第一个层级要求儿童能够记住相同物体的空间位置 3—5 个；第二个层级要求儿童记住不同物体的位置 3—5 个；第三个层级要求儿童根据记忆的图片倒过来背诵 3—4 个）	视觉空间工作记忆
听故事拼图	干预者说出一个故事，故事说完后要求儿童按照故事中物体出现的次序摆放相应的积木（难度有三个层级，体现在故事中涉及的图片的数量 6 块、10 块、15 块）	语音工作记忆
多维分类	圆形、三角形、正方形三种形状的积木大中小、红黄蓝颜色各一个，要求儿童按照不同的标准进行分类（难度分为三个层级：第一个层级需要儿童在不同维度进行分类；第二个层级要在出现干扰物的情况下，在不同维度之间进行转换；第三个层级要能同时注意到物体的两个特征并进行分类维度的转换，如大的红色圆形）	灵活转换
小心“炸弹”	若干不同颜色的积木随机排列成直线形或者弧形。每轮游戏选定不同颜色和不同数量的积木作为“炸弹”，儿童作为赛车手“开车”经过所有积木，遇到“炸弹”就需要跳过，否则就会被“炸掉”。“炸弹”的数量和颜色种类越多，难度越大（难度层级：第一层级的“炸弹”为同种颜色的积木 3—4 个；第二层级的“炸弹”为随机摆放不同颜色的积木 3—4 个；第三个层级的“炸弹”为不同颜色的积木 5—7 个）	抑制控制、工作记忆
倒过来说	干预者说一个词语，要求儿童倒过来说一次，如“对不起”，要求儿童说“起不对”，根据儿童的能力逐渐增加难度（分为三个难度层级，体现在增加 3—5 个词语长度）	抑制、工作记忆

3 研究结果

3.1 干预过程及儿童表现

3.1.1 工作记忆干预

（1）任务难度从易到难

由于 W 的工作记忆比较差，因此将工作记忆的干预作为重点。每项任务都是由从容易到难的任务组成。以“拼图”为例，首先让儿童观察完整拼图并且让儿童记住，发现每块拼板排列的特征。第一次完成这个任务时，W 经过长时间探索后还是无法完成该任务，他在完成任务过程中并没有运用记忆的策略，而是不停地试误。在他感觉到无法继续时，干预者提供了样图给他看 15 秒钟，要求他记住典型特征（例如样图的图案是“牛”，牛角在左边最上面的位置），这个游戏包含着对空间位置的记忆。在样图的帮助下，他完成了 9 块拼图。在第二次游戏中，干预者要求他尝试不看样图，自己完成拼图；在多次尝试后，W 终于可以顺利完成拼图。当儿童认为任务没有挑战性时，干预者要求儿童能够运用“记住典型特征”的策略完成 16 块拼板的拼图。其他任务的难度也是含有梯度的。例如，“记忆拼板”游戏是由积木图案和 6×5 的格子组成，最低难度的记忆游戏是让儿童进行单一维度记忆复制，例如每排有一个格子里放一个“苹果”，记忆广度从 3 排逐渐增加到 6 排；第二级难度是要求儿童同时记住物体的两个维度特征，即物体的名称和位置，如第一排第二个格子里放的是“香蕉”，第二排第三个格子里放的是“自行车”，广度从 3 排到 6 排。

（2）促进儿童发现和建构记忆策略

记忆策略是个体为提高记忆效果而采用的手段以及对自身记忆活动的有意识控制。儿童记忆策略发展经历了以下四个阶段：无策略阶段、部分策略阶段、策略效果脱节阶段、有效策略阶段（刘金花，2006）。刚开始进行干预时，W 不会使用任何策略帮助自己记忆，所以错误率很高。随着经验的增加，W 逐渐能够采取一些策略来帮助自己在游戏中获得成功。在“记忆拼板”游戏中：

干预者：你可以想个办法记住这些图片吗？

W：我可不可以在心里面默默读？

干预者：可以呀。

W：那我需要长点时间记住它。

干预者：好的。

干预者给该儿童默记的时间延长，该儿童可以顺利完成 3—4 个图片的空间位置复制。当图片增加到 5 个时，他几次都没有成功。

W：我可以读出声音来吗？

干预者：如果你愿意，可以读出来。

W 多次尝试了把词语读出来后发现只需要读一个字就可以记住这个物体，如“香蕉、自行车、青蛙、草莓、汽车”读成“香、自、青、草、汽”，很容易就记住了。这个过程中，W 通过探索实践发展了自己的记忆策略，正如建构主义理论所倡导的那样："学习者想要获取成功的话，必须自己去发现和转换复杂的信息。"①干预者需要做的就是通过多种方式来促进他们发现这些策略，或者提供更多的机会和信息让他发现这些策略的意义。

在要求W从两个维度记忆图片时，即同时记住图片的位置和名称时，3个图片的任务可以完成，到了4个图片任务时他感觉非常难。

干预者：你要不要放弃这个游戏?

W：我不想放弃。你可以告诉我一个好办法吗?

干预者：你可以让你的手指头帮帮你。

W：(用手指头指着每个格子里的图片点了一下）是这样吗?

干预者：你可以再试试。

W：(一边读一边指着图片，然后抬起头在空中用手指头一边指一边念重复了一遍）我记住了（非常开心)。

W有时能够正确地评估自己是否能够完成任务。建构主义学习观强调："一开始是让儿童依靠自己的直觉去完成学习任务，让儿童运用已有的经验，以他们能够采取各种方式来解决问题。"②当他们学习到困难之处时，可以在他学习的关键环节给予帮助。这种帮助并不是直接告诉他如何做，而是给予一定的支架，如启发式提问、信息的提示等。

(3) 运用游戏的方式发展新的记忆策略

记忆拼板游戏中，当要求记忆的空间位置增加到6个图片时，仅仅采用复述的策略，W已经很难完成任务了。于是，干预者对W进行了"听故事拼图"的游戏，给儿童讲述了一个故事，然后让儿童按照故事里图案出现的顺序，按照时间序列排放。这个游戏要求儿童能够在复述故事的基础上复制图片序列。W对于具有情节的故事记忆特别容易，从8个到20个序列都能够完成，而且错误率很低。儿童记忆策略的真正获得在于他能够在新的情境里运用所学的策略。"听故事拼图"游戏的设计，除了帮助儿童提高语音记忆能力以外，还在于促进儿童意识到各个图片之间可以通过故事情节建立起联系。通过把没有关系的各个"单位"的图片联想成一个故事，可以记住更多的图片。数学学习困难儿童的一个比较大的特征就是迁移能力比较差。因此，当干预者要求W回到"记忆拼板"游戏中要求其记住6个图片时，他并没有主动想到把图片联想成一个故事，运用情

---

① Waxman, H. C., Padron, Y. N., & Arnold, K. M.. (2001). Effective instructional practices for students placed at risk of academic failure. *Compensatory education at the crossroads*, 137 – 170.

② Schifter, D. (1996). *What's happening in math class?* Teachers College Press.

节帮助自己记住更多的图片，而是一直采用复述的策略。

干预者：还记得我们以前玩过的讲故事摆图片的游戏吗？

W：记得。我记住了很多图片。

干预者：你也可以用这些讲一个故事。

W：哦，是的，我可以试试。

把已经玩过的游戏方法运用到新的记忆任务中，对 W 来说是一个很大的挑战。W 无法把已经玩过的游戏与新的情景联系起来，他无法自发地发现线索，实现学习技能的迁移。必须在干预者对线索有明确的说明和显示之后，才会学习使用新的策略。

3.1.2 认知灵活转换能力的干预

认知灵活转换能力是指能够从不同的角度看问题，能迅速和灵活地适应变化的情景（周欣等，2013）。“七巧板”的拼搭需要儿童能够进行灵活翻转，还需要儿童能够在注意颜色和形状之间转换。首先，完成一个拼图需要儿童注意到形状的各个维度。在刚刚开始玩七巧板游戏时，W 可以完成简单的拼图，但是当图片稍微复杂时就有困难，而且需要很长时间才能完成。他无法意识到在拼图时需要翻转、旋转等才能完成目标拼图。

W：我不知道这里应该放哪片。

干预者：哪一片放在这里呢？（指着图片的尾部）

W：这一片三角形。（找了一块三角形，但是错了）

干预者：认真看看这个大三角形在哪个位置。（指着样图）

W：哦，我知道了，应该是这个小三角形。

干预者：位置对了，但是需要转一转哦。

W：（拿着图片翻转了好几次，才发现与样图是一模一样的）我成功了！这里需要转一转。（告诉旁边的同伴）

干预者给 W 提供了与他们游戏的“七巧板”颜色不一致的样画。因此，他们在完成拼图时需要在颜色和形状之间进行灵活的转换。这对 W 来说是一大挑战。

W：（看着样图）红色的放这里，黄色的放这里。我没有错呀，为什么我拼出来不一样呢？

干预者：（指着其中一块）你仔细看看跟图片上哪里不一样？

W：都是一样的黄色呀。

干预者：你拿这一片放在图片（样图）上比一比。

W：哦，我知道了，原来我的七巧板颜色和它不一样。

W：我成功了（指着拼好的图案），你看，是只小猫。

干预者：你是怎么做到的？

W：就是认真看它的形状，还要看大小。你看，这里应该摆大的三角形，这里应该摆小的三角形。

干预者：你做得很好。

随着干预次数的增多，W 在完成拼图时，能够自主而灵活地在颜色、形状、大小的维度进行转换。而且，完成拼图所需要的时间越来越短。在随后的“多维分类”系列游戏中，第一个系列要求儿童能够从积木的颜色、大小、形状三个维度进行转换，第二个系列要求儿童能够从物体的颜色、功能、类别三个维度进行转换。W 在这两个游戏中的表现都很好，能够很快顺利完成任务。这可能是他把前面的游戏“经验”迁移到了新的游戏中。

3.1.3 抑制控制的干预

抑制控制涉及在必要的情况下，能对自己的注意、行为、思维或占主导地位、自动化或优势反应进行有意识的控制，从而做出与任务目标有关的反应（周欣等，2013）。“小心炸弹”游戏是 W 非常喜欢的一类游戏。这个游戏第一个序列的难度比较低。首先，红色的“赛车”只能走红色的积木，“习惯化”后，所有的红色积木都会成为红色赛车的“炸弹”，因此红色赛车只能走其他颜色的积木。W 在几次游戏后，能够比较轻松通关。第二个序列游戏“炸弹”的颜色不一致，数量由少到多。刚开始会给 W 建立优势反应，就是在“赛车道”上一路畅通，每个积木都不是“炸弹”。当他“习惯化”时，“炸弹”数量由 3—8 个逐渐开始出现。一开始，他总是无法抑制住优势反应，频频“被炸掉”。

干预者：为什么这次又被炸掉了？

W：我的车开得太快了。

干预者：记住了哪些是“炸弹”吗？

W：记住了。前面几次“开车”时，它不是炸弹。可以把“炸弹”的颜色弄成一个颜色吗？

干预者：这个不行。你这次可以试着“开车”慢点。你是可以做得很好的。

W：好。我再试试。

W 在再次尝试时，发现记住“炸弹”的颜色容易混淆，于是他重新尝试时会确定，“炸弹”的位置，并且一边“自言自语”说：“第 3 个、第 5 个、第 7 个是‘炸弹’……”然后小心翼翼地“开着车”避开“炸弹”并获得了成功。在这个过程中，儿童的自我独白语言，正如维果茨基所说的，不仅是幼儿心理发展的伴随现象，这种语言还具有调节行动、计划的机能。在抑制控制的发展过程中，语言起着非常重要的作用。维果茨基还认为，幼儿的自我中心言语常常出现在特定的情景中：幼儿似乎处在一个具有中等难度的问题情景中，这个问题情景是在他们熟练掌握的范围内。干预者及时记录 W 的自我中心语言，有助于细致了解和深入观察 W，并且及时为其提供帮助。

3.2 干预效果的评估

为了分析干预对 W 的影响，本研究对 W 的数学能力和执行功能的评估与同龄的正常儿童进行对比（见表6-2-2）。抽取来自与 W 同班的 11 名儿童作为正常组（随机选择数学能力分在 25% 以上的儿童）。从执行功能的各个任务的得分看，W 在圆点短时记忆上得分前测为 3 分，后测得分为 6 分，比前测进步了 3 分；在数字倒背任务上的得分前测为 1 分，后测为 7 分，进步了 6 分；在言语工作记忆上前测为 4 分，后测为 9 分，进步了 5 分；在灵活项目选择任务上前测为 9 分，后测为 14 分，进步了 5 分；在数形转换和“白天/黑夜”任务上前测和后测没有发生转变，均为 0.42 分。从数据上看，W 的工作记忆有比较大的提高，转换能力也有所提高，但是抑制控制没有得到提高。与正常组儿童比较，W 在工作记忆（数字倒背、词语倒背）、转换能力（灵活项目选择）上均达到了正常儿童的平均水平，工作记忆（圆点短时记忆）和抑制控制（白天/黑夜）低于正常组儿童平均数。

表 6-2-2　W 和正常组儿童的执行功能前测和后测分数

	圆点短时记忆	数字倒背	词语倒背	灵活项目选择	数形转换	“白天/黑夜”
W 前测	3	1	4	9	0.10	0.42
W 后测	6	7	9	14	0.10	0.42
正常组前测	7.18 ±1.99	4.73 ±1.62	4.36 ±1.12	13.36 ±4.86	0.37 ±0.23	0.63 ±0.23
正常组后测	10.81 ±3.40	5.00 ±1.09	7.18 ±1.99	14.33 ±3.39	0.38 ±0.19	0.64 ±0.17

在数学能力方面，W 前测的数学能力分数为 87 分，后测的数学能力分数为 105 分，数学能力分数提高了 18 分。同龄正常儿童的数学能力前测平均数为：（$N=11$，$M=116.73$，$SD=4.292$），后测平均数为：（$N=11$，$M=118.182$，$SD=9.347$）。虽然干预结束后，W 与正常儿童的平均数还有一定的差距，但是从增长量上看，增长的幅度较大。这表明干预缩小了 W 在数学能力方面与正常

儿童之间的差距（如图6-2-1）。可见，干预儿童的执行功能可能也能促进儿童数学能力的发展。

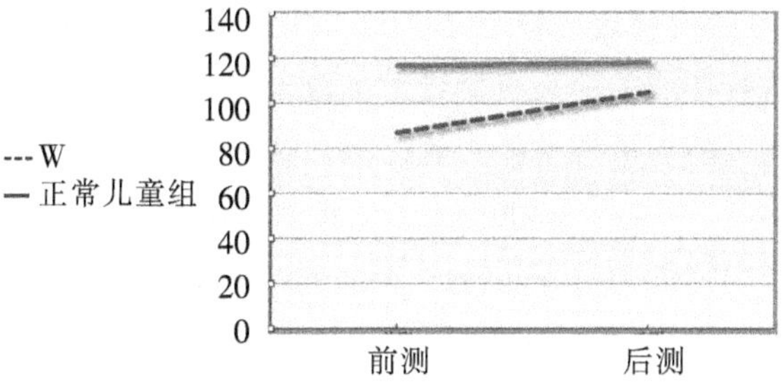

图6-2-1　干预前、后W与正常儿童的数学能力分数

4 讨论

数学学习困难儿童在执行功能方面的缺陷可能表现在两个方面：一是工作记忆容量的限制（程大志，陈春萍，隋光远，2010）；第二，抑制控制差（金志成，隋洁，1999）。因此，在对W的干预中，把对记忆容量和抑制控制的训练作为干预的重点。研究已经发现儿童的工作记忆是可以训练的。本研究中W在工作记忆方面和转换能力方面的进步是比较明显的，但是抑制控制方面似乎效果不大，这与已有的研究结论是一致的，研究发现对学前儿童进行工作记忆干预不仅可以有效提高工作记忆，这种效果还能迁移到非训练任务中，干预儿童抑制控制却没有显著的效果（Thorell et al.，2009）。这可能与干预的过程有关，因为干预者对工作记忆任务的难度很好把握，相对来说抑制控制任务的难度则很难把握，因为抑制控制任务是对保留在顶叶和前额叶的几秒钟内的信息进行加工，对优势反应的控制的一个神经过程，这个过程发生的时间只有几百微秒（Curtis，Rao，& D′Esposito，2004）。因此，可能在抑制控制训练任务中大部分时间都用来训练工作记忆了。而儿童转换能力的提高可能是因为干预任务难度比较大，儿童能够从中获益较多。测查的项目只需要儿童对图片的分类维度从一个特征转换到另外一个特征（如从关注颜色到关注大小），而干预的任务，特别是第三层级的任务难度远远大于测查的项目。这也表明了干预的有效性。

从本研究的干预过程可以看出，创设儿童需要使用策略的环境对于幼儿执行功能的发展非常重要。给儿童创设一个需要运用“策略”的游戏情境，可以激发他们运用策略的动机，在游戏过程中运用这些策略并且引导儿童在游戏后进行反思，运用和反思会使他们对这些策略做出合理的心理解释。儿童执行功能和认知策略的发展需要提供适宜的情景和运用的机会（Peisner, Burchinal, & Clifford, 2001）。

从W数学能力后测分数可以看出，该儿童干预后数学能力大大提高。虽然不能判断是否是执行功能的提高直接导致了数学能力的提高，但是至少可以看出执行功能的提高有可能促进数学能力的提高。执行功能能够支持计划行为、问题解决能力、目标学习（Blair, 2006）。这些能力能够使儿童的学习更加有效，能够提高儿童的合作学习能力（Bodrova, Deborah, & Leong, 2007）。而且，在执行功能游戏的过程中，W运用了一些数字的策略帮助自己完成游戏，如记住第几个是炸弹，这样在无形中提高了数学能力。认知游戏提高了儿童的记忆、转换、抑制控制，这些执行功能对于学习数学非常重要，执行功能的提高可以帮助儿童在数学学习中提高效率和减少错误率（Bierman, Nix, & Greenberg, 2008）。

5 研究结论

对儿童进行执行功能的干预有积极的意义，能够促进儿童执行功能的提高；而且可能产生迁移效应，促进儿童数学能力的发展。本研究是对儿童执行功能的各个成分进行干预，具体是哪个成分对执行功能能力和数学能力的发展产生了影响还很难确定。因此，今后的研究中，可以把儿童分成若干个认知的干预组，具体确定哪一个执行功能成分对数学能力的影响最大。

第七章　5—6岁数学学习困难儿童的干预策略研究

1 引言

近来对儿童学习数、量及数量关系的研究已开始转向关注解释儿童在某一时期的整个学习过程和学习策略发生变化的认知机制（Siegler & Chen，2008）。本研究干预策略的形成是在干预方案确定了的理论框架的指导下，在干预过程与儿童的互动中形成的，这个过程是个预设与生成的过程。了解整个干预过程和策略，需要立足于幼儿园干预实践的情景，关注人与环境的相互作用，在自然状态下收集第一手资料，运用扎根理论的分析方法对心理现象进行整体性分析，自下而上地归纳出策略。因此，本章运用了质的研究方法来收集和呈现资料，因为质的研究是“对研究对象的具体特征进行细致而深刻的挖掘，是一种深描的研究方法。质的研究是以研究者本人作为研究工具，在自然情境下采用多种方法收集资料，对社会现象进行整体性探究，使用归纳法分析资源和形成理论，通过与研究对象互动对其行为和意义建构获得解释性理解的一种活动”①。具体来说，就是质的研究通过对干预者进行深度访谈、观察干预过程，以及分析干预记录文本的方法总结干预过程中干预者采用的有效策略。本章需要研究的问题是：干预者是如何对数学学习困难儿童进行干预的？采用了哪些有效的策略支持儿童的学习？干预者是如何帮助数学学习困难儿童克服学习困难的？

2 研究方法

2.1 研究对象

接受访谈的5名干预者均是华东师范大学学前教育专业研究生，她们是经过专业培训并具有一定干预经验的研究者（参与了2011年课题组第一个样本的研

① 陈向明．质的研究方法与社会科学研究［M］．北京：教育科学出版社，2000：12.

究），主要访谈对象的基本情况见表7-1-1。此外，本研究还对干预组的部分数学学习困难儿童的带班老师进行了非正式访谈，了解数学学习困难儿童的基本状况及教师对这些儿童的评价。

表7-1-1　主要访谈对象基本情况表

干预者代码	年龄	学历	专业	幼儿园工作经验
JX	23	在读硕士研究生	学前教育	实习经验
QL	23	在读硕士研究生	学前教育	实习经验
TT	28	在读博士研究生	学前教育	带班经验
YJ	24	在读硕士研究生	学前教育	实习经验
PY	24	在读硕士研究生	学前教育	实习经验
LT	38	本科（幼儿园老师）	学前教育	教龄15年

2.2 与研究对象建立关系

本研究的研究对象比较多，本人运用了多种方式与研究对象建立起良好的关系。干预之前先与幼儿园教师进行友好的沟通，说明干预的意义和研究的目的、价值，并向有兴趣参与研究的老师提供资料，欢迎她们加入研究。通过非结构性访谈了解数学学习困难儿童的发展状况、学习表现及兴趣爱好。

干预者大多数为本课题组成员，相互之间比较熟悉。笔者经常与干预者通过E-mail、电话等方式保持联系，了解干预状况、干预进程，定期有计划地“陪同”干预者一起对数学学习困难儿童进行干预，并在干预者同意的情况下录音和录像，非参与性地观察他们的干预过程。除了经常交流干预的经验外，还经常与干预者进行文献交流。干预结束后，对干预者进行深入访谈，并赠送礼物表示了感谢。

2.3 资料采集

深度访谈。对干预者访谈了2次，每次1个小时。访谈开始前，说明了研究的目的和访谈的基本内容，并签署了知情同意书，对其中的各项内容进行了解释和协商，经过受访者确认同意后开始访谈。在征得受访者同意的条件下，对访谈进行文字记录和录音。访谈资料的转录和整理完成以后再与受访者进行资料的核对和充实，在成文的过程中一直与受访者保持联络，以确保信息资料的准确和完整。

干预记录分析。每个干预者均提供了详细的干预记录，这里的纪录包括纸质的文本和干预过程的录音，是作为文本分析的重要资料。干预者拍录的音像资料，有涉及儿童的拍摄和录音，都会向家长和老师详细说明研究的目的、研究的过程、使用的记录仪器的安全性；采取的记录方式、涉及的儿童个人信息都遵守了保密规则，在征求家长和老师同意的情况下开展研究。

2.4 资料分析方法

整理和分析资料的基本步骤是：“整理原始资料、登录、寻找本土概念、资料的系统化。”①具体来说，就是把所有的访谈记录进行转录，对观察记录实行以时间为线索的事件转码。通过登录的过程将有意义的词、短语、句子或段落用一定的码号标示出来。仔细确认信息的正确性，在此基础上建立类属。仔细分析原始资料，寻找本土概念，将登录的文本进行编码；使用归纳法分析资料和形成理论。质的研究部分结合了实验部分的研究结论和相关的理论框架，并尝试为研究结果建立资料证据和相关的理论支持，保证研究结论具有可信度和说服力。

3 研究结果与讨论

3.1 数学干预策略

3.1.1 “遵循儿童数学能力发展和学习的规律”——按照儿童数学学习轨迹干预

“儿童数学能力的发展是有规律的，对大部分数学学习困难儿童的干预都是从口头数数开始的（YJ）。”数学知识有意义的发展来源于一个相互联系的数学知识网络、技能和一个系统化的结构（National Mathematics Advisory Panel, 2008），把新学习的知识与已有的知识联系起来，儿童能够加深对数学知识的理解，而且能够更加灵活地运用数学知识。“要遵循儿童数学发展和学习的规律，并在此基础上理解能进行怎样的干预（PY）。”这往往需要理解数学学习的发展程序，这种数学知识和技能的学习的序列过程就是数学学习的轨迹（Clements, 2007）。“这是对儿童进行干预的前提和基础（YJ）”。早期儿童已经拥有了大量的非正式数学学习经验，5—7 岁的儿童即将进入小学开始正式的数学学习，因此，从非正式数学学习过渡到正式数学学习是儿童数学能力发展过程中一个非常重要的环节（Greenes, Ginsburg, & Balfanz, 2004）。这种过渡从学前儿童开始接触书面数字符号系统时就开始了，直到能够运用数学作为一种表征科学和其他领域的知识的工具（Basista & Matthews, 2002）。因此，从一定意义说，“学前阶段就已经有一定的正式的数学学习的经验了。但是，依然是以非正式数学学习为主（TT）。”

---

① 陈向明．教师如何作质的研究［M］．北京：教育科学出版社，2001：277.

非正式的数学能力是可塑的，可以通过适宜性的、有针对性的指导提高（Baroody, Eiland, & Thompson, 2009）。“对数学学习困难儿童进行干预是有效的，特别是那些干预前连数数都不会的儿童，进步特别明显（JX）。”

灵活地理解数量与数字的对应关系以及数量关系是非正式数学能力的重要组成部分。儿童的非正式的数学能力的发展经历了三个水平（Krajewski & Schneider, 2009）：第一个水平是基本的技能，即区分数量（比较集合的数量）和学习口头唱数数字序列（口头数数），这两种技能是最基本的数学能力，而且是分开发展的。第二个水平是有意义的数字技能，即运用一一对应数数来确定集合的数量，运用基数知识和口头数数把特定的数字与数量联系起来（理解和表征每个数字代表一个不同的量，如3可以代表3个苹果）。第三个水平是口头应用题能力，即能够理解口头应用题中的行为对数量的影响（如能够意识到文字应用题中额外增加几个会使原来的集合数量变大）。“把干预数学学习困难儿童的数数、数的比较、数与量的关系、对数学语言的理解作为干预的重点，后面的数的运算需要以这些能力作为基础（QL）。”这三种水平的数学能力对早期儿童特别重要，是儿童开始正式的数学的前提和基础。

学前儿童需要掌握的一个非常重要的正式的数学能力就是流利的口头或以图示表征数的组成和加减运算（如“2和1合在一起是多少?”“3加上几等于4?”“2加上1等于几?”或者“2+1”或者“3+1”）。“数的组成是很重要的干预内容（QL）。”学前阶段掌握数的组成的熟练程度是儿童以后的数学成绩以及数学学习困难的重要预测因子（Clarke et al., 2011）。美国的州共同核心标准（Common Core State Standards, 2011）提出，学前儿童应该能在正式的加法和减法水平上熟练掌握5以内的数的组成。我国的学前儿童可以掌握“10以内的加减（TT）。”“一般正常儿童没有什么困难（LT）。”对于数学学习困难儿童来说，数的组成和运算都是非常困难的，“他们比正常儿童需要更长时间来理解和练习，并且需要干预者适当的讲解、示范、演示（PY）”。这些数学能力对于即将进入小学阶段的儿童的数学学习非常重要，是开始正式数学学习的第一步（National Mathematics Advisory Panel, 2008）。总之，按照儿童数学学习能力的发展轨迹进行数学干预是取得较好效果的非常重要的一个前提。

3.1.2“调动各种感官参与活动”——多种感觉通道参与数学学习

早期儿童的数学学习与自身的活动有关——儿童通过看、游戏活动、操作物体、身体活动来感受物体的数量、形状、大小及变化。心理学的研究认为，在感知过程中，多种感觉通道协同活动，可以提高感知效果。各种感觉通道参与就是指在活动中尽可能调动儿童的“视、听、嗅、触、动等多种感觉通道参与学习”，充分调动儿童学习和活动的积极性。《幼儿园教育指导纲要》也指出科学活动要“能运用各种感官，动手、动脑，探究问题”。在干预数学学习困难儿童的过程中，尽可能“调动他们的各种感官参与活动和游戏（PY）”。在视觉方面，“给儿童提供大量的图片、动画、故事书、各种形象化的数字等（LT）”。“有的小朋友分不清 6 和 9，就想了办法帮助他们形象化记住，6 是哨子，9 是气球 9（YJ）；”听觉方面，运用语音来帮助他们学习数学，“如让一个幼儿拍手，另外一个儿童数次数（PY）”。可以把学数学与运动游戏结合起来，“让儿童跳绳、运球、蹦跳的过程数次数，或者通过比赛的形式让儿童比比谁跳得最远，谁跑得最快（TT）”。在游戏的过程中，让儿童有充分的机会，能够运用各种感官学习数学。一些棋类游戏也能够充分调动儿童的各种感官参与数学学习。例如，“斜坡和楼梯”游戏（1—100 个数字格子，投骰子决定走多少步，走到斜坡就要下滑到对应数字，走到楼梯就可以直接上楼梯到对应的数字），在这个游戏中儿童需要说和听数字，感受数字大小、距离等的变化。游戏中数量大小与动觉、听觉、视觉空间和当前的信息的线性关系为儿童对数量大小的线性表征提供了基础。这种多感觉通道的线索对于儿童学习数学和理解数量关系有很大的帮助（Jordan, Suanda, & Brannon, 2008）。干预中“大量运用了飞行棋、蛇棋（这两种棋类活动类似于‘斜坡和楼梯’游戏），让儿童能够调动多种感觉参与游戏（JX）”。这是因为“学习中如果使用不同的感觉器官，相应的神经系统所承载的负荷量也是不同的，相应的中枢神经加工信息的负荷量也不同”①。多感觉通道参与学习，降低了单一一种感觉通道学习的认知负荷量，因此可以提高学习的效率。“最重要的就是让儿童有参与与体验的机会，这是让他们觉得印象最深刻的学习（PY）。”儿童有置身于情景中，以感官为媒介，全身心地感受、参与、欣赏、讨论，就能够获得基于个体的认知图式的知情合一的学习。“例如假扮游戏，他们会高兴地全身心投入其中。设计的一系列超市游戏，让他们从计算货物数量、计算价钱、钱物交换，他们感觉很真实，没有觉得是在学习数学，而是感觉在玩（YJ）。”应该说，“玩数学”是最适合儿童数学学习的方式。

3.1.3 “实物操作—表征—抽象符号的学习”模式的应用

在干预活动中，先让儿童操作“实物来表现出他们的理解水平，随后通过图

① Sarama, J., & Clements, D. H. (2009). “Concrete” computer manipulatives in mathematics education. *Child Development Perspectives*, 3 (3), 145 - 150.

片、言语来表现，接着是通过抽象的图符、数学符号和等式来学习（YJ）”。这一学习过程称为具体—表征—抽象的（concrete - representational - abstract，CRA）方法，它强调了数学学习应该让幼儿有充分的动手操作经验，同时能在具体经验与数学符号、抽象概念之间建立联系。“有的儿童需要经历很长的时间从第一个阶段到第二个阶段（PY）。”“而有一些儿童却相反，可能是背诵过加法口诀，能够脱口回答出2 +2 =4，却不知道运用实物进行运算（YJ）。”数学学习并不是简单的机械背诵的过程，而是建构数学概念并理解的过程。最重要的是需要引导儿童在“数学概念和实物操作之间建立起联系（TT）”。具体—表征—抽象教学法的运用对数学学习困难儿童进行干预能够取得良好的效果（Flores，2010）。具体—表征—抽象教学法的第一个步骤为具体的阶段，这个阶段主要是通过“做”或者是操作物体来解决数学问题；第二个表征属于半具体阶段，主要是通过“看”或者想象的表征物体来解决数学问题，也称为表征阶段；第三个阶段是抽象阶段，“这个阶段属于符号阶段，主要运用数字或者符号来解决数学问题”①。具体—表征—抽象教学法是一个渐进的系统的方法。每个阶段都是建立在前一个阶段的基础之上的，因此必须循序渐进。第一个阶段是“运用操作实物教数概念”，也就是具体阶段。这个阶段需要“提供充足的让儿童运用实物操作来练习的机会（YJ）”，而且在进入表征阶段之前确保儿童能够在实物操作水平上准确地理解数概念。第二个阶段为引入图像来表征实物（图像化水平），把概念图像化。这时候，需要“提供给儿童运用大量的图像或者视觉表征物来理解概念的机会（PY）”，需要运用多种方式检验儿童是否能够真正运用图像表征理解数概念。在儿童没有完全熟练之前，不能进入抽象符号阶段。第三个阶段为“只是运用数字和符号教儿童数概念（PY）”，把数概念抽象化。具体的方法就是“让儿童运用数字和符号进行大量的练习（PY）”，但是“数学学习困难儿童很少能达到这个阶段（TT）”，这个阶段首先要检查儿童是否能运用抽象的数字和符号理解数概念。如果儿童有困难，应该返回到具体实物操作水平或者表征阶段的学习。一旦儿童能够熟练运用数字或者符号理解数概念，就可以定期进行练习以保持他们对数概念的掌握。

这种学习模式非常重要的一点就是需要让儿童在三个阶段都有充足的练习机会，而且每个阶段都是不可跳跃的。“数学学习困难儿童需要在实物操作水平上

① Center, A.（2004）. Concrete - representational - abstract instructional approach. *The access center*, 1 - 6.

练习相当长的时间才能进入下一个阶段（PY）。”数学学习困难儿童在数学学习中，需要大量的时间来把新的学习技能与已有经验进行重构。因此，应该“给儿童提供充足的时间以对这些信息进行处理然后再进入下一个阶段”①。“具体—表征—抽象的方法为儿童学习数学提供了一个结构化的方式（TT）。”已有的研究证明这个方式非常有效，“可以帮助儿童能够很好地从具体阶段过渡到抽象阶段，这种方法能够适用于所有的儿童（包括数学学习困难）”②。“儿童可以通过大量使用具体的表征来理解数学思想（YP）。”手的操作动作与脑部活动之间的关系非常复杂，已有研究显示了两者之间关系非常密切（Jensen，2001），儿童智能发展的最佳途径是将两者结合起来（Wilson，1999）。但是这些研究至今还没有办法解释清楚为什么两者存在这种联系。当儿童能够不需要具体的操作而进行运算和推理时，他们就已经进入了抽象思维阶段。“延长使用实物进行操作运算的阶段并不会让儿童无法进入抽象运算阶段，相反，为了加深儿童对概念的理解，儿童可以根据自己的需要运用实物进行操作运算直到他们感觉不再需要进行实物操作了。”③在对数学学习困难儿童进行干预的时候，需要确保儿童能够理解他们自己的操作过程并进行思考，他们的学习才能更加有效。不能为了急于让儿童进入抽象运算阶段而缩短他们运用实物和表征进行运算的时间。

3.1.4 “结合日常生活中的情景学习数学”——干预活动与生活密切联系

“在学前阶段要激发幼儿对数学的兴趣，理解数学和日常生活之间的联系，掌握一些基本的数概念和技能。”④儿童生活在一个充满“数”的环境中，家庭和社区环境为儿童提供了大量的学习数学的环境，使他们通过观察周围的环境，学习物体的数量、形状、比较和测量。“尽可能让数学学习与生活密切联系起来，来源于生活，回归生活。就算有的内容无法与生活联系起来，也是要创设一些类似生活的情境的（TT）。”学前儿童发展的“日常的”“非正式”的数学能力具有一些特征：第一个特征就是儿童能够在日常生活中自发地对数学活动和对数学学习产生兴趣和在游戏中萌发数学思维。如有的儿童在日常生活中可能会自发的

---

① Center, A. (2004). Concrete - representational - abstract instructional approach. *The access center*, 10.

② Butler, F. M., Miller, S. P., Lee, K. H., & Pierce, T. (2001). Teaching mathematics to students with mild - to - moderate mental retardation: A review of the literature. *Journal Information*, 39 (1). 43 - 49.

③ Sarama, J., & Clements, D. H. (2009). "Concrete" computer manipulatives in mathematics education. *Child Development Perspectives*, 3 (3), 145 - 150.

④ 周欣．《指南》各领域的解读——数学认知．李季湄，冯晓霞（编）．3—6岁儿童学习与发展指南（解读）[M]．北京：人民教育出版社，2013：132.

数数，或者对最大的数字产生兴趣。“在日常的谈话中可以发现他们有时候会比谁最高，谁的玩具最多，谁的书最多（XJ）。”如在积木游戏中，他们可能会思考如何使自己建造的塔更高，发现形状，创造模式，学习对称等（Seo & Ginsburg, 2004）。第二个特征就是儿童可能早期就具有了一些数学能力。儿童从很小时就能够理解加法和减法的基本概念、空间关系（Brush, 1978）。第三个基本特征就是儿童能够在教育的基础上理解一些复杂的数学。如可以根据儿童的兴趣教他们对称的概念、空间关系等（Greenes, 1999）。

早在 1982 年，英国著名的《科克罗夫特报告》（Cockcroft Report）就指出过：“学校教育既要教导儿童数概念与技能，也要重视这些技能的实际应用，帮助儿童理解如何在熟悉与不熟悉的情景中运用这些概念和技能。”[①]也就是说，儿童学习数学应该重视它的“实际应用价值”（LT），因为数学的学习无法从现实的生活情境中剥离。从生活中学习数学，创设具体的情境帮助儿童学习数学，不仅可以帮助儿童理解数概念，而且可以帮助儿童感受到数学的实用性和自然性。而且，“更加重要的一点是，联系生活的数学，可以帮助儿童把数学技能迁移到生活中去”。儿童主动发现、应用数学对于他们数学能力的建构甚至未来的数学学习都是非常重要的。

“FF 讲了自己在家里发生的一件事，他和弟弟两个人分糖果，一共十三粒糖果，他一粒一粒地分，每次给他和弟弟各分一粒，尝试分了很多次后，最后总是分得不公平（多出了一粒）。最后把多的那一粒给了妈妈吃（YJ）。”干预活动中给儿童提供的糖果都是可以刚好“均分”的数量，“现实的”生活情境并不一定就是如此，儿童需要有这种运用数学的机会，也需要这种认知“冲突”来给他们提供灵活解决问题的机会。“数概念之间的联系是儿童早期数学学习的难点，也是重点。儿童早期数学的习得是和许多具体的情境相连的，但他们最初在不同的情境中对数的理解是不会融会贯通的，要经过相当长的时间才能逐步整合起来。在生活中解决数学问题的感性经验和兴趣在儿童数学学习中是非常重要的。”[②]对于儿童来说，“有用”比“懂了”更能促进学习。因此，贴近儿童生活现实的数学教育更能调动儿童的学习积极性，更能让他们理解，理解比机械记忆更重要。

① 转引自：Hughes, M..（1986）. *Children and number: Difficulties in learning mathematics*. B. Blackwell, 4.

② 周欣.《指南》各领域的解读——数学认知.李季湄，冯晓霞（编）.3—6 岁儿童学习与发展指南（解读）[M].北京：人民教育出版社，2013：131.

《纲要》也提出："引导幼儿对周围环境中的数、量、形、时间和空间等现象产生兴趣，建构初步的数概念，并学习用简单的数学方法解决生活和游戏中某些简单的问题。"① "没有足够的练习经验儿童很难把抽象的数概念与现实的生活联系起来。"②所有的儿童都能够从适当的练习中获益，不管他们的年龄和能力如何。因此，对数学学习困难儿童的数学干预可以帮助儿童把抽象的数学与生活密切联系起来。首先，学习过程生活化。"可以从认识自己的身体开始，如有多少根手指，有几只耳朵等（PY）。"很多游戏就是在日常生活中进行的，例如"分玩具、分水果""数人数""计算物品数量（JX）"等；还有的是模拟了日常生活的情境游戏，"小熊请客""超市购物"等（YJ）。这些与生活相关、类似的经验有利于他们把这些学习经验迁移到不同的情境中去。并且他们会逐渐主动"发现幼儿园的各种数学信息（来了多少个小朋友、排队排第几、班上的男孩和女孩的数量等）（PY）。"其次，学习材料生活化。在干预过程中为儿童提供了大量生活中常见的学习材料，如豆子、夹子、盘子、冰糕棒、回形针等。取材于生活，让儿童逐渐明白"任何物品都可以计数（QL）"。他们也能够"运用手中的物品开展数学游戏（TT）"。数学学习困难儿童的数学学习就是需要从具体情境的问题到数学问题，从具体到抽象，通过儿童的探索去学习，再将学习到的知识运用并迁移到新的问题情境中或者现实的问题中。这样的不断螺旋式上升的发展过程，才能实现现实情境与数学之间的沟通。

3.1.5"作为支持者帮助儿童学习"——干预者的支持性策略

"干预者不能把自己当成知识的传授者，不宜过多地直接把知识、技能和问题解决的方法教给他们（YJ）。"与此同时，也不宜直接纠正他们在探索过程中出现的错误，这样不利于儿童积极独立的思考。当然，并不排除适当的明确的教学。干预过程中，"干预者是作为一个支持者帮助他们学习的（JX）"，要在游戏中有意识地架构儿童的数学学习。干预者的支持性策略对于儿童获得数学能力的发展尤其重要。幼儿的学习需要一个丰富且具有刺激性的环境，"让他们可以探索建构，同时干预者必须积极地与幼儿互动，适度地引导幼儿，促进幼儿概念与能力的成熟发展，而非完全放任幼儿自行建构。"③教师对于儿童的学习起着重要

---

① 教育部．幼儿园教育指导纲要（试行）［EB/OL］．http://www.moe.gov.cn/srcsite/A06/s3327/200107/t20010702_81984.html.

② Ernest, P.（1989）. The knowledge, beliefs and attitudes of the mathematics teacher: A model. *Journal of education for teaching*, 15（1）, 13–33.

③ 周淑惠．幼儿数学新论：教材教法［M］．南京：南京师范大学出版社．2012：285.

的支架作用，在与儿童的交往互动中，引导儿童学会解决问题，主动发展。相比于其他年龄阶段的儿童，“学前儿童的建构学习更加需要成人的介入与支持”①。有的研究者提出，教师提供“鹰架”有 11 种具体的策略，分别是“提问、反馈、建构、示范、描述、鼓励表扬和帮助、促进、倾听、榜样、回忆、建议”②。

干预过程中，为了帮助每个儿童在已有的水平上获得发展，“可以根据幼儿的实际情况作一些简单的变化和调整来满足不同儿童的需求（TT）”，例如，“当儿童无法完成实物水平的加减时，会把干预的内容调整为计数或者数数（PY）”，又或者“如果提供的游戏材料儿童操作不成功或者不喜欢，就会更换一些更简单或者他们更感兴趣的游戏材料（TT）”。因此，在学习内容的安排上，要做到“由容易到难，循序渐进（YJ）”，还要进行“及时调节，降低要求，简化活动（JX）”，引导儿童逐步加深对概念的理解和熟练技能。有意地创设问题情境，诱发儿童想象，启发儿童思考；以培养儿童逻辑思维和语言表达能力为核心，鼓励儿童积极表达自己所思所想。此外，通过各种游戏的方式进行练习是必不可少的，这是把知识转化为能力非常关键的一环。

儿童学习过程中，应该“有充分的对各种材料进行探索的机会（PY）”。这些探索经验可以帮助他们把操作水平的认识与抽象的概念和符号的数知识联系起来，而且这个过程可能会比较漫长。“在玩‘平衡猴’的游戏中，有的数学学习困难儿童在经过三个星期的探索后，仍然一直是通过‘试误’的方法来解决问题（TT）。”因此可能需要“通过成人适时的介入（PY）”。需要强调的是“适时”的含义就是“不能着急”“需要等待（YJ）”，因为儿童的发展是个循序渐进的过程，特别是数学学习困难儿童，在对数学认知和理解的过程中，他们需要比正常儿童更长的时间，着急有可能会限制儿童的思维，导致他们无法进行深入的思考和理解。他们需要在自己已有的水平上对学习过程进行多次尝试，将新的认识、思考以及各种可能的“试想”等整合起来。“没有任何人的干预下，让他们有独立或者小组开放自由的操作的机会，也是非常重要的（JX）。”干预者可能需要提出类似的问题促进儿童在操作过程中进行思考，如“想想用什么办法让平衡猴两只手平衡（QL）？”

适宜的提问、评价和交流对幼儿感知概念的建构会很有帮助。“通过让儿童回答问题的方式，帮助他们理解解决问题的步骤和方法（JX）”，能够引导儿童

---

① Resnick, L. B.. (1987). Constructing knowledge in school. InL. Liben (Ed.) *Development and learning: conflict or congruence*. Hillsdale, N. J: Lawrence Erlbaum, 32.

② 陈辉．以分类游戏材料为中介的幼儿园支架式教学的研究［D］．北京师范大学，2003：65.

在学习过程中进行思考，也可以通过语言来为儿童提供一些新的暗示和线索，帮助儿童获得学习的成功。如“可以将他们排成两列再比较吗?”“看看能否用手指来帮助你?”“这里有个数字线，看看是否能帮助你（PY）。”在轮到作为儿童游戏的同伴的干预者进行游戏时，他可以用语言来表达自己的思考过程和采用的策略，或者故意在游戏中犯错误，让儿童指出错误。干预过程中的互动和交流尤其重要，特别是一些开放式问题的提出，可以鼓励儿童思考他们正在做什么和为什么这么做。“你是怎么算出来的?”“还有没有别的新办法?”“6 大还是 5 大? 你是怎么知道的?（PY）”还有时，“可以互换角色，让儿童充当‘老师’向干预者解释和教学数概念和运算过程（TT）”。此外，鼓励和评价性的语言也是必不可少的。但是，并不是简单的“你很棒!”“真聪明。”之类的评价，而是可以运用更加有意义的鼓励方式，例如将评价聚焦于他们完成任务的情况和采用的学习策略，如“我可以学习你这种数数的方法，这样使数数更简单了。(YJ)”“你这个任务完成得很完美，我可以拍一张照片吗?（PY）”“你怎么记住了那么多图片，可以教教我吗?（JX）”“你做得很对，可以把你的方法告诉他（同伴）吗?(PY)”“你们用了两种不同的方法，但是都做对了（PY)。”采用拍照、录像等方式把儿童的学习过程及成果进行记录，鼓励儿童与同伴互动分享自己的发现，并把这些记录制作成儿童成长档案，是进行有效干预的重要一环。

把学习到的程序或者规则运用到新的情景中，对于数学学习困难儿童来说尤其困难（Fuchs & Fuchs, 2003）。因此，给儿童提供把所学的知识技能迁移到其他情境中的机会非常重要。迁移是指一种学习对另一种学习的影响或习得的经验对完成其他活动的影响。当儿童所学的知识或能力对新情境中的学习产生影响时，学习迁移就产生了。判断学习有效性的标准之一就是儿童对所学的知识或能力的迁移能力的大小。为迁移而组织的教学，迁移效果很可能更好。“仅仅获得个别知识点是不够的，只有建立了知识之间的联系，知识才具有更大的价值(YJ)。”儿童的知识和能力的获得过程是新旧经验的整合、同化、顺应和重组的过程，经过整合，逐步变得系统化、概括化，最终发展成为内化的经验，即基本能力，才能真正的实现迁移。因此，干预中，“要帮助儿童获得各种练习和迁移的机会，让儿童逐渐能够不经过提示就能主动迁移经验（TT)”。

3.1.6“游戏材料的一物多用”——层级使用操作材料

“游戏材料是干预的重要工具（PY)。”“对具体事物的感知和操作是学前儿童形成经验结构和智慧结构的主要方式。学前儿童掌握抽象的符号与概念必须伴随着具体的经验与活动。”① 皮亚杰认为，儿童通过主动探索和对实物的操作逐步形成、丰富自己的认知结构。他认为“实物的运用一方面可以把数学活动具体化，另一方面也可使儿童思维外化”②。运用具体的学习材料，特别是幼儿园和小学低年级，对儿童提高数学能力有非常积极的影响。“游戏材料是儿童学习的中介（YJ）”，将幼儿数学活动建立在具体实物和操作行动中是非常有意义的，如果缺少具体实物和其他特殊经验，儿童可能把数学看成无趣也无意义的活动（Ginsburg，1977）。与正常儿童相比，数学学习困难儿童的数学能力发展速度较慢。“他们可能需要那些专门为年龄更小一些幼儿设计的材料，也需要更多时间探索某种材料或某种概念。”③“游戏材料的一物多用，大大提高了干预的效率（PY）。”灵活使用学习材料，多元开发其游戏的方法，不仅可以大大提高儿童学习的效率，也可以帮助儿童提高对数学知识之间相互联系的理解。数学干预给儿童提供了几种活动和游戏方式：日常生活中的数学问题的解决、桌面游戏、数学游戏材料的操作、角色扮演游戏、“记录表”的统计活动。下面以几个例子来说明“一物多用”（LT）地层级使用游戏材料。

（1）数字表

100以内的数字表以逻辑和图像化的方式表现出来（如图7－1－1），可以运用家中的日历等材料来展示。儿童可以将这些材料用于数数、数字大小鉴别、数量辨别、运算等活动中。第一个层次的使用可以用“唱读”“看数字表数字接龙”“给数字涂色”“种水果”（JX）等游戏的方式来干预儿童的数字认读或者数数，以及“渗透到日常生活中的记录日期帮助儿童熟悉数字的表征形式（QL）”。第二个层次可以用“数字填缺”的练习方式帮助儿童提高数数的流畅性（如图7－1－2），要求“儿童填写缺失的数字”（JX）。第三个层次可以运用到加减法中，例如“把横轴的数字加上竖轴的数字获得的结果填入表格中（PY）。”这个层次对于数学学习困难儿童来说难度较大，很少有数学学习困难儿童能做到这个层次。

① 康丹，周欣，孙怡萍．教师如何根据幼儿的学习行为作出回应——集体数学教学活动中材料的选择和使用［J］．幼儿教育：教育教学，2013（9）：13－15.

② 张慧萍．试论皮亚杰的数学认识论与儿童的数学学习［J］．内蒙古师范大学学报（教育科学版），2006（06）：134－136.

③［美］莎莉．穆莫．布伦达著．耶米柔，侯宇岚，陈芳译．数学不仅仅是数数：基于标准的幼儿数学教学活动［M］．南京：南京师范大学出版社，2013：35.

0	1	2	3	4	5	6	7	8	9
10	11	12	13	14	15	16	17	18	19
20	21	22	23	24	25	26	27	28	29
30	31	32	33	34	35	36	37	38	39
40	41	42	43	44	45	46	47	48	49
50	51	52	53	54	55	56	57	58	59
60	61	62	63	64	65	66	67	68	69
70	71	72	73	74	75	76	77	78	79
80	81	82	83	84	85	86	87	88	89
90	91	92	93	94	95	96	97	98	99

图 7－1－1　数字表

1		3		5		7		9	

图 7－1－2　填写缺失数字

（2）棋类游戏

玩棋盘游戏可以帮助学前儿童提高数学技能（Siegler & Booth，2004）。玩游戏，如蛇和梯子、飞行棋之类的活动，这些棋类游戏可以运用到数数、数与量的对应、数字认读、数量目测、简单运算等。在这些游戏中提供大量的关于数序和数字大小的经验。在这些游戏中，涉及的数字越大，儿童在玩棋类游戏时就需要走更多的步骤，需要说不同数字的名称，要认识更多的数字，要听到更多数字的名称，而且能计算游戏时间的长短。已有的一些数学项目如数字世界（Number Words）和伯克利数学入学准备项目（Berkeley Math Readiness Project）运用了棋类活动对儿童数学能力进行干预，结果促进了儿童数学能力的发展（Griffin，2004；Klein & Starkey，2004）。

第一个层次的棋类游戏可以使用一个点子骰子。蛇棋的玩法是让“游戏者每人选择一种颜色的棋子一枚，轮流掷一次骰子，最先达到目的地为赢者。当棋子停留在梯子的这一空格时，棋子可沿梯子爬上梯子顶部的空格内。如果棋子落入蛇头一格，就需要从蛇头沿蛇身滑落至蛇尾的空格内。如果游戏者自己的棋子移动后的落点已被其他颜色棋子占据，可将这枚其他颜色棋子请回起点（YJ）”。飞行棋的玩法是“通过掷骰子来决定前进几步（PY）”。第二个层次的棋类游戏可以使用 6 面数字骰子，帮助儿童认读骰子上的数字。第三个层次的棋类游戏可以使用一个 10 面数字骰子或者 12 面数字骰子。第四个层次的棋类游戏可以同时使用两个 6 个面点子或者数字骰子，前进的步数可以是两个骰子点数相加或者相减。可以依据儿童对游戏的把握程度，适当加大游戏难度。

（3）数字线

数字线（如图 7－1－3）是一条由数字组成的等距的水平线，以 0 为起点。

数学学习困难儿童在数字线的表征能力上落后于正常儿童（Geary et al.，2007）。而数字线是数数、运算及其他数学技能发展的核心数学工具（National Council of Teachers of Mathematics，2006）。数字线可以运用在数数、数字辨别、书写、序列、数量辨别、相邻数、加减等活动中。可以“从最简单的数数游戏开始，青蛙跳的游戏，可以用青蛙玩偶在数字线上跳，练习顺数、跳数、接数、倒数等（YJ）”。这是最基本的层次，可以帮助儿童熟悉数字线的特征，而且可以让数学学习困难儿童逐步形成数字的线性心理表征，了解各个数字在线上的位置。“第二个层次的活动可以让儿童学习数字和数量对应（JX）”，在数字线上对应物体的数量，能进一步帮助儿童理解数与量的对应关系。“第三个层次的活动，可以用来学习运算（QL）。”运用数字线干预儿童运算能力时，要同时呈现实物和数字符号，并且将两者对应起来，这样有利于儿童实现从表征向抽象水平运算的转换。

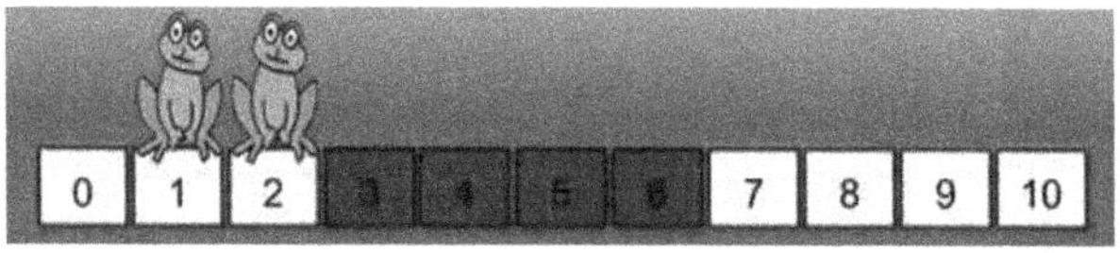

图 7-1-3　数字线

（4）猴子挂香蕉

平衡猴（如图 7-1-4）是由一只左右手可以用来挂香蕉的猴子和标号为1—10 的香蕉串组成。游戏规则是：“猴子两只手必须挂上相同个数的香蕉才能达到平衡（TT）。”这个玩具可以有多个层次的玩法。第一个层次“可以用来帮助儿童识别数字的顺序，可以要求儿童按照顺数或者倒数的顺序把香蕉串从 1—10 排列好（LT）”。第二个层次是“游戏数量的比较（QL）”，随机拿起 2 串香蕉，让儿童依据数字的大小或者香蕉的数量来判断哪串香蕉更重（大/多），然后再让儿童把香蕉挂在猴子的手里验证自己的结果。第三个层次的游戏涉及“简单运算（YJ）”，如在第一排摆出 6 支香蕉，让儿童从剩下的香蕉串中找出一样多的香蕉；或者给出算式，让儿童运用香蕉串进行运算，如 2+3 等。第四个层次的游戏“要求儿童自己给小猴子挂上香蕉，要求两只手达到平衡（TT）”，这要求儿童能灵活运用数的组成的知识或者加减法来解决问题。

图7－1－4 平衡猴

（5）扑克牌或数字卡

数字卡或者扑克牌游戏对儿童数学知识也能产生积极的影响。第一个层次的游戏是“比大小”诸类的游戏，“每个参与游戏的儿童摸一张牌，比比谁的数字大，就为赢者，牌就归谁，最后牌多者为胜者（QL）”。“找朋友”的游戏“就是抽出一张牌放在中间，需要儿童找出分给自己的牌中大小一样的大的牌为它的好朋友（JX）”。可以帮助儿童提高数字辨别能力和数字大小比较能力。第二个层次的游戏是“出牌接龙”，“出一张牌，要求儿童找到这张牌的相邻数，如抽出4，找到3和5（LT）”。这可以帮助儿童练习接数，提高数数的流畅性。第三个层次的游戏旨在提高儿童的运算能力，“凑数”需要“先提出要凑成的目标，例如凑7，干预者出一张牌（控制大小）2，要求儿童找到与2能凑成7的牌来赢得干预者手中的牌（YJ）”。这种游戏可以进一步帮助儿童理解部分与整体的关系，提高运算能力和解决问题的能力。

3.2 执行功能干预的策略

早期对一般认知能力的考察可能有利于识别对数学学习感到困难的儿童。例如有研究认为：“对执行功能的‘鹰架’可以作为数学教育中的一个有用的策略。”[1]执行功能由多重子技能组成，工作记忆、有目的的注意和转换（在问题情境的不同方面转换，抑制无关信息）等对于儿童的数学学习也是非常重要的（Baron，2004）。“提高早期儿童的执行功能是预防以后学业失败的一个重要

① Clark，C. A. C.，Pritchard，V. E.，& Woodward，L. J.（2010）. Preschool executive functioning abilities predict early mathematics achievement. *Developmental Psychology*，46（5），1176－91.

方法。”①

执行功能干预采用的仍然是小组干预和个人干预相结合的方法，根据每个儿童的具体情况，制定了个性化的干预方式，运用干预—反应模式（RTI）指导干预过程，在干预过程中“仔细观察和理解儿童对这个游戏或活动的学习反应是什么？是什么阻碍了儿童的进步？为了保证儿童获得发展，需要提供哪些支持？（JX）”注重对儿童最近发展区的评定，并在干预过程中及时为儿童提供“鹰架”。“鹰架，究其实质就是为促进儿童学习所提供的一种外部支持。”②

3.2.1 “根据儿童的需求提供不同的干预方式”——不同层级的干预方式

维果斯基认为：“在关注儿童实际发展水平和潜在发展水平之间的关系之时，自然应当考虑如何为儿童创造恰当的合作机制。”③有效的引导必须注重儿童的兴趣、知识和观点。因此，干预者要“能够敏感的观察和评价儿童已有的知识、能力、兴趣和需要（QL）”。第一种方式就是，干预者作为儿童学习的支持者和引导者，“在观察和评价儿童的基础上，在适当的时候介入儿童的活动，给儿童以引导（YJ）”。这种干预方式与瑞文·弗斯坦提供的“干预性学习经验”④有相似之处。在干预过程中，干预者会“通过解释、示范等方式帮助儿童学习解决问题（YJ）”——对能力的干预；“帮助儿童习得解决问题的策略（PY）”——学习超越当前的任务；“让儿童分享学习的经验（LT）”——学习分享；“引导儿童自我调节、自我纠错（TT）”——学习调整。例如，在运用“寻宝”游戏干预儿童的工作记忆能力过程中，一开始允许儿童可以采用任何自己喜欢的方式记住“路线”，“大部分数学学习困难儿童一开始都没有记忆策略，对自己能否记住也缺乏正确的评估（PY）”；接着要求儿童自己检查“寻宝路线”是否正确？如果不对，就需要自己重新纠正；引导儿童讨论或者思考“如何才能记住寻宝路线（PY）？”儿童经过多次反思和讨论后，他们会发现“用手指在空中比划（YJ）”可以“记住图中的几个标记”。而且，有的儿童能够把这些策略运用到其他的游戏中。在这个例子中，干预者的适当介入，引导儿童学习自我纠错、学习分享、

---

① Blair, C., & Diamond, A.. (2008). Biological processes in prevention and intervention: The promotion of self-regulation as a means of preventing school failure. *Development and psychopathology*, 20 (03), 899-911.

② 于涛，盖笑松. 促进自我调节能力发展的心灵工具课程［J］. 中国特殊教育，2011（10）：83-86.

③ 黄都，李佳. 基于“最近发展区”的教与学——理解、应用、发展维果斯基的观点［J］. 江西教育科研，2006（09）：13-14+76.

④ 赵南. 把握儿童的最近发展区［M］. 北京：中国经济出版社，2006：74.

学习总结学习策略，对于提高儿童的能力非常有意义。

第二种干预方式是干预者“做好详细的干预计划，按照一定的步骤进行干预，干预过程中根据儿童对游戏的反应调整提示的程度（QL）”，这种干预方式既具有一定的计划性也具有一定的灵活性。在干预的基础上，对儿童的提示都是基于儿童对干预的反应而调整的。也就是说，干预者需要评价儿童的反应来决定给儿童提供多大程度的帮助。从表 7－1－2 可以看出，提示的程度越高代表着给该儿童需要的帮助越大。每个数学学习困难儿童的一般认知能力都是有差异的，有的儿童经过一些简单提示，就能顺利完成任务。例如，“有的儿童有一种习惯，不管什么游戏、任务、回答问题，都是从来不想，马上就做或者随便回答（YJ）”。这是一种“非深思熟虑的行为表现”①，应该给予他们提示，要求他们“想好再行动”或者学习规划自己的行为，这种提示可以帮助儿童逐步控制自己的行为。有的儿童“可能就需要一再降低难度，给予越来越详细的提示，才能完成任务（PY）”。他们在游戏中表现出“策略水平低，迁移能力差，容易被干扰，抑制控制差（TT）”。可见，数学学习困难儿童的认知水平也是有差异的，对提示的依赖程度也不同，这需要干预者根据儿童对干预的反应动态的评价给出恰当的提示。

表 7－1－2　不同程度认知提示表②

提示程度	提示内容	提示举例
最简单提示	非具体的认知提示：激发儿童的学习动机、抑制他们的冲动等	“这个游戏非常有趣！”“有个很好听的故事，你想知道吗？”“先想好，再去做。”
简单提示	一般元认知方面的提示：解释任务、激活儿童已有的经验	“你做过这个游戏吗？”“你以前是怎么解决这个问题的？”“这个任务要求你做什么？”
稍复杂提示	具体认知方面的提示：继续的步骤或解决问题的具体策略	“接下来你应该做什么呢？”“这个游戏要成功，最重要的是要把前面的图案记在心里。”

① Bodrova，E.，& Leong，D. J.（2006）. *Tools Of The Mind：The Vygotskian Approach To Early Childhood Education.* Pearson/Merrill Prentice Hall；25.

② 转引自：赵南．把握儿童的最近发展区［M］．北京：中国经济出版社，2006：85.

续表

提示程度	提示内容	提示举例
最复杂提示	最具体的提示：详细向儿童解释怎么做	“要完成这个拼图，先要把左边部分拼好，然后再拼右边，有的地方需要把拼板转一转。”

3.2.2 “互动与共享”——通过干预者与儿童的互动和同伴之间的共享活动建构知识

儿童的发展是一种社会建构的过程。围绕着适宜他们的发展水平的任务，儿童通过与同伴、教师、学习材料的互动和交往，能够逐渐掌握重要概念，发展认知和社会性技能。干预者需要从儿童的角度看待事物，并能够从不同背景与学习环境的儿童的角度来理解互动的意义。“设计能够促进儿童通过互动解决问题的活动和游戏（QL）”“鼓励儿童通过多种不同的方式解决问题（YJ）”，只有在共享参与基础上的交流才能让儿童进行内化或构建自己的理解。也就是说干预者要观察儿童已有的基础来提供协助。“重视与儿童之间的互动，要向他们讲解游戏的目的和玩法，也要倾听儿童的想法、思考过程（JX）。”“评估儿童的发展，及时调整活动计划和进程（PY）。”这些做法都是保证干预者与儿童之间的对话能够顺利展开的前提。

维果斯基认为：“心理功能是可以共享的，也就是说心理功能存在于共享活动中。”①活动和游戏都可以被两个或者两个以上的人运用多种方式共享之。例如，在建构游戏“搭建城堡”的过程中，可能存在两个或者两个以上的儿童共同解决问题的情况，其中一个儿童遇到困难而需要另外一个儿童帮忙解决问题，也有可能由于成人的援助分享了搭建的策略等。“共享活动是一种不仅局限于成人与儿童之间，也存在于儿童与儿童之间，甚至儿童与其他伙伴之间的互动方式。共享活动扮演的角色超越了成人主导的学习。”② “当儿童在向别人介绍自己的策略和发现时，实际上他自己也在反思（YJ）。”共享活动会让儿童有机会阐释自己的思想，并使用语言作为媒介。没有媒介，就不可能存在真正的对话、交流和

① Bodrova, E., & Leong, D. J. (2006). *Tools Of The Mind: The Vygotskian Approach To Early Childhood Education. Pearson/Merrill Prentice Hall*, 98.

② Tharp, R. G., & Gallimore, R. (1991). The instructional conversation: teaching and learning in social activity. *Dissemination Coordinator, National Center for Research on Cultural Diversity and Second Language Learning, Center for Applied Linguistics*, 1118 *22nd Street, N. W. Washington, DC* 20037, 23.

共享。儿童与成人、同伴之间的对话可以通过语言，也有可能通过绘画、图片、玩具材料等形式。

在共享活动中，干预者是扮演什么角色呢？“是作为儿童的伙伴或者说朋友一同与他们游戏的（JX）。”“他们不觉得我是老师，称呼我为‘一起玩游戏的姐姐’（TT）。”在共享活动中，干预者可以用两种不同的方式参与，一种是直接参与者，另外一种是促进、规划和创造儿童与同伴之间发展出共享机会。[①]干预者要做的就是“观察儿童的学习”（PY），找出儿童思考过程的线索，并且“评估他们的学习，思考下一步能做什么（YJ）”，“能给予多大程度的支持（PY）”，把学习的责任教给儿童自己，引导他们进行探索之旅。

3.2.3 在最近发展区的基础上应用“鹰架”引导儿童发展

儿童认知发展中一个基本问题就是“儿童在解决问题的过程中是否能够激活并利用过去学过的有关信息以及如何激活和利用这些信息”[②]。也就是说，儿童是以生活中具体的概念为中介，促进其认知逐渐向成熟和更为系统化的方向发展，成人需要了解儿童已有的生活中的具体概念与可能的最近发展区，为其搭建学习的“鹰架”，以提升其认知发展层次（周淑惠，2002）。因此，儿童的已有经验是为儿童搭建学习“鹰架”的重要切入点。“需要从考虑儿童会些什么入手（YJ）。”“不仅仅是看他们会做什么，还要考虑他们能做到什么程度，才知道该怎么干预（TT）。”维果斯基指出：“教学的最重要特征是教学创造了最近发展区这一事实，也就是教学引发与推动儿童一系列内部的发展过程，这些内部发展过程对儿童来说显然只有在与周围人的互动以及与同伴的共同活动的范围内才是可能的，是由于经历了内部发展进程后才成为儿童自身的内部财富。”[③]教学所创造的最近发展区也体现在儿童与能力较强的同伴之间的合作中。通过与同伴的交流、争论、讨论、协商等，促进儿童的发展。当儿童进行游戏时，往往会专注于活动本身，如“他们可能会专心于拼搭积木或拼图，而很少进行反思（PY）”。适时为儿童提供“鹰架”是促进儿童发展的最有效的方式。给儿童提供“鹰架”包括量和质两个方面，量是指提供“鹰架”的高度，即帮助儿童推进到哪一个层次；质是指提供“鹰架”的方式，为儿童提供“鹰架”的方式有很多，如提

① Bodrova, E., & Leong, D. J. (2006). *Tools Of The Mind: The Vygotskian Approach To Early Childhood Education.* Pearson/Merrill Prentice Hall, 104.

② 陈哲，王瑞明，莫雷．儿童问题解决中的类比迁移［J］．心理科学进展，2008（01）：65－70.

③ Vygotsky, L. (1987). *Zone of proximal development.* Springer US, 52－91.

问、示范、回馈、教导、提供学习材料等。周淑惠归纳了帮助儿童学习，“可以提供六种鹰架：回忆鹰架、语言鹰架、架构鹰架、同伴鹰架、示范鹰架、材料鹰架”①。值得注意的是，为儿童提供了“鹰架”之后，“还需要适时减少、撤离这些鹰架（YJ）”，因为“当儿童在‘鹰架’的帮助下发展了执行功能时，这些能力也已经成为了新的学习的‘鹰架’了，他们需要新的‘鹰架’来进一步获得新的发展。”②下面以实例介绍几种“鹰架”的应用。

（1）回忆“鹰架”

回忆“鹰架”是指引导儿童调动已有的经验，运用已有的经验来重构新的认知。“从记忆系统中所提取的信息，也要按照具体情况进行建构，而不单是提取。”③提取练习（Retirieval practice）策略与传统的学习策略相比（例如重复学习），能够使记忆保持的时间更长（Karpick，& Roediger，2008），提取是一个使用环境中可利用的各种线索去积极重构知识的过程。不同于死记硬背，提取练习可以理解为有意义学习的一种策略。相关研究也证实了提取练习在“记忆保持、迁移、推理、解决新问题等意义学习上具有持久的效果”④，在工作记忆游戏中要求儿童记住比较多的图片，如公共汽车、雨伞、娃娃、草莓等，“有的儿童就萌发了一种新的策略，他会让自己记住一个字来提取整个词（YJ）”。他可能记住了“公、雨、娃、草”，要成功运用这种策略，儿童必须能够用字作为提示提取词语。回忆鹰架的应用可以帮助儿童降低认知负荷，提高学习的效率。

（2）语言“鹰架”

语言“鹰架”包括语言“鹰架”和记录“鹰架”，是运用语言、图文的记录方式引导儿童思考、推理、讨论探究结果的重要中介，让儿童在共同的活动中进行对话。“儿童在游戏过程中很多时候都伴随着自言自语（TT）。”例如，他们可能在拼搭过程中一边拼搭一边说：“这里要放一块三角形的。”“我好像搭得跟图片不一样呀？哪里不对呢？”“这块放哪里比较好呢？（YJ）”自我中心语言是具有重要意义存在的，并不是儿童活动中无关紧要的“伴随物”，而是儿童发展过程中的一个重要标志。“除了成为一种表述手段和一种消除紧张的手段之外，它

---

① 周淑惠．幼儿园课程与教学：探究取向之主题课程［M］．台湾：心理出版社股份有限公司．2006：25.

② Raymond，E. B.（2000）．Learners with mild disabilities. *Cognitive Characteristics*，169－201.

③ Spiro，R. J.（1988）．Cognitive Flexibility Theory：Advanced Knowledge Acquisition in Ill－Structured Domains. *Technical Report*，441.

④ 周爱保，马小凤，李晶，崔丹．提取练习在记忆保持与迁移中的优势效应：基于认知负荷理论的解释［J］．心理学报，2013（8）：4.

在特定的意义上很快成为一种思维工具——一种寻求和规划解决问题的工具。"[①]自我中心语言实际上是儿童自我监督、自我指导和做计划的过程，儿童的行为计划水平会随着自我中心语言的发展而提高，逐渐变得有计划性和目的性。自我中心语言能够帮助儿童从有声语言思考逐步转化到内部语言的思考。儿童通过自我中心语言进行心理运算（mental operation）（Vygotsky，1967）。因此，干预中是"鼓励儿童自我对话"的，"鼓励他们边思考边说话（自己的思考过程）"（PX）。维果斯基认为："语言是发展理解与自我调节能力最为基本的方式。"[②] 儿童不断重复他们从别人那里获得的不同形式的指导和指示语并且对自己进行出声指导，正是这一时期自我语言内化为思想的表现。"储存与重获意象的能力也是通过使用语言、让儿童在不同的情境中运用已有经验的过程中得到扩展。"[③]他还认为，语言是思维的工具，也是思维的表现，儿童思维的发展则依赖儿童对语言这一社会工具的掌握程度。他还认为，语言越来越成为思维的工具，而儿童思维的发展则依赖于他对这种思维活动的社会工具的掌握。语言作为"鹰架"还包括干预者或者同伴的出声思维。有能力的同伴或者干预者在做游戏时，大声说出自己的思维过程，这可以帮助那些在游戏中遇到困难的儿童直接读取他人的思维方法。例如，在"反过来说"的游戏中，要求儿童听到"吃东西"就要说"西东吃"，有很多数学学习困难儿童总是无法完成三个字的倒数游戏。于是就可以用"出声思维"的方式帮助这些儿童。儿童通过多次复述"西东吃"来帮自己完成任务（JX）。干预者还可以通过提问、提示等方式来帮助儿童克服困难。此外，语言"鹰架"还包括一些图片、绘画或者儿童对自己学习的记录等。研究者认为："绘画在儿童记忆、书面语言发展中起着重要的作用。它有着辅助儿童记忆的功效，即使是最简单的符号也能促进记忆。"[④]

（3）同伴"鹰架"

同伴"鹰架"是指在同伴小组活动中，可以让同伴之间相互刺激而获得发展。为了促进儿童出现更多的同伴互助行为，干预者会"提供问题解决的合作情

---

① 列夫·谢苗诺维奇·维果茨基著．李维译．思维与语言［M］．北京：北京大学出版社，2010：8.

② 列夫·谢苗诺维奇·维果茨基著．李维译．思维与语言［M］．北京：北京大学出版社，2010：10.

③ 列夫·谢苗诺维奇·维果茨基著．李维译．思维与语言［M］．北京：北京大学出版社，2010：16.

④ Stetsenko，A.（1995）. The psychological function of children's drawing. A Vygotskian perspective. *Drawing and looking. Hemel Hempstead*：*Prentice Hall/Harvester Wheatsheaf*，62.

境”，“与儿童一同游戏，相互帮助、交流和对话（PY）。”儿童在共同从事活动的社会情境脉络中，在合作性的游戏情境中，可以通过交流分享或者讨论彼此的观点达成共识，同伴互助就成为了儿童发展的“鹰架”，能够有效促进儿童发展。“有时候同伴的策略对他们来说更具有借鉴意义，更容易被他们彼此接受（PX）。”这可能是因为儿童的同伴交往过程就容易让他们在最近发展区内获得协助。“有时候干预者的协助可能超越了他们的思考水平，因此他们更能从同伴交往中获益（TT）。”儿童在相互交往中，可以创生很多高于他们已有水平的游戏。皮亚杰认为：“儿童从同龄同伴互动中得到的，比与成人的互动得到的更多。儿童可能在与同伴的交往经验中，注意到了自己思考中不恰当的地方。维果斯基认为，儿童的执行功能在任何年龄都可以从儿童之间的互动中建构。”[①]如果儿童在游戏过程中通过同伴互动能刺激认知发展，能够观点融合以及合作解决问题时，就能够成为彼此的“鹰架”。虽然学前儿童的合作能力还不如小学儿童那样（Gauvain & Rogoff，1989），但是干预者可以提供创设儿童合作的机会，引导儿童建立和谐的同伴关系，让他们从问题解决的过程中获得合作和认知活动的交流与共享（Cooper，1980）。

（4）材料“鹰架”

材料“鹰架”是指提供多样化的学习材料，让儿童在探究过程中能够理解概念，获得概念的建构。早期儿童的学习以探索活动为主，探索活动是以儿童对学习材料的操作为中介的，“材料是儿童学习的主要载体（PY）”。以建构游戏材料为例，“建构游戏是儿童喜欢的一种游戏形式（YJ）”，干预活动中为儿童提供了积木、插塑片、小数棒、福禄贝尔的恩物等建构类材料。这些建构类游戏包括了丰富的色彩、大小、形状特征的认知，可以让儿童探索各种玩法，通过计划、合作、操作、探索、自我评价等方式进行各种建构。“这些建构游戏有着灵活容易操作的特点（TT）”，可以让儿童在游戏中感知整体与部分的关系、发展图形的理解和逻辑分析能力，提高儿童的计划、同时性加工、灵活转换等能力。“数学学习困难儿童对形状的认知有比较‘定型’的感知，当形状旋转一个角度后，他们就无法确认这些形状了。如正方形旋转45度后就不知道是什么形状了（PY）。”这些儿童在拼图或者其他建构游戏中，“很多时候很难完成。他们不会通过旋转、翻转、移动等技能帮助自己完成拼图（JX）”。因此，让这些儿童有

① 贝尔克，温斯勒．鹰架儿童的学习：维果斯基与幼儿教育［M］．南京：南京师范大学出版社，2007：221.

充足的机会通过建构、拼组等活动将积木、图形经过旋转、翻转、移动将零散的形状建构成为一个整体；或者通过不同维度的分类、模式识别以及图形创造帮助儿童提高认知的灵活性。

“鹰架”式教学包括创设问题情境引导儿童学习、共同探索、独立探索几个环节（Brown et al.，1984）。儿童从在成人的引导启发下学习过渡到独立自主探索学习，强调成人的指导逐渐减少，直到撤离“鹰架”，让儿童独立完成学习。当儿童能够独立完成学习时，意味着“可以撤离旧的学习材料，更换新的或者改造成层次更高的学习材料（PX）”。例如，当儿童能够完成各种难度的九宫格记忆游戏时，可以换成十六宫格记忆游戏，新的游戏材料是支持儿童执行功能向更高水平发展的“鹰架”。

4 研究结果的效度检验

本研究在研究过程中与干预者和幼儿园教师进行了沟通和反馈，互通信息，向他们讲述了本研究的目的和意义。本研究遵循质的研究原则，通过深度访谈获得资料，对访谈录音进行登录编码，并借助现象学和扎根理论对访谈资料进行分析得出的研究结论。登录编码的信息长达4万多字，分析资料的过程历经3个多月，经过与受访者多次互动和信息确认和反馈，整理的录音资料和论文的初稿都经过了受访者的审阅，保证了论文的描述性效度。此外，还根据通过非参与性观察拍摄的干预过程的录像进行分析，对访谈资料进行相互印证，以保证研究的效度。

5 研究伦理

本研究严格遵循质的研究的伦理原则，与研究对象建立了良好的人际关系。在访谈之前，征求了访谈者的同意，并告知了本研究的目的；采用知情同意书的方式，与受访者进行协商，保证了受访者的权益；使用录音笔对访谈全程进行了录音，保证了信息的真实和可靠；每次访谈转录的资料都会发回给受访者，并依据受访者意见进行修改；为了保护受访者隐私，报告中都采用了化名；对每位受访者给予了适当的物质和精神回报。

第八章　综合讨论

在正常的发展和环境条件下，学前儿童可以通过学习掌握一些关于数数、数的比较、简单运算等数的知识和技能，他们可以运用数与量进行交流、解释、表征信息、运算。但是，由于多种原因，如一般认知能力低下，或者发展不尽如人意，总有一部分儿童的数学学习出现困难。对这些儿童进行多方面的考察以及探究干预的有效方法和效果是本研究的目的所在。本研究对数学学习困难儿童的数学能力和执行功能的缺陷进行了诊断，分别从数学能力和执行功能两个角度对数学学习困难儿童进行干预。结果表明，适宜的教育干预可以补偿、促进落后于同伴的儿童发展，甚至赶上正常儿童。

第一节　5—6 岁数学学习困难儿童数学能力和执行功能的缺陷

数学学习困难儿童在数学能力和执行功能方面均存在缺陷，这为本研究的干预提供了基础和前提。结合干预前的研究和干预过程中儿童的表现对数学学习困难儿童的数学能力和执行功能的缺陷进行综合讨论。

1 数学学习困难儿童数学能力缺陷

1.1 数数能力

学前儿童的数学能力缺陷主要表现为数感的缺陷（Berch, 2005），本研究进一步证实了这一结论，对于数学学习困难儿童来说，从数数到数的比较、数的运算、数字读写、数学事实的提取等方面均比正常儿童差。有的儿童数学学习困难的一个突出表现就是能够数数到 10、20 甚至 100，但是他们可能并不懂得这些数词所代表的意义（Bermejo, Morales, & de Osuna, 2004; Bruce & Threlfall, 2004）；早期数学学习困难儿童可能不理解一个或者多个数数原则（Bruce & Threlfall, 2004）。依据已有的研究，很多儿童在进入学前班之前就掌握了一些数数原则

(Gelman & Gallistel, 1978),但是数学学习困难儿童在进入学前班之前缺乏足够的数数经验,不能够理解数数原则。例如,很多儿童能够准确数到5,但是当物体的数量增加到10时,他们就无法正确数数了,也可能数的过程中频繁犯错,也不懂得如何运用数数来确定集合的数量(Carrasumada, Vendrell, Ribera, & Montserrat, 2006)。造成儿童数数学习困难的原因可能有两个:一是缺乏数数的经验,二是工作记忆能力差。缺乏学习经验的儿童可以通过大量的练习来掌握数词系统;对于工作记忆能力差的儿童,可能需要借助更多的"中介物"和成人的支持和帮助才能学会数数。

1.2 数的比较

相比于进行抽象的数字比较,数学学习困难儿童在实物数量的比较中表现更好一些(Rousselle & Noel, 2007)。例如,当给儿童6颗糖果和4颗糖果时,儿童很快就能辨别出6颗糖果比4颗糖果多。当儿童比较6和4这两个数字时,则表现出有困难(De Smedt & Gilmore, 2011)。一般数学学习困难儿童能够操作实物或者在图片的帮助下区分两组物体的数量,能够比较数量相差较大的两组物体,如2和9,但是对于数量比较接近的物体,如7和8,区分起来就比较难一些(Murray & Mayer, 1988)。数学学习困难儿童常常在比较物体数量时表现出比正常儿童更差(De Smedt & Gilmore, 2011)。因为5—6岁的儿童抽象思维刚刚萌芽,正处于从具体形象思维向抽象思维过渡阶段,他们在判断数量关系的时候较依赖于实物。要达到符号水平数字的比较,还需要在实物操作水平的基础上慢慢发展起来。当他们比较两组物体时,很少采用数数的方式和运用基数原则。教会儿童运用数数来比较两组物体非常重要(Muldoon et al., 2003)。

1.3 简单运算

数学学习困难儿童在运算方面存在的缺陷是对运算的意义理解有困难,特别是在区分加法和减法方面。对于数学学习困难儿童来说,充足的数数、数的比较、数字符号方面的知识是有助于儿童解决大部分加法和减法问题的,当数学学习困难儿童开始学习加法和减法时会十分依赖于实物操作,之后会较少依赖于实物而慢慢开始运用手指(Groen & Resniek, 1977)。在运算方面的第二个困难表现为对加法策略的理解上,较多依赖"全部数"的策略,运用示范等方法教儿童使用"接数"策略是十分困难的,也许他们能够理解这个"程序",却不能够理解为什么这么做。第三,数学学习困难儿童学习减法非常困难。已有的研究认为,当开始学习加法和减法时,儿童解决加法问题比解决减法问题正确率更高

(Shinskey, Chan, Coleman, Moxom, & Yamamoto, 2009)，这是因为儿童顺数比倒数学得更好。然而，数学学习困难儿童很少用倒数的策略解决减法问题，即便告诉他们这个策略，他们也很少采用。对于数学学习困难儿童，相比于顺数，倒数对他们来说非常具有挑战性（Passolunghi & Cornoldi, 2008）。相对来说，他们更加容易接受从一堆实物（或者运用手指）中拿走几个，然后再数剩下的几个的方法。

1.4 数学表征

数学学习困难儿童的表征困难源于对数学符号理解的困难。儿童在学前阶段就能够运用数字符号数数和进行数量比较。数学符号非常重要，因为大部分数学都是用符号来表征的。数学学习困难儿童在理解等号上有些困难（Hattikudur & Alibali, 2010），因此在数字读写方面不如正常儿童。儿童需要学习书写和解释符号的意义，因为这些符号的意义并不会自动化地理解。数学符号的理解对于数学学习困难儿童是核心缺陷也干预难点，有时尽管干预者提供大量的教学和练习，让儿童理解符号的意义，但是儿童也未必能够完全理解这些符号的意义（Capraro, Ding, Matteson, Capraro, & Li, 2007）。

2 数学学习困难儿童执行功能方面的缺陷

本研究发现，儿童在7项执行功能的任务中，除了数形转换任务外，其他6项任务均显著低于正常组儿童。这表明儿童在工作记忆、抑制、转换等方面均存在一定的缺陷。首先，数学学习困难儿童在圆点短时记忆、词语倒背、数字倒背任务中表现出明显落后于正常儿童，这反映了数学学习困难组儿童在工作记忆上的不足，这个观点得到了已有研究的支持（Landerl, Bevan, & Butterworth, 2004）。在控制了儿童的言语智商后，数学学习困难组儿童的工作记忆上各个任务的得分仍然显著差于正常组儿童。也有研究发现在研究中控制了阅读能力，发现数学学习困难儿童在语音短时记忆方面不存在缺陷（McLean & Hitch, 1999; Passolunghi & Siegel, 2001）。这可能与本研究选择的两项测查任务难度较大有一定的关系。本研究中工作记忆的任务意味着同时需要“刷新”记忆，这必然需要更多记忆资源的参与，而对于本身记忆广度就不够的数学学习困难儿童来说，这是一项挑战性很大的任务。数学学习困难儿童在工作记忆上的得分也显著低于正常组儿童，这表明了数学学习困难组儿童工作记忆的不足（Rasmussen & Bisanz, 2005）。工作记忆对于学前儿童的数学学习特别重要，特别是在学习加法和减法的过程中。工作记忆差的儿童早期大多会出现数学学习困难，但是这种困难也有可能随着年级的增长而消失（Van der Ven，Van der Maas，Straatemeier，& Jansen，2013）。

本研究还发现了在抑制控制方面，数学学习困难儿童显著差于正常组儿童，这在已有的研究中也有类似的结论。数学学习困难儿童在抑制控制方面比较差，无法抑制无关信息对数学学习的干扰（Espy et al.，2004；St Clair – Thompson & Gathercole，2006）。执行功能的抑制控制主要表现为抑制干扰信息、优势反应，使行为与目标一致。另外一种表现为数学学习困难儿童会用大量的时间来控制自己的优势反应。如停顿 20 秒、30 秒，甚至更长。数学学习困难儿童的这种抑制控制差在数学学习中可能反映在问题解决过程中的困难。如“小明有 2 颗糖，妈妈又给了一些，现在他一共有 5 颗糖，妈妈给了几颗?”这种问题，数学学习困难儿童可能会无法抑制住“加法”的优势反应，直接算成“2 + 5 = 7”。

数学学习困难儿童在转换能力上显著差于正常组儿童，数学学习困难儿童转换能力差在数学学习方面就是表现为问题解决的灵活性和学习策略、方法的多元性都比较差。数学学习困难儿童在数学学习中方法和策略单一（刘颂，2007），他们不会用不同的方法解决同一个问题，解决问题的过程中会依赖于低水平的策略。例如，比较两个集合，数学学习困难儿童依赖于目测和猜测，不会主动采用数数的策略。

本研究表明，数学学习困难儿童在认知方面的缺陷并不是某一个方面或者表现在某一个任务上的缺陷，而是在各个维度都表现出缺陷。因此，干预时需要全面考虑儿童已有的数学能力和执行功能缺陷。

第二节　5—6 岁数学学习困难儿童数学能力和执行功能的关系

本研究发现，5—6 岁数学学习困难儿童数学能力与执行功能的关系非常密切。5—6 岁儿童的数学学习过程中工作记忆、抑制、转换起着非常重要的支持作用（Geary，Hoard，Byrd – Craven，& DeSoto，2004；Passolunghi，Mammarella，& Altoè，2008）。研究两者之间的关系能够进一步认识数学学习困难儿童学习的认知影响机制和路径。

1 执行功能是影响儿童数学学习困难的原因之一

本研究试图通过探讨数学能力与执行功能的关系为儿童执行功能的干预提供

依据。研究学前阶段的执行功能特别重要，主要有两个原因：第一，学前阶段是儿童执行功能发展的关键阶段，特别是4岁左右，儿童执行功能的各个成分之间会变得更加协调（Garon, Bryson, & Smith, 2008）。第二，学前阶段的执行功能是未来学业成绩的重要预测因子（Entwisle & Hayduk, 1988）。

在探讨执行功能各个成分对数学能力的影响时，发现工作记忆可以解释数学能力总变异的48.3%，超过了智商的27.4%解释力度。这一研究结果与克拉克等人对4—6岁儿童的研究结论是一致的，他们认为至少在这个年龄阶段，执行功能是一个像智商一样有力的预测因子（Clark et al., 2010）。有研究发现，在简单的数学问题中，数数、小数量物体的比较和数字比较对执行功能的要求很低，数学学习困难儿童只有感觉到问题很复杂或者难度很大时才需要运用到执行功能（Lee & Ng, 2009）。因为本研究中大部分数学学习内容对于数学学习困难儿童来说都比较难，因此他们依赖执行功能的程度很高。在执行功能三个维度中，工作记忆任务的预测力度最大，这说明这个阶段的工作记忆对早期儿童的数学学习非常重要，是数学能力的重要预测因子。已有的对学前儿童的研究也发现工作记忆能够预测数学能力（Krajewski & Schneider, 2009b）。而且干预后执行功能干预组的工作记忆和数学能力提高了，但是抑制控制和转换能力没有提高。这可能是工作记忆的提高支持了儿童在这个发展阶段的数学学习，从而促进了儿童数学能力的发展。

本研究中抑制控制和转换能力对数学能力的预测力度并不大，这与其他研究的结果不太一致。以往的研究发现抑制控制对数学能力非常重要。例如在一个对3—5岁儿童的研究中，抑制控制（使用peg-tapping task测查）能够在各个时期预测儿童的数学能力，当控制了其他变量（词语、非言语智商、其他执行功能任务）时，只有抑制能够预测儿童的数学能力（Blair & Razza, 2007）。在另外一个研究中，测查了学前儿童的抑制控制（运用头—脚任务）、词汇能力、读写能力和数学能力，分别对每个儿童在进入学前班和学前班结束时进行了测查。在每个时间点，抑制控制对数学能力的预测都超过了对词汇能力和读写能力的预测（McClelland et al., 2007）。可是，在本研究中抑制控制和转换能力作为预测因子，并没有这些研究中显示的那么重要。存在这种差异这可能有以下原因。

首先，儿童样本不一样，那两个研究为正常儿童样本，本研究为数学学习困难儿童样本。尽管是同一年龄儿童，但数学学习困难儿童所涉及的数学知识技能不及正常儿童的数学知识技能的水平高，也许本研究测查中所涉及的数学技能对抑制控制和转换能力的要求还不高。但是可能随着学习内容的改变和年龄的增长，对抑制控制的依赖会增加。其次，本研究的数学测查和他们的数学测查不一样，布莱尔（Blair）的研究采用的数学测查涉及的数学知识技能是比较图像表征的数量大小，通过简单的运算解决实际问题的能力。麦克莱兰（McClelland）等人的研究采用的数学测查涉及的数学知识技能是基本的运算、大小的比较、形状、数量关系、加减法以及简单图形关系，可见他的研究中的测查关系到数、量、形、空几个维度。本研究采用的主要是一些基本的非正式数学能力（如数数、非正式数概念和简单运算等），集中于基本的数概念和数量关系。与之相比，本研究考察的内容更加狭小一些。数学知识技能的内容和难度对执行功能的不同组成部分的要求不一样（Simmons et al.，2012）。再次，各个研究中测查的执行功能的任务不同，而且数量也不同，有的只有一项任务，有的有两项任务，在进行分析时采用的指标是不同的。布莱尔等的研究中测查了一项抑制任务和一项转换任务，采用测查任务的效率分数（正确率）来分析数据；麦克莱兰采用的评分标准是依据儿童的反应的等级评定（1—10）分。在本研究中，与他们的研究有差别，每个维度的评定都采用了三个任务，最后维度用的是标准分。评分标准的差异可能会造成结果的差异。他们两项研究中没有单独的工作记忆考查任务，这可能是造成研究结果差异最大的原因。由于目前的研究中缺乏统一的执行功能评定工具，不同的研究之间不能直接对结论进行比较。从本研究与布莱尔、麦克莱兰的研究比较可以进一步探究这些问题：正常儿童与数学学习困难儿童的数学能力是否是由不同的执行功能成分预测的？当工作记忆因子出现的时候，抑制控制和转换能力对数学能力的影响是否会发生变化？

对数学学习困难儿童进行执行功能干预可以促进他们数学能力的发展，这是本研究的一个重要发现。为学前数学学习困难儿童的干预提供了一条有效途径。以往的研究中，虽然也有干预执行功能成功的案例，但是很少有研究运用任务或游戏的方式对5—6岁数学学习困难儿童进行执行功能干预，并且干预能对数学学习能力进行有效的迁移。这个结果可以更进一步说明执行功能是造成数学学习困难重要的内在原因之一，但是并不一定是唯一的原因。

2 执行功能如何影响儿童数学能力的发展

执行功能主要通过以下几种方式影响儿童数学能力的发展：第一，工作记忆可能能够在儿童解决问题的过程中有助于保持相关的信息并且存贮和提取这些结果。第二，抑制控制可以帮助儿童排除不合适的策略（如应该用减法时，抑制住用加法的冲动），选择合适的数量表征方式，以及抑制和预防错误的事实提取

（如3 +4 =5），或者抑制住解决口头应用题的无关信息。第三，转换技能可以帮助儿童在不同的运算、解决问题的策略、数量转换和概念之间相互转换（例如，在不同口头数字、书面数字表征以及非符号数量表征之间转换）以及在解决问题的步骤中转换。

执行功能对数学的贡献取决于数学技能的种类，工作记忆是唯一可以预测数学运算的准确性的因子，抑制和工作记忆都可以预测数数技能（Lan，Legare，Ponitz，Li，& Morrison，2011）。本研究中发现的数数依赖于抑制和工作记忆，数的比较依赖于工作记忆，简单运算却依赖于转换能力。这充分表明了不同的数学技能对执行功能各个成分的依赖程度是不同的。虽然各个成分可能对数学能力的贡献程度不一样，但是可以肯定的是，儿童数学的学习需要执行功能各个成分的支持。研究数学学习困难儿童的执行功能与数学能力之间的关系是一个复杂的问题，数学学习过程本身是复杂的，且数学领域也涵盖了不同的数学技能，在数学学习中探索执行功能机制的复杂性不仅仅在于数学学习任务本身越来越复杂，而且在于已经有证据显示了随着年龄增长，数学能力与执行功能各个成分之间的关系也在不断改变（Bull et al.，2014）。

工作记忆提供了一个控制、调节和保持信息进行复杂的认知加工的心理工作空间（Miyake & Shah，1999）。数学能力包括一系列概念性和程序性内容，需要工作记忆在解决问题的过程中保持信息和对新的信息进行加工。学前儿童在非正式数学能力的问题解决过程中同样需要保持信息和对新的信息进行加工，如果工作记忆容量不足，就可能导致他们数学学习困难（Bisanz，Sherman，Rasmussen，& Ho，2005）。小年龄儿童在数学学习过程中会通过接触和指着物体（例如数数）来弥补他们工作记忆不足，对表征和刷新数量信息是必要的（Alibali & Di-Russo，1999）。本研究中工作记忆有缺陷的5—6岁数学学习困难儿童在学习中也有这样的表现，例如，学习过程会利用一些标记来提醒自己记住任务的要求。许多数学内容的学习需要工作记忆的支持。这就意味着工作记忆不足并不是不能学好数学，而是需要在数学教育活动中采用一些帮助儿童克服工作记忆不足的策略来促进他们的学习。从教学的角度更应该考虑数学学习困难儿童工作记忆不足的特点，能够整合相关材料，建立学习内容之间的联系，删除多余的信息，运用简化的语言进行教学，帮助数学学习困难儿童减少外在的认知负荷。同时要允许他们采用多种策略来帮助自己降低外在的认知负荷，如运用手指计数。建构认知图式可以降低个体的认知负荷，认知图式指的是依据其处理方式组织信息并需要经过长时间反复的练习才能够建构起的图式（Sweller，1999），这一点对于数学学习困难儿童尤其重要。

3 执行功能和数学能力相互影响

从本研究的干预结果可以看出，对儿童实施数学干预促进了儿童数学能力的提高，但是对执行功能的影响不大；对儿童实施执行功能干预同时促进了儿童执行功能和数学能力的发展。工作记忆确实对数学能力的发展具有独特的价值，直接干预工作记忆可以间接促进数学能力的发展。

回归分析表明，数学能力不能预测执行功能的发展，干预研究中干预数学学习困难儿童的数学能力可以促进他们的数学能力发展，但是并不能迁移到执行功能方面。这说明，数学能力不能对5—6岁数学学习困难儿童的执行功能产生影响。这是不是意味着执行功能与数学能力之间就是一种单向的线性因果关系呢？得出这一研究结论要持谨慎态度。执行功能是支持数学学习的认知机制，特别是对工作记忆的依赖尤其明显，故而它的提高对数学能力产生影响比较好理解；但同时学习数学的过程可以在“无形”中对执行功能进行“练习”，在对小学一年级儿童的数学干预研究中发现，数学能力的提高有可能反过来促进执行功能的提高（Fuches et al.，2012）。我们在干预过程中，为了避免直接“训练”儿童的执行功能，更多的时候是帮助他们分解学习任务的难度，降低学习任务对执行功能的要求。虽然本研究的儿童数学能力干预并没有显著地促进儿童执行功能的发展，但是并不排除数学学习能够对执行功能的发展产生一定的积极影响，只是这种影响有可能在短期内很难发觉。另外，也不是所有数学学习困难儿童的执行功能都不行。可以看出，本研究中数学学习困难儿童中至少有三分之一的儿童的执行功能水平并不差，这一部分儿童的缺陷可能更多地表现在数学能力上。此外，本研究的样本量较小。因此，解释数学能力的发展对执行功能的影响应该更加谨慎。对这部分儿童的缺陷和数学学习困难原因的进一步分析也许有助于我们对执行功能与数学能力之间关系的理解。而且，认知能力发展的表现本身就具有一定的滞后性，也不一定在一套工具的测查中就能表现出来（Gioia，Isquith，& Kenworthy，2000）。采用多种评价方式可能比采用单一的测查工具更准确。现今美国在儿童执行功能发展的研究中采用了教师评定量表作为参考，例如《儿童执行功能教师评定量表》（Behavior Rating Inventory of Executive Function，简称BRIEF）。本研究从干预结束后的教师访谈中可以了解到，教师对数学干预组儿童的评价从学习和发展的水平到行为都有所提高。这在一定程度上反映了数学游戏的干预不仅仅只是给儿童数学能力的发展造成了影响。只是由于本研究没有全面综合地考察儿童各个方面的发展，无法从实验的数据来证明这一点。考察执行功能干预对儿童的影响可能还需要运用更加综合有效的工具。

此外，影响儿童的执行功能和数学能力发展的因素是复杂的，在教育干预的环境下，不可能排除一些其他干扰因素的影响，如本研究中的其他干扰因素还包括家庭的教育与互动、幼儿园的环境与教育等，而且这些因素是很难控制的（特别是家庭教育因素），这在一定程度上会影响到实验的效度。认知的动力系统理论认为，认知是个复杂的动态系统，“系统内的各个元素之间的关系是一种耦合关系。耦合关系是一种元素之间互为因果和相互决定与塑造的关系，而不是简单的单向线性因果关系”①。霍尔蒙等（Holmes et al.，2010）认为，早期儿童数学能力和执行功能之间的关系可能是交互的、相互影响的。因此，不能简单地认为执行功能与数学能力之间只是存在单向的线性因果关系。它们之间可能存在着更复杂的关系，需要进一步的研究来证明。

有的研究提议，采用纯粹的数学任务测查也可以解释数学能力与执行功能之间的关系。如给儿童呈现池塘里有 7 只鸭子，让儿童回答“如果 2 只鸭子游走了，还剩下几只?”学前儿童的加法和减法运算还没有达到自动化提取的程度，因此完成这些任务需要儿童执行功能的参与，特别是工作记忆（Monette, Bigras, & Guay, 2011）。这种测查方式虽然同时考察了数学能力和执行功能，但是这种测查方式不仅给解释两者之间的关系带来了困难，也很难判断到底儿童在完成这些任务时调动了哪些心理资源。

神经心理学的研究表明，心理运算技能与大脑的前额叶有关，对于早期儿童更是如此（Kucian, von Aster, Loenneker, Dietrich, & Martin, 2008）。工作记忆与大脑前额叶皮层（背外侧部分）有密切相关；抑制与前额叶和前扣带回等脑区有密切关系；转换与大脑额叶的部分脑区及由前扣带回组成的前注意网络有关（Gazzanign, Ivry, & Mangun, 2002）。可见，执行功能与大脑的前额叶有密切关系。因而我们也许可以推断，因为早期儿童的数学能力和执行功能的共同的脑机制都是在前额叶，在发展过程中可能存在共变性。对其中一个领域的干预也许多多少少对另一个领域会产生影响，只是这种影响在多长的时间内或以什么样的形式表现出来尚待进一步的研究。

数学学习活动并不是一种单一的执行功能的成分参与就能完成，需要联合多种认知活动共同完成。现有研究中虽然把执行功能的三个成分分开考察和讨论，

---

① 李其维．“认知革命”与“第二代认知科学”刍议［J］．心理学报，2009，40（12）：1307.

但是并不意味着这三个成分是可以截然分开的，至少目前的测查工具还难以达到这样的水平。特别是对于学前儿童，儿童的转换能力并没有完全从工作记忆和抑制中分化出来（Rushworth et al. , 2005）。因此，许多数学和其他认知活动任务的完成都需要多种执行功能成分参与。而且，就测查任务本身来说，也没有让所有的执行功能成分完全分离。例如在完成转换和抑制任务时都需要记住规则，这就有工作记忆成分的参与，这给研究也带来了一些困难。因此，未来的研究还需要进一步考虑如何更有效地对执行功能的各个成分进行界定和考察。

第三节　5—6 岁数学学习困难儿童干预的有效策略和效果

在对儿童进行干预的研究中，主要需要解决两个问题：一个是干预的针对性，这个问题与干预的内部效度有关系（包括干预的方案、内容、策略、过程和方法，决定了整个干预的水平和质量）；第二个是干预效果的迁移程度以及维持时间问题，这个问题与干预的外部效度有关系（叶平枝，2006）。干预往往会有一定的即时效应，但是一旦停止干预，这种效果可能就不复存在，因此需要考察干预的长期效应。本研究的干预是针对儿童的数学能力缺陷和执行功能缺陷进行的，设计了较好的干预方法，干预的效果检验表明了干预是有效的，具有比较好的内部效度和外部效度。但是由于样本流失严重和其他问题，干预的长期效果无法进行考察了，这是本研究的一大不足。

1 数学干预的有效策略和效果

数学干预是一种对数学学习困难儿童补救性教育，通过 TEMA 诊断儿童的数学能力缺陷，针对这些缺陷实施补救。干预方案都是经过严格培训的培训者在对儿童充分了解的基础上制定的个性化方案。本研究在实施干预之前通过分析已有的研究文献，总结了许多干预的有效策略，认为对儿童实施个别化的干预是最有效的方案。也就是说干预考虑了儿童的学习特点、风格和已有发展水平。因此，对每个儿童进行干预的预想目标可能大致相同，但是干预方法、途径、策略有可能存在差异。如在本研究中运用了按照数学发展的轨迹进行干预，具体—表征—抽象干预法，多感觉通道的数学学习方法，与日常生活相联系，干预—反应模式的应用，干预者提供有效的支持等。这些策略可能在不同程度上支持了儿童的学习。总体上，让儿童在游戏中、生活中学习数学，根据每个儿童的学习特点，运用干预—反应模式来诊断、监控、评价儿童的发展是有效的。这些策略并不是凭空产生的，而是在阅读大量文献的基础上，总结了本课题组第一个研究样本的成功干预经验的基础上以及干预者在干预过程中不断调整、发现、建构而成的，这些策略的运用具有较大的理论意义和实践意义。从理论上看，发展干预策略，建构有效的干预模式，可以丰富学前儿童数学教育干预的理论，为广大教育工作者提供指导。从实践上看，有效的干预策略对于提高儿童的数学能力是非常有效的，可以对儿童早期数学能力进行尽早诊断、发现、干预，预防未来的学业成绩失败。

此外，本研究最大的贡献在于，对数学学习困难儿童实施了个别化干预，对每个儿童的干预都是基于筛选—诊断—干预的模式进行的。在研究中，是针对每个儿童的弱项进行干预的，这与以往的干预研究中采用的干预方法和模式有很大的区别。本研究证明了针对儿童的数学能力和执行功能的缺陷进行干预是非常有效的，这一结果在之后的研究中也得到了证实。针对儿童的弱项进行干预比没有针对儿童弱势进行干预效果更好（Praet & Desoete, 2014）。在干预策略方面，本研究中将“自我反思”作为干预的一个程序，在每次干预结束后的非正式评估之前会让儿童对整个学习过程进行自我反思，“哪个游戏最难？最喜欢哪个游戏？为什么？”最初的自我反思对儿童来说具有一定的挑战，而且他们反思的内容和过程都非常简单，但是随着干预次数的增多，他们反思的内容丰富起来。儿童的自我反思不仅是对他们自己的学习过程的一种回忆和再认知，也是可以让干预者对自己干预的内容和过程进行反思的重要依据。本研究再次需要强调的是数学游戏对于数学学习困难儿童发展的价值，早期儿童非正式的数概念和技能是通过游戏发展的（Mazzocco, 2005）。有研究发现“激发儿童的学习动机（尤其是内部动机），是提高儿童关联认知负荷的重要方法”①。充满趣味的游戏既可以提高儿童基本数学知识和技能，也能提高儿童学习数学的动机。在干预中运用的大量的棋类游戏、掷骰子游戏等，对数学学习困难儿童数学能力的发展起着非常重要的作用。

本研究的结果表明，对数学学习困难儿童数学干预是有效的，能够促进儿童数学能力的进步。数学学习困难可以追溯到早期儿童在数学能力方面的缺陷，如在理解数字、数量关系和简单运算方面的困难（Gersten , Jordan, & Flojo, 2005）。随着年龄的增长，数学学习困难儿童在数概念、数数、运算等方面持续表现出学习困难（Badian, 1983）。摩根（Morgan , Farkas, & Wu, 2009）等人对

① 常欣，王沛. 认知负荷理论在教学设计中的应用及其启示［J］. 心理科学，2006，28（5）：1116.

一个具有全国代表性样本的跟踪研究也发现，在学前班初期和末期的数学能力都处于最低端10%的儿童在五年后有60%的儿童仍然处于最低的10%水平。这个研究的结论提示，如果不对这些数学学习困难儿童进行干预，大部分儿童会一直表现出数学学习方面的困难。从本研究的对照组的儿童的后测可以看出，他们仍然是处于最低端，这些儿童有可能在进入小学后表现出持续的数学学习困难。由此可见，筛选早期数学学习困难儿童，对其进行诊断、干预，对于预防持续性数学学习困难是非常重要的。

儿童从幼儿园进入小学时就已经具有不同程度的数学能力，对那些在3—6岁期间表现出数学学习困难的儿童要及时采取一定的措施，如通过观察、测查等方式进行鉴别，并及时为数学学习困难儿童提供干预和支持。应该在学前阶段就给他们进行早期评估，并且为数学学习困难儿童提供干预和支持。在此之后，需要评价早期儿童的数学能力来选择最适合他们的干预项目。早期儿童的数学干预需要做到以下几点：（1）把培养数学学习的兴趣当成重要的目标；（2）提供一系列有趣的数学游戏；（3）鼓励儿童彼此之间交流数学思想，解决数学问题；（4）重视儿童的数数、数的比较、运算策略、数概念的理解和运用等方面的发展。教学的重点（即数数技能、加法概念）应该根据儿童的需要来决定。干预活动可能并不是最适合儿童的，监控儿童的进步，根据儿童参与教学来决定其反应。如果儿童没有表现出进步，应该修改教学程序来适应儿童的需要（Bryant et al.，2011）。因为学前儿童的数学技能是未来数学成绩的重要预测因子（Jordan et al.，2010），及时为数学学习困难儿童提供数学干预非常关键。

2 执行功能干预的策略及有效性

本研究中的干预吸收了“心灵的工具”这一课程的思想和方法，在建构主义理论的指导下运用游戏的方式对儿童进行执行功能的训练。游戏和任务是在参考已有文献的基础上，对执行功能的测查和训练任务进行改编而成。干预的结果证明了执行功能干预对于儿童工作记忆的提高是有效的。本研究至少可以说明两点。第一，工作记忆可以通过干预予以提高；第二，训练儿童的执行功能能够促进儿童数学能力发展。

执行功能是一种控制自我、调节、分析个体心理过程和外显行为的监控系统（Coltheart，2002）。具体来说，执行功能可以完成目标指引下的行为、制定计划及进行自我调节。认知灵活性对于早期儿童的数学学习是非常重要的，特别是在学习运算策略的过程中。在干预中并没有提高儿童的转换能力和抑制控制，这可能是因为在转换任务和抑制任务训练的过程中，其实也是需要工作记忆的参与。工作记忆的作用贯穿在整个过程中，例如儿童必须记住游戏规则才能够保证游戏的成功和抑制无关信息的干扰。因此，有一种解释就是在完成这些任务的过程中，儿童其实大部分时间都用来训练“工作记忆”了，因此可能用在训练转换和抑制控制的时间就减少了（Thorell et al.，2009）。另外，执行功能的干预可能能够为其他学科的学习提供认知支持（如阅读）。可见，对数学学习困难儿童进行执行功能的干预具有重要的价值。可以考虑将提高儿童的执行功能与幼儿园实施的课程和一日活动结合起来，或者说将执行功能的成分渗透到课程和一日生活中去，这样可以通过日常生活和教学提高儿童的执行功能。

3 对数学学习困难儿童的早发现和早干预的重要性

对儿童进行早期干预是个系统的过程，本研究借鉴了干预—反应模式的思想，在一边诊断一边干预的过程中，让儿童在学习解决问题的基础上，监控儿童的进步发展，并依据儿童对干预的反应及时调整干预方式、方法、策略。从研究的结果和访谈的结果看，干预对儿童的发展起到了积极的作用。因此，教育者需要结合自己的实践经验，尽早发现数学学习困难儿童并且尽早提供干预。识别这些数学学习困难儿童需要通过日常观察和工具诊断相结合的方法，这可能对广大教师有一定的困难。但是，教师可以在实践教学中，通过观察和互动了解儿童的一些数学学习行为和状况。例如，如果早期儿童不知道怎么数数，无法数字和数量对应起来，没有建立起基数概念，不懂得简单的加减运算等，就可以判断这个儿童有可能在数学学习方面存在困难。数学能力的筛选工具可以选用由乔丹等人开发的数学能力筛选工具（Number Sense Screener，NSB）进行评定，该工具具有良好的信度和效度，可以有效甄别数学学习困难儿童（Jordan，Glutting，& Ramineni，2010）。本研究表明，这些数学学习困难儿童尽管在数学和执行功能方面比一般儿童差，但是通过一定的补偿性学习，大多数儿童都取得了较大的进步。一方面说明了数学学习困难儿童存在的这两方面的缺陷并不是不可逆的，只要教育得法，给予适合于他们发展的学习机会，他们就有可能进步。学前阶段是对数学学习困难儿童数学补偿教育的最佳时期，能够在短时间内提高他们的数学能力，从而赶上正常同伴。数学能力是具有可塑性的而且是可以教的（Berch & Mazzocco，2007）。数学学习困难儿童的数感水平低下，在目测、比较数值大小、数字模式、计数、简单的运算能力均不如正常儿童，而且在限定时间的简单计算任务中，他们的精确性和流畅性都比一般同伴要差。因此，他们需要更多的关注。教师需要多关注这些学习困难的儿童，根据这些儿童的已有水平提供个别化的干预方案，以帮助他们提高数学能力。

第九章　研究结论、教育建议和研究的不足之处

第一节　研究结论

综合各部分的研究结果，本研究得出以下几点结论：

1. 运用《儿童早期数学能力测试》对数学学习困难儿童进行筛选，选择数学能力分数最低的10%作为数学学习困难儿童。这些儿童在非正式数学能力的数数、数的比较、简单运算方面显著差于正常儿童，在正式数学能力的数字认读、数概念方面显著差于正常儿童。这一结果为数学学习困难儿童进行数学干预提供了依据。

2. 5—6岁儿童数学能力和执行功能具有显著的相关。执行功能可以在中等程度的水平上解释数学能力的变异；在回归分析中，执行功能的工作记忆是数学能力最显著的预测因子。因此，对这一年龄阶段的数学学习困难儿童执行功能的干预上，也许可以重点干预工作记忆。

3. 对数学学习困难儿童的执行功能缺陷进行分析发现，数学学习困难组儿童在工作记忆、转换、抑制控制方面均存在缺陷，数学学习困难儿童在执行功能方面存在普遍性缺陷。

4. 对儿童进行数学干预能够促进其数学能力的发展，但是没有对执行功能产生影响；对儿童进行执行功能干预能够促进儿童工作记忆和数学能力的发展，这表明执行功能的干预效果可以迁移到数学学习中去。工作记忆缺陷是造成数学学习困难的重要原因之一。

5. 数学学习困难儿童的成长轨迹说明了干预可以加速他们的数学能力的增长；每个数学学习困难儿童成长的速度是不一样的，具有个体差异；数学学习困难儿童是否参与干预和他们的前测数学能力分数可以解释儿童数学能力增长的个体差异。

6. 个案分析表明数学学习困难儿童之间具有差异性（数学能力缺陷、执行功能缺陷、个性、学习兴趣等），每个儿童的数学能力、执行功能缺陷是不同的，对不同的儿童进行干预需要根据每个儿童的具体状况，采用不同的干预方案、方法，并需要监控他们对干预的反应。

7. 对5—6岁数学学习困难儿童进行干预的有效形式是运用游戏进行小组和个别干预。有效干预的策略有：按照数学发展的轨迹进行干预；具体—表征—抽象干预法；多感觉通道的数学学习方法；与日常生活相联系；干预—反应的方法；干预者提供有效的支持等。对儿童进行执行功能干预的有效策略有：基于儿童发展水平的不同干预；与儿童进行有效互动，共同建构认知；在最近发展区内提供"鹰架"。对数学学习困难儿童进行干预促进其数学能力发展和执行功能发展的过程是儿童认知能力的社会建构过程。本研究的创新之处在于基于筛选—诊断—干预模式对儿童实施个别化干预，针对儿童的数学能力和执行功能缺陷进行干预，这是非常有效的干预方式。

8. 5岁儿童确实已有一部分儿童被确定为数学学习困难儿童，且这种困难并非是不可逆的，因为大部分儿童在提供干预的情况下有明显的进步，这表明了对早期数学学习困难儿童的鉴别和干预的重要性。这对我国教育政策制定的启示是：应该建立早期儿童数学能力发展的评价、监控体系和补偿教育机制，能够对这些数学学习困难儿童进行早期的筛选，及时发现这些数学学习困难的儿童，提供早期干预。这是推动教育公平的一大举措。

第二节　教育建议

儿童早期的学习经验不但会影响到儿童以后的学业成就（Sylvia，2009），而且还将影响儿童对这个学科的态度（Glauert & Manches，2013）。近年来的研究证明了早期对数学学习困难儿童数学能力的支持和干预可以降低其持续成为数学学习困难儿童的风险，并且能够有效提高他们的数学知识和技能（Clements & Sarama，2011；Fuchs，2011）。通过高质量的学前阶段的数学教育，他们可以发展一些非正式数学学习能力，包括对数量概念、逻辑关系、数的运算、形状和空间关系等的理解；同时可以为进入小学以后的正式数学学习做准备（NAEYC & NCTM，2002）。早期教育中提供高质量的数学教育，特别是提供适合于数学学习困难儿童的教育干预，对于他们数学能力的发展尤其重要。对教师来说，可能要面临三个挑战。第一个挑战就是如何根据每个儿童的个体发展需要进行干预。差异性教学已经成为早期儿童教育有效性的一个重要的评判标准（Levy，2008）。第二个挑战就是数学学习过程中使用的语言。有的数学学习困难儿童在理解数学语言方面存在困难（Kleemans et al.，2011）。帮助儿童理解数学语言（例如数字以及涉及数概念的一些词汇，如多、少、高一些、多一些等）以及学习如何运用这些数学语言非常重要。第三个挑战就是帮助儿童在数学学习中从依赖具体形象的实物，过渡到学习和运用抽象的阿拉伯数字符号。5—6 岁儿童的数学学习过程可能往往遵循着从具体的数量到更加抽象符号的理解的过渡。然而，对于学习困难的儿童来说，从具体的、有形的实物过渡到抽象的、特定的书面符号是有困难的。这个能力对于儿童数学学习非常重要，它关系到儿童在以后的学习中是否能够完成更高级的数学任务（Pape & Tchoshanov，2001）。

1 借鉴干预—反应模式的思想对数学学习困难儿童进行诊断和干预

早期儿童数学学习干预可以强调发展儿童的数感和早期数概念及技能。例如数数、排序、数量比较、整体—部分概念、数群，以及解决简单的问题等。在过去的研究和实践领域中，很少有人提及学前阶段的“数学学习困难儿童”。一是很多学习困难的儿童至少要到小学以后才被发现；二是可能有的教师“感觉”有的孩子确实“存在学习困难”，但是却很少关注或者“不知道如何帮助他们”。为了保证及时发现需要干预的儿童，以及监测干预的有效性和适合性，应该有专门的专家或者指导教师对干预进行评价和监控，并且提供干预的反馈。可以借鉴干预—反应模式来对儿童的数学能力发展进行鉴定和干预。在幼儿园可以尝试分成以下三个层面来进行：

1.1 第一个层次的鉴定与干预

第一个层次需要教师提供多种机会让儿童能够自由探索和学习，让儿童在这种宽松的环境里显示出自己学习数学的能力、兴趣和水平，教师则需要通过观察了解儿童的已有水平。这个阶段的主要目的就是对全体儿童进行筛查，发现那些在数学学习中有困难、需要支持和帮助的儿童。如果教师感觉不那么确定，还可以借助工具进行测查，例如在本研究中用到的 TEMA 以及乔丹（Jordan）等人开发的数感工具。这些工具的运用可以进一步让教师清楚地评价儿童的数学发展水平，以确定该儿童是否在数学学习方面存在困难，确实需要教师的支持和帮助。教师与儿童在日常生活的互动中，有很多机会可以观察和了解儿童的数学学习行为，能够对儿童的数学能力进行一些正式或者非正式的评估。需要教师明确的是，观察和评估的第一个目标就是为了要丰富儿童的数学学习经验，第二个目标就是趁早辨别儿童是否存在数学学习困难。

如果无法采用标准化的工具进行评定，也可以在儿童数学学习过程中，通过对儿童的一些观察和非正式评价来了解儿童的数学能力发展水平。例如，如果5—6岁儿童尚不能数5个以上的物体；不能够运用一一对应的方式手口一致数数；理解数字代表的物体数量有困难；运用熟悉的物体进行小数量的加减运算有困难，如“我有2颗糖果，你有3颗，我们俩一共有几颗糖果?”不能够按照正确的顺序唱数1—10；不能够理解数量概念（如“更多”和“更少”）以及尺度（如“大一些”和“小一些”）。如果发现这些现象，那么就应该考虑对这些儿童进行早期干预。

1.2 第二个层次的干预与评估

这个层次是针对落后于班级的一部分儿童进行的小组干预方式。干预可以由家长和教师相互合作或者儿童同伴合作来完成。通过这个阶段的评估，给儿童提供差异化学习。除了观察、访谈、档案袋评估等，教师还可以根据需求来确定其他的评估工具。这个阶段需要找到引起儿童学习困难的原因，针对他们学习困难的原因制定干预方案。只要提供适合儿童发展的教育，即使是数学学习困难儿童，也能从中获益。造成儿童数学学习困难的因素可能是多方面的，有的儿童在数学学习的某些方面（领域）存在困难，也有的儿童在很多方面存在困难；可能在与数学学习有关的一般认知技能方面存在困难（如执行功能），也有可能是环境（如家庭、幼儿园等）因素造成的。需要注意的是并不是所有的数学学习困难儿童都能用一般认知能力存在缺陷来解释。格瑞（Geary，2007）的研究中发现，重度数学学习困难的儿童在数学认知方面存在严重缺陷，在工作记忆和加工速度方面都比一般儿童差；而中度数学学习困难的儿童只是在数学学习领域存在一些缺陷。因此，即使都是数学学习困难的儿童，由于引起他们数学学习困难的原因不一样，可能需要采用不同的干预方式和方案。

1.3 第三个层次的干预与评估

第三个层面是多维度评估（包括智力、认知、性格、家庭教育状况、儿童性格和爱好等），需要对家长和教师进行访谈，对儿童在学习中的行为进行观察。采用多种标准、多种工具和多种方法收集关于儿童发展的有效数据。这种基于多方面的评估能够帮助教育者制定有效的干预方案、策略和计划。这个层面主要针对确诊为数学学习困难的儿童，让他们获得个别化的学习。早在十年前，国内就有学者呼吁：“我们以往的一种目的、一种方法和一种评价手段对待全体儿童的传统教学模式不能再照搬下去了，而要提供与儿童兴趣和发展水平相一致的个性化数学教育。”① 儿童学习数学能力存在差异已经得到普遍认同，然而教师总是希望通过用同一种教学风格和教学方法来满足所有儿童的需要（Annemie，2012）。这种做法无疑是不科学的，对于数学学习困难儿童而言，他们在学习过程中需要更加个性化的支持和帮助。

2 建构幼儿园、家庭一体化的数学学习困难预防干预体系

早期儿童数学学习困难重在预防，而且预防学习困难最重要的途径并不仅仅是在幼儿园的集体教学活动中学习到数学知识和技能，更重要的是能够在儿童的日常生活中渗透各种数学教育，或者说将数学融于生活，自然而然地发展儿童的数学能力。转变传统的数学教育观念，在预防幼儿数学教育“小学化”的同时，运用正确的方法引导幼儿学习数学，为幼儿创造一个良好的学习数学的幼儿园和家庭教育环境，对于预防儿童数学学习困难非常有价值。对于已经表现出数学学习困难的儿童，幼儿园和家庭需要共同努力，积极努力尽早干预，尽快给儿童补偿教育，帮助和支持数学学习困难儿童提高数学能力。

2.1 转变教育观念，为数学学习困难儿童的转化提供良好的幼儿园学习环境

早期数学能力可能会影响到儿童对数字表征能力的发展，进而影响到进入小学以后的数学学习。数学能力是一种建构的过程，强调儿童对数概念的理解，是在活动和互动中通过探索和学习主动发展起来的。在我国，家长和教师都比较重视儿童数学的发展，把较多的注意力放在培养儿童数数和加减运算方面。特别是在运算方面，追求心算、速算，例如有的家长直接跨过实物操作阶段，让儿童学习心算，不允许儿童使用手指，要求儿童直接运用抽象数字进行运算；或者直接“灌输”给儿童单一的运算策略，忽视儿童对运算策略的探索和发展。这些做法不利于儿童对数概念和数的本质的理解。而且，“许多教师非常注重教学技能的学习，但常常会忽视对数概念和儿童数学能力发展规律的理解”②。因此，对早期儿童进行科学的数学能力教育，需要教师理解数学能力的内涵和内容，把握住儿童数学能力发展的规律，并能把儿童数学能力发展看成是一个层级建构的过程。把数学能力的教育渗透到日常生活中，让儿童从家庭成员、生活经验、媒体

---

① 周欣．儿童数概念的早期发展［M］．南京：南京师范大学出版社，2001：291.

② 赵振国．3—6岁儿童数量估算，数数能力及视觉空间执行功能发展关系的研究［D］．华东师范大学．2009.

以及与人交往的过程中，能够自然习得数学能力。

杜威提出："儿童具有数数、测量、把实物按照规律排列的本能。"①维果斯基也指出："儿童在进入小学之前就开始了学习，他们能够进行分解、加法、减法和确定物体的大小。"②可见，儿童在学前阶段就有了一定的数学能力。然而，儿童的这种数学能力往往容易被忽视。良好的数学教育是需要教师和家长善于观察和发现儿童的这些能力，并能够结合生活的真实情景加以引导。我国《幼儿园教育指导纲要》的一个重要改革方向就是提倡"学前儿童数学教育生活化，在生活中学习数学"。这是因为学前儿童在生活中每天都能够感受到"日常数学"（Everyday Math，EM）③。日常生活中的数学并不是关于数字读写、做算术题等之类的数学活动，而是一些关于诸如"几个小朋友之间如何分饼干"或者判断"给已有的一堆玩具中加入一个新的玩具后，玩具变多了，应该用加法"。家长和老师可以意识到这些就是日常生活中的数学。但是日常生活的数学的本质和外延很少被人理解。数学渗透在儿童生活的方方面面，如他们可以通过数量的比较来判断两个篓子中哪个篓子里的玩具更多；发现屋顶是三角形的，球是圆形的，门是长方形的；能够依据玩具的大小、颜色、形状等整理玩具；能够在分发餐具时体验一一对应和数量关系。他们在充满数、量、形的空间里，认识世界的基本结构和次序，学习"数学地思考问题"。对于他们来说，日常生活中的数学是游戏的重要部分。例如，儿童在玩积木游戏和阅读故事书时可能需要运用一些关于数字、形状及模式的非正式的数学技能。日常生活中的数学也为儿童的其他游戏提供重要的认知技能。总之，幼儿园里的数学教育应该让数学具有真实的意义。数学的学习具有情境性，它与学前儿童的日常生活、幼儿园、家庭和社区都有密切的联系。数学并不只是存在于纸、黑板或白板中，学前儿童学习数学最好能通过儿童自己的操作和活动，并且让他们意识到数学学习是他们日常生活中的一部分。

2.2 为数学学习困难儿童创设良好的家庭教育学习环境

家长的参与对儿童数学成绩有积极的影响（Gonzalez & Wolters，2006）；而

---

① Dewey, J.. (1976). The child and the curriculum. In J. A. Boydston (Ed.), *John Dewey: The middle works*, 1899 - 1924. *Volume* 2: 1902 - 1903. Carbondale, IL: Southern Illinois University Press, 273 - 291.

② Vygotsky, L. S.. (1978). *Mind in society: The development of higher psychological processes.* Cambridge, MA: Harvard University Press, 84.

③ Ginsburg, H. P. (2006). *Mathematical play and playful mathematics: A guide for early education.* Oxford University Press, New York, 147.

且家长参与可以提高儿童学习的内在动机和兴趣（Fan & Williams，2010）。家庭教育是儿童发展的重要组成部分。发现儿童数学学习困难不必惊慌和气馁，一定要坚信适当的干预可以弥补儿童数学学习的缺陷，让他们尽早赶上同伴。家长要按照儿童数学学习的需要制定干预策略。

首先，在家庭中鼓励儿童运用数字和数数，可以通过生活中的简单活动来帮助儿童学习这些数学技能，比如使用数量词语、指出有数字的地方。在生活中运用一些数学语言（多、少、多一些、大一些、多了几个），并且关注儿童是否理解这些数学语言。如果他们对这些数学语言的理解有困难，可以通过实物演示帮助他们理解。

其次，让儿童参与一日家庭生活中的计数活动。第一个方法是，收集各种材料让儿童计数，例如旧钥匙、塑料瓶盖和彩色按钮等。让儿童一边数一边收集这些物品并放到口袋或者瓶子里，选择游戏的方式让他们有重复数数的机会（例如“输赢游戏”或“猜测总数游戏”）。第二个方法是，让儿童在帮助家长盛米或盛水时，通过测量和计数杯或勺的数量，与他们谈论如何让物体或数量变得更大、更小。这种日常生活中的自然的数学学习有助于儿童建立起数与量之间的联系。第三个方法是，在家里尝试使用熟悉的物品进行加法、减法和“多”和“少”的活动（买了 3 个苹果，吃掉了 2 个，还剩下几个?）。

再次，通过文学作品来教数学。有的故事、歌曲和诗歌里面包含着数字和数数，通过讲故事、唱歌和诵读诗歌的方式让儿童学习数学。有的“数学故事”既包含了生动的情境，也包含着数学内容，情境的呈现有利于儿童对数字的理解。可以充分利用这些文学作品帮助儿童提高数数、简单运算能力。如本研究个案干预中改编了“小猫钓鱼”的故事，渗入了数学内容：猫妈妈钓了 5 条鱼，小猫没有钓到鱼，猫妈妈比小猫多了多少条鱼？（数量比较）；最后 5 条鱼该怎么分？有多少种分法？（数的组合）

最后，可以在家里玩一些简单的棋类和扑克牌游戏，要求儿童数步数、认识骰子上的数字以及通过骰子认识点数、学习表征和练习运算。飞行棋是一种很好的发展儿童数数、数的比较以及学习数的表征的游戏，而且可以随着儿童水平的提高，要求儿童运用骰子的水平也越高，如最开始儿童需要数数来确定骰子的点数；在熟练的基础上，可以要求儿童学习目测骰子的点数；接着，可以把骰子换成数字骰子，让他们熟悉数字符号的表征；当他们能够运算了，可以换成两个“点子”骰子，根据骰子的颜色决定加法或减法等。扑克牌的游戏也可以玩一些类似比大小、凑 5、凑 10 的游戏，这些游戏都有利于儿童数感的发展。

2.3 了解数学学习困难儿童的学习特点，实施个别化学习方案

一般而言，数学学习困难儿童是一种发展的滞后，而不是智商的落后。他们可能在接受一个新的学习内容时，接受和“消化”的速度比正常儿童慢，对于学习过的内容似乎“很容易忘记”。他们比正常儿童更加依赖来自父母、同伴和老师的帮助。而且，他们需要更多的时间来学习，需要更多的练习机会。因此，在对数学学习困难儿童进行数学干预时应该不同于对正常儿童的教学。

幼儿数学知识的获得并不是简单的记忆过程，而是一个漫长的主动建构过程。在这个过程中，幼儿通过熟练化的实物操作过渡到逐渐摆脱实物的束缚，从而达到抽象化水平的过程。因此，对数学学习困难儿童的数学学习干预绝不能简单地停留在表面上，对于儿童的学习表现需要进一步深入地观察、分析和判断，并且时刻注意调整干预方法和措施。干预应该制定更加详细的计划，要根据儿童数概念发展的阶段、水平、轨迹来制定干预计划，帮助儿童提升学习策略。数学学习困难儿童是个异质性群体，每个数学学习困难儿童都会表现出不同的核心缺陷，因此，需要依据每个儿童的特点制定个性化的学习计划。

首先，把数学学习困难儿童认为难以理解的任务分解成几个小的单位，小步骤进行学习。其次，在学习新的内容之前，提供儿童练习从前已经学习过的数概念的机会。再有，需要给儿童主动探究学习的机会。当他们遇到无法解决的难题时，成人可以提供“鹰架”帮助他们建构知识。帮助数学学习困难儿童可以通过不断降低“鹰架”的水平，直到达到他们能够理解和接受的范围。最重要的是，要给数学学习困难儿童提供各种练习已经学习过的内容的机会，这种练习最好是在教师的指导下完成。这是因为数学学习困难儿童能够从多样化的练习中巩固学习过的数概念，包括同伴的小组学习，以及教师（家长）指导下的学习。利用多样化的学习材料和玩具是干预的组成部分。研究已经发现，图像的表征材料能够帮助儿童通过操作把抽象的数概念具体化，从而让他们更好地理解数概念(Gersten et al. , 2009)。最后，在数学学习困难儿童学习的过程中需要提供改正错误的机会以及给予及时反馈。例如，当儿童在学习过程中犯错时，及时让他停下来思考，然后要求儿童自我检查和监督，重新修改自己的错误。在儿童能够独立自主完成任务的时候提供给儿童独立练习的机会，可以让儿童在小组中自由讨论，或者提供回家完成的游戏或“作业”（Stein，KinDer，Silbert，& Carnine，2006）。

2.4 为数学学习困难儿童数学能力的发展提供“鹰架”

成人参与儿童的学习是促进儿童认知发展的关键因素。伍德、布鲁纳和罗斯

(1976年) 运用“鹰架”来描述“成人对幼儿的游戏和学习的指导”①。儿童必须与那些同自己的思维处于不同水平的人分享自己的知识。当他们努力地解决问题时，他们就达到了一种共同理解和共同解决问题的程度。通过这种方式，“当儿童在解决问题的过程中讨论、协商与和解时，他们在个人和生活的两方面把知识建构起来了”②。大量的研究已经证明了成人参与和指导幼儿游戏的重要性和必要性，“成人对游戏的干预最重要的是把握好时机和‘度’”③。因此，“深思熟虑”和不断反思是游戏干预过程中的基本特征，也是促进儿童主动学习的重要方式。需要成人有意识地对儿童数学能力进行评定，并能根据儿童的已有水平设计相应的教学活动或者提供操作材料，引导儿童提高数学能力。

教师可以通过提问和评价关注儿童的学习过程。“如果只关注学习内容而忽视过程，会导致幼儿对数学知识的理解趋于肤浅，只停留在表面。这样即使他们获得了大量记忆性知识，还是不能将这些知识运用到某种特定的数学情境中。”④“数学过程至关重要，因为它们解释了幼儿探索数概念背后的思维过程”⑤，全美数学教师协会（National Council of Teachers of Mathematics，简称NCTM）提出了儿童数学学习的过程标准包括问题解决、推理和论证、交流和联系、表征（NCTM，2000）。这些能力都是在自主构建数学能力的过程中才能形成的。成人需要指导儿童的学习，就要在适当时介入，在恰当时提供“鹰架”，因此必须关注儿童的学习过程，了解他们在游戏中如何运用数学，鼓励他们勇敢地迎接各种学习的挑战，敢于自己尝试解决问题。教师的关注、鼓励、提问、评价，本身就是一种有力的“鹰架”，可以促进儿童自我监控能力和数学能力的发展。

可以在教室里创造开放的、多层次的、良好的数学活动，满足不同发展水平的儿童的需求。对于数学学习困难的儿童来说，他们需要更加细微的、多层次的指导帮助他们“建构”数学能力，提供更加具体的指导。例如，仔细观察，恰当的示范，并鼓励儿童积极提问；采用多元化的方法指导儿童发展数学能力；鼓

① Wood, D. , Bruner, J. S. , & Ross, G. (1976) . The role of tutoring in problem solving. *Journal of child psychology and psychiatry*, 17 (2), 89 -100.

② 卡特伦，艾伦著．王丽译．学前儿童课程：一种创造性游戏模式［M］．北京：中国轻工业出版社，2002：8.

③ 刘焱．儿童游戏通论［M］．北京：北京师范大学出版社，2004：382.

④ ［美］莎莉·穆莫，布伦达著．耶米柔，侯宇岚，陈芳译．数学不仅仅是数数：基于标准的幼儿数学教学活动［M］．南京：南京师范大学出版社，2013：105.

⑤ National Council of Teachers of Mathematics. (2000) . *Principles and standards for school mathematic.* Association Drive, Reston, VA, 1 -20.

励儿童运用多种方法表征他们理解的数概念。对于数学不感兴趣的儿童，则需要采用各种方法吸引学习者投入学习。幼儿园的环境里处处都有机会让儿童通过真实的生活和游戏的情景来解决数学问题。教师需做“有心人”，能够利用周围的一切和日常生活的环境渗透数学教育。例如，在生活情景中分发水果，排队理解序数，整理物品理解数量等。

2.5 按照儿童数学能力发展的轨迹干预数学学习困难儿童数学学习

数学能力包括对数字的理解、数字操作及对数学关系的理解。对早期儿童数学能力培养涉及儿童对数量的理解和操作，也就是说依据儿童数学能力发展的轨迹，儿童需要建构丰富的三种数学关系：真实的数量世界、自然数的世界和正式的符号世界。而且，对儿童数学能力的培养需要从数数开始，接着是数与量的对应、数的比较（包括数字大小比较和数量的比较）、对小数量物体的表征、对大一些数量物体的表征以及数字运算。儿童数概念的核心结构是一个认知结构，这个认知结构使儿童能够解释数量和数字的复杂的发展方式，能够获得这个领域的核心知识，解决这个系列的问题。儿童 4 岁左右，整体的数量模式能够让儿童回答“多”和“少”的问题；并且能够通过数数来计算集合物体的数量。5 岁左右，儿童能够建立起数与量的联系，在数与量之间相互转化；6 岁左右，儿童能够出现运用心理数字线，心理数字线有利于儿童掌握数的比较、基数、运算的知识；他们能够进行初步的运算。因此，对数学学习困难儿童的数学教育也需要遵循他们的数学能力发展的轨迹，不能超越他现有的发展水平。提供最适宜他发展的教育内容，是保证教育有效的重要前提。运用具体—表征—抽象的方法对儿童进行数学教育是一种符合儿童思维发展和数学学习轨迹的学习方法。这是一个渐进的系统的方法，每个阶段都是建立在前一个阶段的基础之上的，必须循序渐进。在学前儿童数学能力发展的过程中，手指提供了很好的“鹰架”支持。手指是介于具体实物和抽象数字表征的桥梁，也是帮助儿童表征数量并进行操作运算的工具。运用手指进行运算能够帮助儿童准确地将问题和解决问题的方法联系起来。手指的运用对于数学学习困难儿童的数学学习非常重要，是帮助他们提高数数、运算、数量比较等能力的一种有效策略，教学过程中不要忽视也不要禁止儿童对手指的运用。

3 对数学学习困难儿童进行早期的执行功能干预

执行功能对儿童的数学学习非常重要。学前期是儿童执行功能能力飞速发展的重要时期。重视对儿童执行功能的培养对于儿童的学习有促进作用。提高数学学习困难儿童的执行功能，可能是帮助他们克服学习困难的途径之一。

3.1 提升对执行功能在儿童数学学习中重要性的认识

执行功能缺陷是造成儿童数学学习困难的原因之一。理解执行功能对数学学习的重要性对于教师和家长来说，都是非常有意义的。让他们认识到不能把数学学习困难简单地归因于智商问题，而是有可能由于儿童工作记忆差、抑制控制能力差或者转换能力差等导致的。数学学习需要不同认知成分的配合，包括长时记忆、执行功能、言语能力、注意力的控制等。现有的研究已经证实了执行功能不仅对于数学学习非常重要，而且它也是阅读、科学等其他学科学习的重要认知机制。可见，执行功能对儿童期各个学科的学习都非常重要。

对儿童执行功能的干预过程是一个从外部创设条件和施加影响到逐渐转化为内部自我控制的过程。大脑对执行功能训练的适应可能是一个渐进和累积的过程，而且这种训练可能需要一段时间才能见效。与此同时，执行功能的训练任务需要不断对儿童的技能提出挑战。尽管在本研究中执行功能的干预都是通过一对一或者小组进行的，也有一些游戏适合在幼儿园的区域活动（记忆拼板、拼图）、集体或者小组游戏（萝卜蹲、传递悄悄话等）中进行。本研究中的一些游戏可以为幼儿园教师提供参考。

3.2 教师提供“鹰架”支持有利于儿童执行功能发展的游戏和活动

其实在幼儿园里，很多教育活动和游戏本身就渗透着儿童执行功能的培养。教师如果能够意识到这些活动的重要性，并且能够适时适当地提供“鹰架”，将会更有利于儿童的执行功能发展。如表演游戏是一种对执行功能非常有利的游戏。教师可以提供条件支持儿童的表演游戏。艾尔康宁认为，具有以下几个特点的游戏有利于儿童发展：象征性代表物，用语言来创作剧情，具有复杂和社会交往的主题，丰富的角色和较长的游戏持续时间（Elkonin，2005）。依据维果斯基学派和艾尔康宁的观点，“因为这些游戏需要更多自我控制、规划与记忆，持续一天或者好几天，可以将儿童推向他们最近发展区的最高级”①。教师在儿童游戏中扮演着非常重要的角色，要给儿童提供适宜的“鹰架”，促进儿童的发展。第一，教师要提供给儿童足够的自由时间进行游戏。第二，在儿童的表演游戏中，提供有建设性的意见帮助儿丰富游戏内容。第三，准备充足的多重功能的道具或者玩具供儿童选择。第四，支持和

---

① Bodrova, E., & Leong, D. J. (2009). *Tools of the mind*. Pearson, 172.

参与儿童的游戏计划。第五，对游戏过程进行仔细的观察和监控。第六，及时发现有需要帮助的儿童给予帮助。第七，适时介入游戏冲突。第八，鼓励儿童相互帮助和协助。此外，维果斯基学派还认为，让儿童说故事、堆积木、肢体动作活动（如“一二三，木头人”的游戏）以及从事艺术与绘画活动，对于儿童自我控制、记忆力等发展都是非常有利的。

3.3 将执行功能的发展渗透于幼儿园的教学和活动中

策略教学对于执行功能有缺陷的儿童来说是十分必要的。策略教学要注意以下几点：一是要能够激发儿童的动机和努力，二是要提供练习的机会。在数学教学中，可以教给数学学习困难儿童一些学习策略，帮助儿童进行计划和组织，能够有效利用他们的工作记忆。例如，“如果你记不住这个数字怎么读，你就大声读几遍（复述策略）。”“这个数字6是不是像哨子？（联想策略）”又例如教他们利用“缩略词”来帮助自己记住有用的信息（“绿三”代表“绿色的三角形”），联想“卡通形象”帮助自己记忆（“眼镜”用“羊村的村长”记忆）。

发展儿童的抑制控制能力可以融入到一日生活中去。比如要求儿童能够认真倾听教师或同伴的话语，克服盲目冲动。在生活中学习自我监控和自我检查，如检查自己的衣服是否收拾好，喝水的口杯是否放好，玩具是否放回原处，离开座位时自己的小椅子是否放好等。这些教育其实就可以融入幼儿园平常的“常规教育”，如果在“常规教育”中能够帮助儿童发展自己个性化的检查清单，他们就能够逐渐意识到自我检查的重要性，并且能够检查自己平常最容易犯的错误。这种教育过程可以帮助儿童从“他律”发展到“自律”，发展儿童的自我控制、自我监督能力。

教师可以组织一些带有情境的记忆类游戏帮助儿童扩展工作记忆容量。运用一些竞赛性质、冒险的、刺激的游戏情境，如“记忆密码”“丛林探险暗号”等，让儿童有不断挑战自己的机会，游戏中的“密码”和“暗号”的长度可以随着儿童的挑战难度的提高越来越长，帮助儿童在游戏中提高自己的工作记忆。还可以组织一些能提高儿童的抑制和转换能力的游戏，如幼儿园用到的多维度分类游戏、木头人、“Simon says”① 以及本研究中用到的“萝卜蹲”“相反游戏”“炸弹游戏”等。

---

① “Simon says”这是适合小组玩的英国传统儿童游戏。如果发令者以“Simon says”开头来要求大家做动作，听令者就必须做出相应动作。如果没有说“Simon says”而是直接宣布命令，则不能做动作，否则就会被淘汰出游戏。

在《心灵的工具》一书中提到了计划活动（如每天早上列出一日的活动表）、早期阅读、读写、绘画等活动方式都有利于儿童执行功能的发展。其中提及的“纸上计划”，就是指儿童在开展游戏之前就做好一切规划，包括将会怎么进行游戏、角色分配、如何开展以及道具运用等。这种方式可以帮助儿童提高规划和自我控制能力，从而提高了儿童的活动和游戏质量。这些在日常生活和游戏中很容易做到，也不需要特别准备复杂的材料的游戏和活动，值得教师借鉴。

第三节　本研究的不足

本研究发现，对 5—6 岁数学学习困难儿童进行教育干预有积极的意义，教育干预可以加速儿童的数学能力发展。但是，由于时间、人力及物力不足等原因，本研究存在一些难以解决的问题。

第一，本研究中数学干预采用了小组干预和个别干预两种方法，并运用了多种策略来进行干预，这在一定程度上很难说明是干预方式有效还是干预策略有效。因此，进一步的研究需要从更细致、控制更多变量方面来论证。

第二，由于样本量不够大，在建构模型时需要持谨慎的态度来解释。后续的研究中增加样本量是一个比较好的做法。

第三，本研究执行功能的干预中针对数学学习困难儿童的执行功能缺陷，对儿童存在缺陷的各个成分都进行了干预，虽然干预组儿童的抑制控制和转换能力没有显著提高，但是也很难解释具体哪个成分对认知能力和数学能力的发展产生了直接影响。因此，今后的研究中，可以把儿童分成若干个执行功能干预组，从而可以具体确定哪一个执行功能成分的干预对数学能力的影响最大。

第四，本研究设计干预时间偏长（第一年 10 月到第二年 5 月），再加上中间有假期，可能存在一些不可控因素，在一定程度上会影响到实验的效果。未来的研究需要在样本大小、干预时间、干预分组等方面进一步完善，严格控制各组干扰变量，进一步验证干预对执行功能和数学能力产生的效果。

第五，教育干预还需要探索更适合在幼儿园里教师容易接受的干预模式。需要继续思考与进一步深入研究的问题是：干预的最佳强度和时长是多少？干预效果是否具有长期效应？执行功能干预组儿童是如何把干预的积极效应迁移到数学学习中帮助他们克服数学学习困难的？这些需要进一步的跟踪研究来证实。

第六，一个非常值得反思的地方就是，由于本研究中人力和物力的限制，对于对照组儿童并没有长期给予“安慰剂”。虽然想了一些办法来控制“安慰剂效应”，但是仍然无法完全排除干预给两个实验组儿童带来的“期待效应”。在今后的实验中，需要给对照组儿童安排相同强度和密度的“无关活动”，才能排除“期待效应”对实验组的影响。

附录 1

《数感测查工具》（用于第六章个案中监测儿童的进步）（NSS）（Jordan，Glutting，et al.，2008）

1. 这里有多少颗星星？

★ ★ ★ ★ ★

2. 数到 20。

3. 数到 10。

数数原则（要求儿童判断这样数数是否正确）。

● ○ ● ○ ● ○ ● ○ ● ○

4. 从左到右数。

5. 从右到左数。

6. 先数白色的圆点再数黑色的圆点。

7. 数第一个黑色的圆点两次。

8—11 题：认读数字卡片 13 37 82 124。

12. 7 后面是几？

13. 7 后面那个数的后面那个数是多少？

14. 5 大还是 4 大？

15. 7 大还是 9 大？

16. 8 大还是 6 大？

17. 5 小还是 7 小？

18. 哪个数字更加接近 5，是 6 还是 2？

19. 玩一个数学游戏。我拿 2 块积木放在这里，再拿来 1 块，现在这里有多少块积木？

20. 我们来玩一个游戏，我拿了 4 块积木放在这里，又拿来 3 块，现在一共有几块？

21. 拿来3块积木，现在又拿来2块积木，现在一共有几块积木？
22. 这里有3块积木，拿走了1块，还剩下几块？
23. 小明有2支铅笔，拿了1支铅笔给小红，现在小明还剩下几支铅笔？
24. 小明有4颗糖果，妈妈给了他3颗，现在他一共有几颗糖果？
25. 小明有3块饼干，小红给了他2块饼干，现在他有几块饼干？
26. 小明有6支铅笔，小红拿走了4支，现在小明还有几支铅笔？
27. 5个桔子拿走了2个，还剩下几个？
28. 2加1是多少？
29. 3加2是多少？
30. 4加3是多少？
31. 2加4是多少？
32. 7减3是多少？
33. 6减4是多少？

附录2

（一）对干预者的访谈提纲（第七章对干预者的深入访谈提纲）

1. 在干预前，你对你干预的对象有哪些认识？

2. 开始接触后，他给你留下什么样的印象？你认为造成他们数学学习困难的原因是什么？

3. 你制定了什么样的干预计划？期待得到怎样的结果？

4. 最开始时，他数学学习中最困难的地方在哪里？

5. 他如何对待这些学习困难？（回避或者放弃）

6. 你感觉最难干预的地方是什么？

7. 你是如何根据不同孩子的特点运用不同的干预方法和策略进行干预的？

8. 你用了什么方法来帮助他克服这些数学学习困难？

9. 你觉得这些方法有用吗？

10. 你是如何验证这些方法的有效性的？

11. 你认为干预者要帮助数学学习困难儿童克服学习困难，应该从哪几个方面努力？

12. 你觉得他在干预过程中最开始表现出进步是在什么时候？在哪些方面表现出进步？

13. 他对数学学习的态度是否发生了转变？

14. 对于没有兴趣的小朋友，你想了什么办法提高他的兴趣？

15. 你在活动中用哪种方式最多？游戏？示范？直接教学？同伴互助？这些活动在干预过程中使用的比例。

16. 干预过程中，幼儿之间的同伴互助体现在哪些地方？

17. 他对你的干预有什么反应？你如何鼓励他进一步学习？

（二）对家长的访谈提纲

1. 您在家里经常陪孩子玩游戏吗？玩哪些游戏？

2. 您在家里经常和孩子一起看图画书吗？

3. 您觉得您的孩子数学怎么样？如果有“很好，好，一般，不是很好”四个等级，您会用哪个等级来形容孩子的数学学习能力？

4. 您认为现在这个阶段，孩子应该学数学吗？

5. 您会教孩子数学吗？

6. 请问您用什么方法教他数学？

7. 您会教他哪些数学内容？

8. 您的孩子对学习数学是否感兴趣？他会主动提出很多问题吗？

9. 如果您发现孩子总是学不会您教的内容（比如数数、运算等），您会怎么办？

10. 您会让孩子参加数学类（比如珠心算、阶梯数学）的培训班吗？

英文参考文献

1. Adams, M. J. , Treiman, R. , & Pressley, M. (1998). Reading, writing and literacy. In I. Sigel & A. Renninger (Eds.), *Handbook of child psychology: Child psychology and practice*(5th ed. , Vol. 4, pp. 275 - 355). NewYork: Wiley.

2. Alloway, T. P. , & Alloway, R. G. (2010). Investigating the predictive roles of working memory and IQin academic attainment. *Journal of experimental child psychology*, 106(1), 20 - 29.

3. Alloway, T. P. (2009). Working memory, but not IQ, predicts subsequent learning in children with learning difficulties. *European Journal of Psychological Assessment*, 25(2), 92 - 98.

4. Alloway, T. P. , Gathercole, S. E. , Kirkwood, H. , & Elliott, J. (2009). The cognitive and behavioral characteristics of children with low working memory. *Child development*, 80(2), 606 - 621.

5. Alloway, T. P. , Gathercole, S. E. , Kirkwood, H. , & Elliott, J. (2009). The cognitive and behavioral characteristics of children with low working memory. *Child development*, 80(2), 606 - 621.

6. Alloway, T. P. (2009). Working memory, but not IQ, predicts subsequent learning in children with learning difficulties. *European Journal of Psychological Assessment*, 25(2), 92 - 98.

7. Anderson, V. A. (2001). Development of Executive Functions Through Late Childhood and Adolescence in an Australian Sample. *Developmental Neuropsychology.* 385 - 406.

8. Anderson, V. (1998). Assessing Executive Functions in Children: Bilogical, Psychological, and Developmental Considerations. *Neuropsychological Rehabilitation*, 319 - 349.

9. Andersson, U. (2008). Mathematical competencies in children with different types of learning difficulties. *Journal of Educational Psychology*, 100(1), 48.

10. Ansari, D. , Garcia, N. , Lucas, E. , Hamon, K. , & Dhital, B. (2005). Neural correlates of symbolic number processing in children and adults. *Neuroreport*, 16(16), 1769 - 1773.

11. Ansari, D. (2008). Effects of development and enculturation on number representation in the brain. *Nature Reviews Neuroscience*, 9(4), 278 - 291.

12. Aunola, K. , Leskinen, E. , Lerkkanen, M. K. , & Nurmi, J. - E. (2004). Developmental dynamics of math performance from preschool to grade 2. *Journal of Educational Psychology*, 96(4), 699 - 713.

13. Aunio, P. , Hautamäki, J. , Heiskari, P. , & Van Luit, J. E. H. (2006). The Early Nu-

meracy Test in Finnish: Children's norms. *Scandinavian Journal of Psychology*, 47,369 - 378.

14. Ayres, P. (2006). Impact of reducing intrinsic cognitive load on learning in a mathematical domain. *Applied Cognitive Psychology*, 20(3), 287 - 298.

15. Badian, N. A. (1983). Dyscalculia and nonverbal disorders of learning. *Progress in learning disabilities*, 5, 235 - 264.

16. Barbaresi, W. J., Katusic, S. K., Colligan, R. C., Weaver, A. L., & Jacobsen, S. J. (2005). Math learning disorder: Incidence in a population - based birth cohort, 1976 - 82, Rochester, Minn. *Ambulatory Pediatrics*, 5(5), 281 - 289.

17. Barbaresi, W. J., Katusic, S. K., Colligan, R. C., Weaver, A. L., & Jacobsen, S. J. (2005). Math learning disorder: Incidence in a population - based birth cohort, 1976 - 82, Rochester, Minn. *Ambulatory Pediatrics*, 5(5), 281 - 289.

18. Barenberg, J., Berse, T., & Dutke, S. (2011). Executive functions in learning processes: do they benefit from physical activity? *Educational Research Review*, 6(3), 208 - 222.

19. Barnett, W. S., Jung, K., Yarosz, D. J., Thomas, J., Hornbeck, A., Stechuk, R., & Burns, S. (2008). Educational effects of the Tools of the Mind curriculum: A randomized trial. *Early childhood research quarterly*, 23(3), 299 - 313.

20. Baddeley, A. D., & Hitchk G. (1974). Working memory. In I. G. A3. Bower(Ed.), *The psychology of learning and motivation*(*pp.* 47 - 90). New York, NY: Academic Press.

21. Baroody, A. J. (1992). The development of preschoolers' counting skills and principles.

22. Baroody, A. J., & Coslick, R. T. (1993). *Problem solving, reasoning, and communicating, K - 8: Helping children think mathematically.* Prentice Hall.

23. Baroody, A. J., Lai, M. - L., & Mix, K. S. (2006). The development of young children's early number and operation sense and its implications for early childhood education. In B. Spodek & O. Saracho (Eds.), *Handbook of research on the education of young children.* Mahwah, NJ: Lawrence Erlbaum,187 - 221.

24. Baroody, A. J., Eiland, M., & Thompson, B. (2009). Fostering at - risk preschoolers' number sense. *Early Education and Development*, 20(1), 80 - 128.

25. Barrouillet, P., & lépine, r. (2005). Working memory and chil - dren's use of retrieval to solve addition problems. *Journal of Experimental Child Psychology*, 91(3), 183 - 204.

26. Barkley, R. A. (1997). Behavioral inhibition, sustained attention, and executive functions: Con - structing a unifying theory of ADHD. *Psychological Bulletin*, 121, 65 - 94.

27. Basista, B., & Mathews, S. (2002). Integrated science and mathematics professional development programs. *School Science and Mathematics*, 102(7), 359 - 370.

28. Berch,D. B. (2005). Making sense of number sense: Implications for children with mathematical disabilities. *Journal of Learning Disabilities*, 38(4), 333 - 339.

29. Berch, D. B., & Mazzocco, M. M. (2007). *Why Is Math So Hard for Some Children? The Nature and Origins of Mathematical Learning Difficulties and Disabilities.* Brookes Publishing. Company. PO Box 10624, Baltimore, MD21285.

30. Berch, D. (2011). Working memory limitation in mathematics learning: Their development, assessment, and remediation. *Perspectives*, 37(2), 21 - 26.

31. Bergman Nutley, S., Söderqvist, S., Bryde, S., Thorell, L. B., Humphreys, K., & Klingberg, T. (2011). Gains in fluid intelligence after training non - verbal reasoning in 4 - year - old children: a controlled, randomized study. *Developmental science*, 14(3), 591 - 601.

32. Best, J. R., Miller, P. H., & Jones, L. L. (2009). Executive function after age 5: Changes and correlates. *Developmental Review*, 29, 180 - 200.

33. Best, J. R., Miller, P. H., & Naglieri, J. A. (2011). Relations between executive function and academic achievement from ages 5 to 17 in a large, representative national sample. *Learning and Individual Differences*, 21(4), 327 - 336.

34. Best, J. R. (2012). Exergaming immediately enhances children's executive function. *Developmental psychology*, 48(5), 1501.

35. Berteletti, I., Lucangeli, D., Piazza, M., Dehaene, S., & Zorzi, M. (2010). Numerical estimation in preschoolers. *Developmental Psychology*, 46, 545 - 551.

36. Bierman, K. L., Nix, R. L., Greenberg, M. T., Blair, C. & Domitrovich, C. E. (2008). Executive functions and school readiness intervention: Impact, moderation, and mediation in the Head Start REDI program. *Development and Psychopathology*, 20(3), 821 - 843.

37. BLAIR, C. (2013). Executive Functions in the Classroom. http://www. child - encyclopedia. com/documents/BlairANGxp1 - Cognitive_stimulation. pdf

38. Blair, C., & Razza, R. P. (2007). Relating effortful control, executive function, and false belief understanding to emerging math and literacy ability in kindergarten. *Child Development*, 78, 647 - 663.

39. Blair, C., & Diamond, A. (2008). Biological processes in prevention and intervention: The promotionof self - regulation as a means of preventing school failure. *Development and psychopathology*, 20(03), 899 - 911.

40. Blevins - Knabe, B., Austin, A. B., Musun, L., Eddy, A., & Jones, R. M. (2000). Family Home Care Providers' and Parents' Beliefs and Practices Concerning Mathematics with Young Children . *Early Child Development and Care*, 165(1), 41 - 58.

41. Bodrova, E., & Leong, D. J. (2006). *Tools Of The Mind: The Vygotskian Approach To Early Childhood Education.* Author: Elena Bodrova, Deborah J. Le.

42. Bodovski, K., & Farkas, G. (2007). Mathematics growth in early elementary school: The roles of beginning knowledge, student engagement, and instruction. *The Elementary School Journal*,

108(2), 115 -130.

43. Butterworth, B. (2008). Developmental dyscalculia. *Child neuropsychology: Concepts, theory, and practice*, 357 -374.

44. Buchmann, C., DiPrete, T. A., & McDaniel, A. (2008). Gender inequalities in education. *Annu. Rev. Sociol*, 34, 319 -337.

45. Bragg, L. A. (2003). Children's perspectives on mathematics and game playing. In L. Bragg, C. Campbell, G. Herbert, & J. Mousley (Eds.), *MERINO: Mathematics education research: Innovation, networking, opportunity* (*Proceedings of the* 26th *annual conference of the Mathematics Education Research Group of Australasia*, pp. 160 - 167). Geelong, Vic., 6 - 10 July.

46. Brandt, R. (1993). On misuse of testing: A conversation with George Madaus. *Educational Leadership*, 46(1), 26 - 29. Wright, R. J. (1996). Problem -centred mathematics in the first year of school. In J. Mulligan&M. Mitchelmore (Eds.), *Children's number learning: A research monograph of MERGA/AAMT* (pp. 35 - 54). Adelaide: Australian Association of MathematicsTeachers.

47. Brankaer, C., Ghesquière, P., & De Smedt, B. (2011). Numerical magnitude processing in children with mild intellectual disabilities. *Research in developmental disabilities*, 32 (6), 2853 -2859.

48. Briars, D., & Siegler, R. S. (1984). A featural analysis of preschoolers' counting knowledge. *Developmental Psychology*, 20(4), 607.

49. Browder, D. M., Spooner, F., Ahlgrim - Delzell, L., Harris, A., & Wakeman, S. Y. (2008). A meta -analysis on teaching mathematics to students with significant cognitive disabilities. *Exceptional Children*, 74(4), 407 -432.

50. Brock, L. L., Rimm -Kaufman, S. E., Nathanson, L., & Grimm, K. J. (2009). The contributions of 'hot' and 'cool' executive function to children's academic achievement, learning -related behaviors, and engagement in kindergarten. *Early Childhood Research Quarterly*, 24 (3), 337 -349.

51. Brock, L. L., Rimm - Kaufman, S. E., Nathanson, L., & Grimm, K. J. (2009). The contributions of 'hot' and 'cool' executive function to children's academic achievement, learning -related behaviors, and engagement in kindergarten. *Early Childhood Research Quarterly*, 24 (3), 337 -349.

52. Brocki, K. C., & Bohlin, G. (2004). Executive functions in children aged 6 to 13: A dimensional and developmental study. *Developmental Neuropsychology*, 26, 571 - 593.

53. Brush, L. R. (1978). Preschool Children's Knowledge of Addition and Subtraction. *Journal for Research in Mathematics Education*, 9(1), 44 -54.

54. Bryant, D. P., Bryant, B. R., Gersten, R., Scammacca, N., & Chavez, M. M. (2008). Mathematics Intervention for First - and Second - Grade Students With Mathematics Difficulties The

Effects of Tier 2 Intervention Delivered as Booster Lessons. *Remedial and Special Education*, 29(1), 20 – 32.

55. Bryant, D. P., Bryant, B. R., Gersten, R. M., Scammacca, N. N., Funk, C., Winter, A., ... & Pool, C. (2008). The effects of tier 2 intervention on the mathematics performance of first – grade students who are at risk for mathematics difficulties. *Learning Disability Quarterly*, 31 (2), 47 – 63.

56. Bryant, D. P., Bryant, B. R., Roberts, G., Vaughn, S., Pfannenstiel, K. H., Porterfield, J., & Gersten, R. (2011). Early numeracy intervention program for first – grade students with mathematics difficulties. *Exceptional Children*, 78(1), 7 – 23.

57. Bull, R., & Johnston, R. S. (1997). Children's arithmetical difficulties: Contributions from processing speed, item identification, and short – term memory. *Journal of experimental child psychology*, 65(1), 1 – 24.

58. Bull, R., Johnston, R. S., & Roy, J. A. (1999). Exploring the roles of the visual – spatial sketch pad and central executive in children's arithmetical skills: Views from cognition and developmental neuropsychology. *Developmental neuropsychology*, 15(3), 421 – 442.

59. Bull, R., Espy, K. A., & Senn, T. E (2004). A comparison of performance on the Towers of London and Hanoi in young children. *Journal of Child Psychology and Psychiatry*, 45, 743 – 754.

60. Bull, R., & Espy, K. A. (2006). Working memory, executive functioning, and children's mathematics. In S. Pickering (Ed). *Working memory and education.* Elsevier Press.

61. Bull, R. (2007). Commentary for Section III (Neuropsychological Factors). In Daniel B. Berch and Michèle M. M. Mazzocco (Eds.). Why is Math So Hard for Some Children? *The Nature and Origins of Mathematical Learning Difficulties and Disabilities. Baltimore*, MD: Paul H. Brookes Publishing Co.

62. Bull, R., & Espy, K. A., & Wiebe, S. (2008). Short – term memory, working memory and executive functioning: Longitudinal predictors of mathematics ability. *Developmental Neuropsychology*, 33, 205 – 228.

63. Bull, R., Cleland, A. A., & Mitchell, T. (2012). Sex differences in the spatial representation of number. Journal of Experimental Psychology General. *Advance online publication.* 13 (3), 121 – 132.

64. Bull, R., & Lee, K. (2014). Executive functioning and mathematics achievement. *Child Development Perspectives*, 8(1), 36 – 41.

65. Butterworth, B. (2005). The development of arithmetical abilities. *Journal of Child Psychology andPsychiatry*, 46, 3 – 18.

66. Burns, M. K., & Gibbons, K. (2013). *Implementing response – to – intervention in elementary and secondary schools: Procedures to assure scientific – based practices.* Routledge.

67. Butterworth, B. (2004). The development of arithmetical abilities. *Journal of Child Psychology and Psychiatry*, 46, 3 - 18.

68. Butler, F. M., Miller, S. P., Lee, K. H., & Pierce, T. (2001). Teaching mathematics to students with mild – to – moderate mental retardation: A review of the literature. *Journal Information*, 39(1). 43 – 49.

69. Camine, D. (1997). Instructional design in mathematics for students with learning disabilities. *Journal of Learning Disabilities*, 30, 130 – 141

70. Cantlon, J. F., Libertus, M. E., Pinel, P., Dehaene, S., Brannon, E. M., & Pelphrey, K. A. (2009). The neural development of an abstract concept of number. *Journal of Cognitive Neuroscience*, 21(11), 2217 – 2229.

71. Campbell, J. I. (Ed.). (2005). *Handbook of mathematical cognition.* Psychology Press.

72. Carlson S. M., Moses L. J., Hix H. X. (1998). The role of inhibitory processes in young children' difficulties with deception and false belief. *Child Development*, 69, 672 – 691.

73. Carr, M., & Jessup, D. L. (1997). Gender differences in first – grade mathematics strategy use: Social and metacognitive influences. *Journal of Educational Psychology*, 89(2), 318 - 328.

74. Case, R., Okamoto, Y., Henderson, B., McKeough, A., & Bleiker, C. (1996). Exploring the macrostructure of children's central conceptual structures in the domains of number and narrative. *Monographs of the Society for Research in Child Development*, 61(1 - 2), 59 - 82.

75. Ceci, S. J. (1991). How much does schooling influence general intelligence and its cognitive components? A reassessment of the evidence. *Developmental psychology*, 27(5), 703.

76. Center, A. (2004). Concrete – representational – abstract instructional approach. *The access center*, 1 – 6.

77. Christ, T. (2008). Best practices in problem analysis. In A. Thomas & J. Grimes (Eds.). Best practices in school psychology V (pp. 159 – 176). Bethesda, MD: National Association of School Psychologists.

78. Clark, C. A., Sheffield, T. D., Wiebe, S. A., & Espy, K. A. (2013). Longitudinal associations between executive control and developing mathematical competence in preschool boys and girls. *Child development*, 84(2), 662 – 677.

79. Clarke, B., Smolkowski, K., Baker, S. K., Fien, H., Doabler, C. T., & Chard, D. J. (2011). The impact of a comprehensive Tier I core kindergarten program on the achievement of students at risk in mathematics. *The Elementary School Journal*, 111(4), 561 – 584.

80. Clements, D. H. & Sarama, J. (2008). Experimental evaluation of the effects of aresearch – based preschool mathematics curriculum. *American Educational Research Journal*, 45, 443 – 494.

81. Clements, D. H., & Sarama, J. A. (2009). *Learning and teaching early math: The learn-*

ing trajectories approach. Routledge.

82. Clements, D. H., & Sarama, J. (2011). Early childhood mathematics intervention. *Science*, 333(6045), 968-970.

83. Clements, D. H., Sarama, J., Spitler, M. E., Lange, A. A., & Wolfe, C. B. (2011). Mathematics learned by young children in an intervention based on learning trajectories: A large-scale cluster randomized trial. *Journal for Research in Mathematics Education*, 42(2), 127-166.

84. Colcombe, S. J., & Kramer, A. F. (2003). Fitness effects on the cognitive function of older adults: A meta-analytic study. *Psychological Science*, 14, 125 - 130.

85. Collingwood, G. H., & Warren, D. Brush. 1978. *Knowing your trees. Revised and edited by Devereux Butcher. American Forestry Association, Washington, DC.*

86. Coltheart, M. (2002). Cognitive neuropsychology. *Stevens´handbook of experimental psychology.*

87. Cohen Kadosh, R., Dowker, A., Heine, A., Kaufmann, L., & Kucian, K. (2013). Interventions for improving numerical abilities: Present and future. *Trends in Neuroscience and Education.*

88. Copple, C., & Bredekamp, S. (2009). *Developmentally appropriate practice in early childhood programs.* Washington, DC: National Association for the Education of Young Children.

89. Cragg, L., & Gilmore, C. (2014). Skills underlying mathematics: The role of executive function in the development of mathematics proficiency. *Trends in Neuroscience and Education*, 3(2), 63-68.

90. Curtis, C. E., & DEsposito, M. (2003). Persistent activity in the prefrontal cortex during working memory. *Trends in cognitive sciences*, 7(9), 415-423.

91. Curtis, C. E., Rao, V. Y., & DEsposito, M. (2004). Maintenance of spatial and motor codes during oculomotor delayed response tasks. *The Journal of neuroscience*, 24(16), 3944-3952.

92. David CG, Mary KH, Garmen OH(1999). Numerical and arithmetical cognitive: pattern of functions and deficits in children at risk for mathematic disability. *Journay of Experimental Child Psychology*, 74, 2132239.

93. Davis, C. L., Tomporowski, P. D., Mcdowell, J. E., Austin, B. P., Miller, P. H., Yanasak, N. E., Allison J. D., & Naglieri J. A. (2011). Exercise improves executive function and achievement and alters brain activation in overweight children: A randomized, controlled trial. *Health Psychol*, 30(1), 91-8.

94. Davis, C. L., Tomporowski, P. D., Boyle, C. A., Waller, J. L., Miller, P. H., Naglieri, J. A., & De Smedt, B., & Gilmore, C. K. (2011). Defective number module or impaired access? Numerical magnitude processing in first graders with mathematical difficulties. *Journal of experimental child psychology*, 108(2), 278-292.

95. D'Amico, A. , & guarnera, M. (2005). Exploring working memoryin children with low arithmetical achievement. *Learning and Individual Differences*, 15(3), 189 - 202.

96. Deary, I. J. , Strand, S. , Smith, P. , & Fernandes, C. (2007). Intelligence and educational achievement. *Intelligence*, 35, 13 - 21.

97. De Rammelaere, S. , Stuyven, E. , & Vandierendonck, A. (1999). The contribution of working memory resources in the verification of simple mental arithmetic sums. *Psychological Research*, 62(1), 72 - 77.

98. Dehaene, S. (1992). Varieties of numerical abilities. *Cognition*, 44(1), 1 - 42.

99. Dehaene, S. (1997). *The number sense: How the mind creates mathematics.* New York: Oxford University Press.

100. Desoete, A. , Roeyers, H. & De Clercq, A. (2004). Children with mathematics learning disabilities in Belgium. *Journal of Learning Disabilities*, 37(1), 50 - 61.

101. Desoete, A. , Ceulemans, A. , De Weerdt, F. , & Pieters, S. (2012). Can we predict mathematical learning disabilities from symbolic and non - symbolic comparison task in kindergarten? Findings from a longitudinal study. *British Journal of Educational Psychology*, 82, 64 - 81.

102. Devlin, K. (2000). Finding your inner mathematician. *The Chronicle of Higher Education*, 46, B5.

103. Devlin, K. J. (2000). *The math gene: How mathematical thinking evolved and why numbers are like gossip.* New York: Basic Books.

104. Devine, A. , Soltész, F. , Nobes, A. , Goswami, U. , & Szücs, D. (2013). Gender differences in developmental dyscalculia depend on diagnostic criteria. *Learning and Instruction*, 27, 31 - 39.

105. Dewey, J. (1976). The child and the curriculum. In J. A. Boydston (Ed.). *John Dewey: The middle works*, 1899 - 1924. *Volume* 2: 1902 - 1903 (pp. 273 - 291). Carbondale, IL: Southern Illinois University Press.

106. Diamond, A. , & Lee, K. (2011). Interventions shown to aid executive function development in children 4 to 12 years old. *Science*, 333(6045), 959 - 964.

107. Diamond, A. (2013). Executive Functions. *Annual Review of Psychology*, 64, 135 - 168.

108. Doabler, C. T. , Strand Cary, M. , Jungjohann, K. , Clarke, B. , Fien, H. , Baker, S. , …& Chard, D. (2012). Enhancing core mathematics instruction for students at risk for mathematics disabilities. *Teaching Exceptional Children*, 44(4), 48 - 57.

109. Dowker, A. (2004). Early identification and intervention for students with mathematics difficulties. *Journal of learning disabilities*, 38(4), 324 - 332.

110. Dowker, A. D. (2005). *Individual differences in arithmetic. Implications for psychology, neuroscience and education.* New York: Psychology Press.

111. Dowker, A. (2013). *Individual Differences in Arithmetical Abilities.* Psychology Press.

112. Dyson, N. I., Jordan, N. C., & Glutting, J. (2013). A number sense intervention for low-income kindergartners at risk for mathematics difficulties. *Journal of learning disabilities*, 46 (2), 166-181

113. Eigsti, I. M., Zayas, V., Mischel, W., Shoda, Y., Ayduk, O., Dadlani, M. B., Casey, B. J. (2006). Predicting cognitive control from preschool to late adolescence and young adulthood. *Psychological Science*, 17, 478 - 484.

114. Ellen Curtis Boiselle, E., C. (2007). Assessment of Students with Learning Difficulties in Mathematics: Applying Neuropsychological Analyses to Standardized Measures of ArithmeticAchievement. *Doctorial dissertation*, *TUFTS UNIVERSITY*

115. Elkonin, D. B. (2005). The psychology of play. *Journal of Russian and East European Psychology*, 43(1), 11-21.

116. Engle, R. W., & Kane, M. J. (2004). Executive attention, working memory capacity, and a two-factor theory of cognitive control. *Psychology of learning and motivation*, 44, 145-200.

117. Ericcson, K. A., Chase, W. G., & Faloon, S. (1980). Acquisition of a memory skill. *Science*, 208(4448), 1181-1182.

118. Espy, K. A. (1997). The Shape School: Assessing executive function in preschool children. *Developmental Neuropsychology*, 13, 495 - 499.

119. Espy, K. A., Kaufmann, P. M., McDiarmid, M. D., & Glisky, M. L. (1999). Executive functioning inpreschool children: Performance on A-not-B and other delayed response format tasks. *Brain and Cognition*, 41, 179 - 199.

120. Espy, K. A., & Bull, R (2005). Inhibitory processes in young children and individual variation in short-term memory. *Developmental Neuropsychology*, 28, 669-688.

121. Espy, K. A., Bull, R., & Martin, J., & Stroup, W. (2006). Measuring the development of executive control with the Shape School. *Psychological Assessment*, 18, 373-381.

122. Espy, K. A., Bull, R., Kaiser, H., Martin, J., & Benet, M. (2007). Methodological and conceptual issues in understanding the development of executive control in the preschool period. In V. Anderson, R. Jacobs, & P. Anderson (Eds.), *Executive functions and the frontal lobes: A lifespan perspective.* Psychology Press.

123. Etnier, J. L., Nowell, P. M., Landers, D. M., & Sibley, B. A. (2006). A meta-regression to examine the relationship between aerobic fitness and cognitive performance. *Brain Research Reviews*, 52, 119 - 130.

124. Evelyn H. Kroesbergen, Bernadette A. M. Van de Rijt, Johannes E. H. Van Luit (2007), Working Memory and Early Mathematics: Possibilities for Early Identification of Mathematics Learning. *Advances in Learning & Behavioral Disabilities*, 1 - 19. http://dx.doi.org/10.1016/S0735-004X

(07)20001 - 1

125. Fan, W. , & Williams, C. (2010). The effects of parental involvement on students' academic self - efficacy, engagement and intrinsic motivation. *Educational Psychology*, 30(1), 53 - 74.

126. Ferrari, M. , & Sternberg, R. J. (1998). The development of mental abilities and styles. In W. Damon (Ed.). *Handbook of child psychology: Child psychology and practice* (5th ed. , Vol. 2, pp. 899 - 946). New York: Wiley.

127. Flores, M. M. (2010). Using the concrete - representational - abstract sequence to teach subtraction with regrouping to students at risk for failure. *Remedial and Special Education*, 31(3), 195 - 207.

128. Fuson, K. C. (1982). An analysis of the counting - on solution procedure in addition. *Addition and subtraction: A cognitive perspective*, 67 - 81.

129. Fuson, K. C. (1988). *Children's counting and concepts of number.* Springer - Verlag Publishing.

130. Fuchs, L. , & Fuchs, D. (2001). Principles for the prevention and intervention of mathematics difficulties. *Learning Disabilities Research & Practice*, 16, 85 - 95.

131. Fuchs, L. , & Fuchs, D. (2003). Enhancing the mathematical problem solving of students with mathematics disabilities. In H. L. Swanson, K. R. Harris, & S. Graham (Eds.). *Handbook of Learning Disabilities*(pp. 306 - 322). New York: Guilford.

132. Fuchs, D. , Fuchs, L. S. , McMaster, K. L. , Yen, L. , & Svenson, E. (2004). Non - responders: How to find them? How to help them? What do they mean for special education? *Teaching Exceptional Children*, 36(6), 72 - 77.

133. Fuchs, D. , Fuchs, L. S. , & Compton, D. L. (2004). Identifying reading disabilities by responsiveness - to - instruction: Specifying measures and criteria. *Learning Disability Quarterly*, 27 (4), 216 - 227.

134. Fuchs, L. S. , Compton, D. L. , Fuchs, D. , Paulsen, K. , Bryant, J. , & Hamlett, C. L. (2005). Responsiveness to intervention: Preventing and identifying mathematics disability. *Teaching Exceptional Children*, 37(4), 60 - 63.

135. Fuchs, L. S. , Compton, D. L. , Fuchs, D. , Paulsen, K. ,Bryant, J. D. , & Hamlett, C. L. (2005). The prevention, identification, and cognitive determinants of math difficulty. *Journal of Educational Psychology*, 97, 493 - 513.

136. Fuchs, L. S. , Fuchs, D. , Hamlet, C. L. , Powell, S. R,Capizzi, A. M. , & Seethaler, P M. (2006). The effects of computer - assisted instruction on number combination skill in at - risk first graders. *Journal of Learning Disabilities*, 39, 467 - 475.

137. Fuchs, L. S. , Fuchs, D. , &c Hollenbeck, K. N. (2007). Extending responsiveness to intervention to mathematics at first and third grades. *Learning Disabilities Research & Practice*, 22, 13 -

24.

138. Fuchs, L. S. , Seethaler, P. M. , Powell, S. R. , Fuchs, D. , Hamlett, C. L. , & Fletcher, J. M. (2008). Effects of preventative tutoring on the mathematical problemsolving of third – grade students with math and reading difficulties. *Exceptional Children*, 74(2), 155 – 173.

139. Fuchs, L. S. , Geary, D. C. , Compton, D. L. , Fuchs, D. , Hamlett, C. L. , Seethaler, P. M. , … & Schatschneider, C. (2010). Do different types of school mathematics development depend on different constellation of numerical versus general cognitive abilities? *Developmental Psychology*, 46, 1731 – 1746.

140. Fuchs, L. S. , Geary, D. C. , Compton, D. L. , Fuchs, D. , Schatschneider, C. , Hamlett, C. L. , . . . & Changas, P. (2013). Effects of first – grade number knowledge tutoring with contrasting forms of practice. *Journal of educational psychology*, 105(1), 58.

141. Funahashi, S. (2001). Neuronal mechanisms of executive control by the prefrontal cortex. *Neuroscience research*, 39(2), 147 – 165.

142. Freeman, N. H. , Antonucci, C. , & Lewis, C. (2000). Representation of the cardinality principle: Early conception of error in a counterfactual test. *Cognition*, 74(1), 71 – 89.

143. Friedman N. P. , Miyake A. , Young S. E. , DeFries J. C. , Corley R. P. , Hewitt J. K. (2008). Individual differences in executive functions are almost entirely genetic in origin. *Journal of Experimental Psychology – General*, 137, 201 – 225.

144. Friso – van den Bos, I. , van der Ven, S. H. , Kroesbergen, E. H. , & van Luit, J. E. (2013). Working memory and mathematics in primary school children: A meta – analysis. *Educational research review*, 10, 29 – 44.

145. Frye D. , Zelazo P. D. , Palfai T. (1991). Theory of mind and rule – based reasoning. *Cognitive Development*, 10, 483 – 52.

146. Garrett, A. J. , Mazzocco, M. M. , & Baker, L. (2006). Development of the metacognitive skills of prediction and evaluation in children with or without math disability. *Learning Disabilities Research & Practice*, 21(2), 77 – 88.

147. Gathercole, S. E. , Brown, L. & Pickering, S. J. (2003). Working memory assessments at school entry as longitudinal predictors of National Curriculum attainment levels. *Educational and Child Psychology*, 20, 109 – 122.

148. Gathercole, S. E. , Willis, C. S. , Baddeley, A. D. , & Emslie, H. (1994). The children ś test of nonword repetition: A test of phonological working memory. *Memory*, 2(2), 103 – 127.

149. Gathercole, S. E. , Pickering, S. J. , Ambridge, B. , & Wearing, H. (2004). The structure of working memory from 4 to 15 years of age. *Developmental psychology*, 40(2), 177.

150. Garofalo, J. (1986). Simultaneous synthesis, regulation, and arithmetical performance. *Journal of Psychoeducational Assessment*, 4(3), 229 – 238.

151. Geary, D. C. , Bow - Thomas, C. C. , & Yao, Y. (1992). Counting knowledge and skill in cognitive addition: A comparison of normaland mathematically disabled children. *Journal of Experimental Child Psychology*, 54, 372 - 391.

152. Geary, D. C. , & Hoard, M. K. (2001). Numerical and arithmetical deficits in learning - disabled children: Relation to dyscalculia and dyslexia. *Aphasiology*, 15(7), 635 - 647.

153. Geary, D. C. (2004). Mathematics and learning disabilities. *Journal of learning disabilities*, 37(1), 4 - 15.

154. Geary, D. C. (2005). Role of theory in study of learning difficulties in mathematics. *Journal of Learning Disabilities*, 38, 305 - 307.

155. Geary, D. C. , & Hoard, M. K. (2005). Learning disabilities in arithmetic and mathematics: Theoretical and empirical perspectives. In J. I. D. Campbell (Ed.). *Handbook of mathematical cognition* (*pp.* 253 - 267). New York: Psychology Press.

156. Geary, D. C. (2006). Reviewof Gender differences in mathematics: An integrative psychological approach. Edited by A. M. Gallagher & J. C. Kaufman]. *British Journal of Educational Studies*, 54, 245 - 246.

157. Geary, D. C. , Hoard, M. K. , Byrd - Craven, J. , Nugent, L. , & Numtee, C. (2007). Cognitive mechanisms underlying achievement deficits in children with mathematical learning disability. *Child Development*, 78, 1343 - 1359.

158. Geary, D. , Hoard, M. , Nugent, L. , & Byrd - Craven, J. (2008). Development of number line representations in children with mathematical learning disability. *Developmental Neuropsychology*, 33(3), 277.

159. Geary, D. C. (2009). An evolutionary twist on sex, mathematics, and the sciences. In C. Hoff Sommers (Ed.), *The science of women in science* (pp. 170 - 189). Washington, DC: American Enterprise Institute Press.

160. Geary, D. C. (2010). Mathematical disabilities: Reflections on cognitive, neuropsychological, and genetic components. *Learning and Individual Differences*, 20, 130 - 133.

161. Geary, D. C. (2011). Consequences, characteristics, and causesof poor mathematics achievement and mathematical learning disabilities. *Journal of Developmental and Behavioral Pediatrics*, 32, 250 - 263.

162. Geary, D. C. (2011). Cognitive predictors of individual differences in achievement growth in mathematics: A five year longitudinal study. *Developmental Psychology*, 47, 1539 - 1552.

163. Geary, D. C. , Hoard, M. K. , & Nugent, L. (2012). Independent contributions of the central executive, intelligence, and in - class attentive behavior to developmental change in the strategies used tosolve addition problems. *Journal of Experimental Child Psychology*, 113, 49 - 65.

164. Geary, D. C. , Hoard, M. K. , Nugent, L. , & Bailey, D. H. (2012). Mathematical Cog-

nition Deficits in Children With Learning Disabilities and Persistent Low Achievement: A Five - Year Prospective Study. *Journal of Educational Psychology*, 104, 1, 206 - 223.

165. Mccloskey, G. , Perkins, L. A. , & Divner, B. V. (2009). *Assessment and intervention for executive function difficulties.* Routledge.

166. Gersten, R. , & Chard, D. (1999). Number sense: Rethinking arithmetic instruction forstudents with mathematical disabilities. *Journal of Special Education*, 33(1), 18 - 28.

167. Gersten, R. , Ferrini - Mundy, J. , Benbow, C. , Clements, D. H. , Loveless, T. , Williams, V. , & Banfield, M. (2008). *Report of the task group on instructional practices.* Washington, DC: US Department of Education.

168. Gersten, R. , Beckmann, S. , Clarke, B. , Foegen, A. , Marsh, L. , Star, J. R. , & Witzel, B. (2009). Assisting Students Struggling with Mathematics: Response to Intervention (RtI) for Elementary and Middle Schools. *What Works Clearinghouse.*

169. Gerstadt, C. L. , Hong, Y. J. , & Diamond, A. (1994). The relationship between cognition and action: performance of children 312 - 7 years old on a stroop - like day - night test. *Cognition*, 53(2), 129 - 153.

170. Gervasoni, A. (2001). Specialised programs for students who are low attaining in mathematics: Do they help? In J. Bobis, B. Perry, & M. Mitchelmore (Eds.), *Numeracy and beyond* (Proceedings of the 24th annual conference of the Mathematics Research Group of Australasia, pp. 249 - 256).

171. Gelman, R. , & Butterworth, B. (2005). Number and language: how are they related? *Trends in cognitive sciences*, 9(1), 6 - 10.

172. Ginsburg, H. (1977). *Children's arithmetic: The learning process.* D. van Nostrand.

173. Ginsburg, H. P. , & Russell, R. L. (1981). Social class and racial influences on early mathematical thinking. *Monographs of the Society for Research in Child Development*, 46(6), 1 - 69.

174. Ginsburg. H. P. (1989). Children's arithmetic: how they learn it and how you teach it. 2nd ed. *Austin. Tex Pro Ed.*

175. Ginsburg, H. P. & Baroody, A. J. (1990). Test of Early Mathematics Ability, Second Edition. Austin, TX: Pro - Ed.

176. Ginsburg, H. P. , Inoue, N. , & Seo, K. H. (1999). Young children doing mathematics: Observations of everyday activities. *Mathematics in the early years*, 88 - 99.

177. Ginsburg, H. , Baroody, A. (2003). Test of Early Mathematics Ability, third ed. Pro - Ed, TX.

178. Ginsburg, H. P. , Greenes, C. , & Balfanz, R. (2004). Big Math for Little Kids. Parsippany, NJ: Dale Seymour Publications. *Early Childhood Research Quarterly*, 19(1), 159 - 166.

179. Ginsburg, H. P. , & Pappas, S. (2004). SES, ethnic, and gender differences in young

children's informal addition and subtraction: A clinical interview investigation. *Journal of Applied Developmental Psychology*, 25(2), 171 - 192.

180. Ginsburg, H. P., Lee, J. S., & Boyd, J. S. (2008). Mathematics Education for Young Children: What It Is and How to Promote It. Social Policy Report, 22(1). *Society for Research in Child Development*, 22(1), 1 - 24.

181. Ginsburg, H. P. (2006). *Mathematical play and playful mathematics: A guide for early education.* Singer et al., op. cit.

182. Gifford, S. (2005). Young children's difficulties in learning mathematics: Review of research in relation to dyscalculia. *London: Qualifications and Curriculum Authority.*

183. Gioia, G. A., Isquith, P. K., Guy, S. C., & Kenworthy, L. (2000). Test review behavior rating inventory of executive function. *Child Neuropsychology*, 6(3), 235 - 238.

184. Glauert, E., & Manches, A. (2013). Creative little scientists: Enabling creativity through scienceand mathematics in preschool and frst years of primary education. D2. 2. Conceptual framework.

185. Graf, E. A. (2009). Defining mathematics competency in the service of cognitively based assessment for grades 6 through 8. *ETS Research Report Series*, 2009(2), 1 - 46.

186. Gray, S. A., Chaban, P., Martinussen, R., Goldberg, R., Gotlieb, H., Kronitz,R., … & Tannock, R. (2012). Effects of a computerized working memory training program on working memory, attention, and academics in adolescents with severe LD and comorbid ADHD: a randomized controlled trial. *Journal of Child Psychology and Psychiatry*, 53(12), 1277 - 1284.

187. Greenes, C., Ginsburg, H. P., & Balfanz, R. (2004). Big math for little kids. *Early Childhood Research Quarterly*, 19(1), 159 - 166.

188. Gregoski, M. (2007). Effects of aerobic exercise on overweight children's cognitive functioning: a randomized controlled trial. *Research quarterly for exercise and sport*, 78(5), 510 - 519.

189. Griffiths, R. (1994). The excellence of play. In J. Moyles, *Mathematics and Play* (pp. 145 - 157). Buckingham: Open University Press.

190. Griffin, S. (2004). Building number sense with number worlds: A mathematics pro - gram for young children. *Early Childhood Research Quarterly*, 19(1), 173 - 180.

191. Griffin, S. (2004). Number worlds: A research - based mathematicsprogram for young children. In D. H.

192. Grube, d., & Barth, U. (2004). Arithmetic achievement in elemen - tary school children: the role of working memory and knowl - edge of basic facts. *Zeitschrift fur Padagogische Psychologie*, 18(3 - 4), 245 - 248.

193. Gonzalez, A. L., & Wolters, C. A. (2006). The relationship between perceived parenting practices and achievement motivation in mathematics. *Journal of Research in Childhood Education*, 21

(2), 203 -217.

194. Gottfredson, L. S., & Deary, I. J. (2004). Intelligence predicts health and longevity, but why? . *Current Directions in Psychological Science*, 13(1), 1 -4.

195. Goldman, S., & Pellegrino, J. (1987). Information processing and educational microcomputer technology: Where do we go from here? *Journal of Learning Disabilities*, 20, 144 - 154.

196. Gollwitzer, P. M., & Sheeran, P. (2006). Implementation intentions and goal achievement: A meta - analysis of effects and processes. *Advances of Experimental Social Psychology*, 38, 69 - 119.

197. Hart, B., & Risley, T. R. (1995). *Meaningful differences in the everyday experience of young American children.* Paul H Brookes Publishing.

198. Hale, J., Alfonso, V., Berninger, V., Bracken, B., Christo, C., Clark, E., & Yalof, J. (2010). Critical issues in response - to - intervention, comprehensive evaluation, and specific learning disabilities identification and intervention: An expert white paper consensus. *Learning Disability Quarterly*, 33(3), 223 -236.

199. Harrison, M., & Harrison, B. (1986). Developing numeration concepts and skills. *Arithmetic Teacher*, 33, 18 - 21.

200. Hasselbring, T. S., Goin, L. I., & Bransford, J. D. (1988). Developing math automaticity in learning handicapped children: The role of computerized drill and practice. *Focus on Exceptional Children*, 20(6), 1 - 7.

201. Hecht, S. A., Torgesen, J. K., Wagner, R. K., & Rashotte, C. A. (2001). The relations between phonological processing abilities and emerging individual differences in mathematical computation skills: A longitudinal study from second to fifth grades. *Journal of Experimental Child Psychology*, 79(2), 192 -227.

202. Henry, L. A. & MacLean, M. (2003). Relationships between working memory, expressive vocabulary and arithmetical reasoning in children with and without intellectual disabilities. *Educational and Child Psychology*, 20, 51 - 64.

203. Hitch, G. J., Towse, J. N., & Hutton, U. (2001). What limits children's working memory span? Theoretical accounts and applications for scholastic development. *Journal of Experimental Psychology: General*, 130(2), 184.

204. Hillman, C. H., Erickson, K. I., & Kramer, A. F. (2008). Be smart, exercise your heart: Exercise effects on brain and cognition. *Nature Reviews Neuroscience*, 9, 58 - 65.

205. Holmes, J., & Adams, J. W. (2006). Working memory and children' smathematical skills: implications for mathematical development and mathematics curricula. *Educational Psychology*, 26(3), 339 -366.

206. Holmes, J., Gathercole, S. E., & Dunning, D. L. (2009). Adaptive training leads to

sustained enhancement of poor working memory in children. *Developmental science*, 12(4), F9 - F15.

207. Holton, D., Ahmed, A., Williams, H., & Hill, C. (2001). On The Importance Of Mathematical Play. *International Journal Of Mathematical Education In Science And Technology*, 32(3), 401 - 415.

208. MacLean, H. E. (2003). The Effects of Early Intervention on the Mathematical Achievement of Low - performing First Grade Students. University of Houston.

209. Huffman, L. R., & Speer, P. W. (2000). Academic performance among at risk children: The role of developmentally appropriate practice. *Early Childhood Research Quarterly*, 15 (2), 167 - 184.

210. Hughes, M. (1986). *Children and number: Difficulties in learning mathematics.* Oxford: Blackwell.

211. Hughes, F. P. (1991). *Children, Play and Development.* Allyn and Bacon.

212. Iseman, J. S., & Naglieri, J. A. (2011). A cognitive strategy instruction to improve math calculation for children with ADHD and LD: A randomized controlled study. *Journal of Learning Disabilities*, 44(2), 184 - 195.

213. Ischebeck, A., Zamarian, L., Siedentopf, C., Koppelstätter, F., Benke, T., Felber, S., & Delazer, M. (2006). How specifically do we learn? Imaging the learning of multiplication and subtraction. *Neuroimage*, 30(4), 1365 - 1375.

214. Jacques, S., & Zelazo, P. D. (2001). The Flexible Item Selection Task (FIST): A measure of executive function in preschoolers. *Developmental Neuropsychology*, 20(3), 573 - 591.

215. Jensen, E. (2001). *Arts with the brain in mind.* ASCD.

216. Jordan, N., Levine, S., & Huttenlocher, J. (1994). Development of calculation abili - ties in middle and low income children after formal instruction in school. *Journal of Applied Developmental Psychology*, 15, 223 - 240.

217. Jordan, N. C., Kaplan, D., & Hanich, L. B. (2002). Achievementgrowth in children with learning difficulties in mathematics: findings of a two - year longitudinal study. *Journal of Educational Psychology*, 94(3), 586 - 597.

218. Jordan, n. c, Hanich, l. B., & Kaplan, d. (2003). Arithmetic fact mastery in young children: A longitudinal investigation. *Journal of Experimental Child Psychology*, 85(2), 103 - 119.

219. Jordan, N. C., Hanich, L. B., & Kaplan, D. (2003a). A longitudinal study of mathematical competencies in children with specific mathematics difficulties versus children with comorbid mathematics and reading difficulties. *Child Development*, 74(3), 834 - 850.

220. Jordan, N. C., Hanich, L. B., & Kaplan, D. (2003). A longitudinal study of mathematical competencies in children with specific mathematics difficulties versus children with co - morbid mathematics and reading difficulties. *Child Development*, 74(3), 834 - 850.

221. Jordan, N. C. , Kaplan, D. , Olah, L. , & Locuniak, M. N. (2006). Number sense growth in kindergarten: a longitudinal investigation of children at risk for mathematics difficulties. *Child Development*, 77, 153 - 175.

222. Jordan, N. C. , Kaplan, D. , Nabors Oláh, L. , & Locuniak, M. N. (2006). Number sense growth in kindergarten: A longitudinal investigation of children at risk for mathematics difficulties. *Child development*, 77(1), 153 - 175.

223. Jordan, K. E. , Suanda, S. H. , & Brannon, E. M. (2008). Intersensory redundancy accelerates preverbal numerical competence. *Cognition*, 108(1), 210 - 221.

224. Jordan, N. C. , Glutting, J. , Ramineni, C. , & Watkins, M. W. (2010). Validating a Number Sense Screening Tool for Use in Kindergarten and First Grade: Prediction of Mathematics Proficiency in Third Grade. *School Psychology Review*, 39(2), 181 - 195.

225. Johnson, E. , Humphrey, M. , Mellara, D. F. , Woods, K. , & Swanson, H. L. (2010). Cognitive processing deficits and students with specific learning disabilities: A selected meta - analysis of the literature. *Learning Disability Quarterly*, 33, 3 - 18.

226. Johnson, J. E. , Christie, J. F. , & Wardle, F. (2005). *Play, development, and early education.* Allyn & Bacon.

227. Jones, K. , & Haylock, D. W. (1985). Developing children's understanding in mathematics. *Remedial Education*, 20, 31 - 34.

228. Jurado, M. B. , & Rosselli, M. (2007). The elusive nature of executive functions: A review of our current understanding. *Neuropsychology Review*, 17, 213 - 233.

229. Jitendra, A. K. , & Hoff, K. (1996). The effects of schema - based instruction on the mathematical word - problem - solving performance of students with learning disabilities. *Journal of Learning Disabilities*, 29(4), 422 - 431.

230. Kamawar, D. (2006). What counts as knowing? The development of conceptual and procedural knowledge of counting from kindergarten through Grade 2. *Journal of Experimental Child Psychology*, 93(4), 285 - 303.

231. Kamii, C. (1990). Constructivism and beginning arithmetic (K - 2). *Teaching and learning mathematics in the*, 22 - 30.

232. Karoly, L. A. , Kilburn, M. R. , & Cannon, J. S. , (2005). Early childhood interventions: Proven results, future promise (Rep. No. MG - 341). *Santa Monica*, CA: RAND.

233. Karoly, L. A. , Kilburn, M. R. , & Cannon, J. S. (2006). *Early childhood interventions: Proven results, future promise.* Rand Corporation.

234. Kaplan, R. G. , Yamamoto, T. , & Ginsburg, H. P. (1989). Teaching mathematics concepts. *LB Resnick and LE Klopfer, Toward the Thinking Curriculum. Alexandria, Va: ASCD*, 59 - 82.

235. Kaufman D. , & Kaufman P. , (1978). Strategy trainint and premedial techniques. *Journal of*

Learning Disabilities, 16, 72 – 78.

236. Kaufmann L (2002). More evidence for the role of the central executive in retrieving arithmetic facts: A case study of severe developmental dyscalculia. *Journal of Clinical and Experimental Neuropsychology*, 24, 302 – 310.

237. Kavkler, M. (2000). 'Getting it right from the start? The influences of early school entry on later achievements in mathematics', *European Early Childhood Education Research Journal*, 8, 75 – 93.

238. Kibby, M. Y., Marks, W., Morgan, S., & Long, C. J. (2004). Specific Impairment in Developmental Reading Disabilities A Working Memory Approach. *Journal of Learning Disabilities*, 37 (4), 349 – 363.

239. Kimura, D. (2000). *Sex and cognition.* The MIT Press.

240. Kleemans, T., Segers, E., & Verhoeven, L. (2011). Precursors to numeracy in kindergartners with specific language impairment. *Research in developmental disabilities*, 32 (6), 2901 – 2908.

241. Kleemans, T., Peeters, M., Segers, E., & Verhoeven, L. (2012). Child and home predictors of early numeracy skills in kindergarten. *Early Childhood Research Quarterly*, 27, 471 – 477.

242. Klein, A., & Starkey, P. (2004). Fostering preschool children's mathematical knowledge: Findings from the Berkeley Math Readiness Project.

243. Clements, D. H., Sarama, J., & Dibiase, A. M. (2004). *Engaging young children in mathematics: Standards for early mathematics education.* Taylor and Francis.

244. Klingberg, T. (2010). Training and plasticity of working memory. *Trends in cognitive sciences*, 14(7), 317 – 324.

245. Kochhar, C. A., West, L. L., & Taymans, J. M. (2000). *Successful inclusion: Practical strategies for a shared responsibility.* Upper Saddle River, NJ: Prentice Hall.

246. Kolkman, M. E., Hoijtink, H. J. A., Kroesbergen, E. H., & Leseman, P. P. M. (2013). The role of executive functions in numerical magnitude skills. *Learning and Individual Differences*, 24, 145 – 151.

247. Kowaleski – Jones, L., & Duncan, G. J. (1999). The structure of achievementand behavior across middle childhood. *Child Development*, 4, 930 – 943.

248. Kosc, L. (1974) Developmental dyscalculia. *Journal of Learning Disabilities*, 7, 165 – 171.

249. Krajewski, K., & Schneider, W. (2009). Early development of quantity to number – word linkage as a precursor of mathematical school achievement and mathematical difficulties: Findings from a four – year longitudinal study. *Learning and Instruction*, 19(6), 513 – 526.

250. Krajewski, K. & Schneider, W. (2009a). Exploring the impact of phonological awareness, Visual – spatial working memory, and preschool quantity – number competencies on mathematics a-

chievement in elementary school: findings from a 3 – year longitudinal study. *Journal of Experimental Child Psychology*, 103, 516 – 531.

251. Krajewski, K. & Schneider, W. (2009b). Early development of quantity to number – word linkage as precursor of mathematical school achievement and mathematical difficulties: Findings from a four – year longitudinal study. *Learning and Instruction*, 19(6), 513 – 526.

252. Leasak, J. (1982). Cognitive Processing, Intervention and Achievement. *Alberta Journal of Educational Research*, 28(3), 257 – 66.

253. Kroesbergen, E. H., & Van Luit, J. E. H. (2003). Mathematics interventions for children with special educational needs. *Remedial and Special Education*, 24(2), 97 – 114.

254. Kroesbergen, E. H., Van de Rijt, B. A., & Van Luit, J. E. (2007). Working memory and early mathematics: Possibilities for early identification of mathematics learning disabilities. *Advances in learning and behavioral disabilities*, 20, 1 – 19.

255. Kroesbergen, E. H., van't Noordende, J. E., & Kolkman, M. E. (2014). Training working memory in kindergarten children: Effects on working memory and early numeracy. *Child Neuropsychology*, 20(1), 23 – 37.

256. Krywaniuk, L. W. (1974). Ptterns of cognitive abilities of high and low achieving school children. *Unpubilished doctoral dissertation.* University of Alberta, Edmonton.

257. Kuboshima – Amemori, S., & Sawaguchi, T. (2007). Plasticity of the primate prefrontal cortex. *Neuroscientist*, 13, 229 – 240.

258. Kyttälä, M., Aunio, P., Lehto, J. E., Van Luit, J., & Hautamäki, J. (2003). Visuospatial working memory and early numeracy. *Educational and Child Psychology*, 20(3), 65 – 76.

259. Kyttälä, M., & Lehto, J. (2008). Some factors underlying mathematical performance: The role of visuospatial working memory and non – verbal intelligence. European *Journal of Psychology of Education*, (1), 77 – 94.

260. Kyttälä M., Aunio P., Hautamäki J. (2010). Working memory resources in young children with mathematical difficulties. Scandinavian. *Journal of Psychology.* 51, 1 – 15.

261. Lachance, J. A., & Mazzocco, M. M. (2006). A longitudinal analysis of sex differences in math and spatial skills in primary school age children. *Learning and Individual Differences*, 16(3), 195 – 216.

262. Landerl, K., Fussenegger, B., Moll, K., & Willburger, E. (2009). Dyslexia and dyscalculia: Two learning disorders with different cognitive profiles. *Journal of experimental child psychology*, 103(3), 309 – 324.

263. Lan, X., Legare, C. H., Ponitz, C. C., Li, S., & Morrison, F. J. (2011). Investigating the links between the subcomponents of executive function and academic achievement: A cross – cultural analysis of Chinese and American preschoolers. *Journal of Experimental Child Psychology*, 108

(3), 677 - 692.

264. Laski, E. V., & Siegler, R. S. (2007). Is 27 a big number? Correlational and causal connections among numerical categorization, number line estimation, and numerical magnitude comparison. *Child Development*, 76, 1723 - 1743.

265. Laux, L. F., & Lane, D. M. (1985). Information processing components of substitution test performance. *Intelligence*, 9(2), 111 - 136.

266. Leahey, E., & Guo, G. (2001). Gender differences in mathematical trajectories. *Social forces*, 80(2), 713 - 732.

267. Le Corre, M., & Carey, S. (2007). One, two, three, four, nothing more: An investigation of the conceptual sources of the verbal counting principles. *Cognition*, 105, 395 - 438.

268. Lee, K., Ng, E. L., & Ng, S. F. (2009). The contributions of working memory and executive functioning to problem representation and solution generation in algebraic word problems. *Journal of Educational Psychology*, 101, 373 - 387.

269. Lee, Y. S., Lu, M. J., & Ko, H. P. (2007). Effects of skill training on working memory capacity. *Learning and Instruction*, 7, 336 - 344.

270. LeFevre, J. - A., Polyzoi, E., Skwarchuk, S. - L., Fast, L., & Sowinski, C. (2010b). Do home numeracy and literacy practices of Greek and Canadian parents predict the numeracy skills of kindergarten children? International *Journal of Early Years Education*, 18, 55 - 70.

271. LeFevre, J. A., Berrigan, L., Vendetti, C., Kamawar, D., Bisanz, J., Skwarchuk, S. L., & Smith - Chant, B. L. (2013). The role of executive attention in the acquisition of mathematical skills for children in grades 2 through 4. *Journal of experimental child psychology*, 114(2), 243 - 261.

272. Lehto, J. E., Juujärvi, P., Kooistra, L., & Pulkkinen, L. (2003). Dimensions of executive functioning: Evidence from children. *British Journal of Developmental Psychology*, 21 (1), 59 - 80.

273. Lwis, K. E., & Fisher, M. B. (2016). Taking stock of 40 years of research on mathematical learning disability: methodological issues and future direction. *Journal for Research in Mathematics Education*, 47(4), 338 - 371.

274. Lillard, A., & Else - Quest, N. (2006). The Early Years: Evaluating Montessori. *science*, 313(5795), 1893 - 1894.

275. Lisa B. Thorell, Sofia Lindqvist, Sissela Bergman Nutley, Gunilla Bohlin, and Torkel Klingberg. (2009). Training and transfer effects of executive functions in preschool children. *Developmental Science*, 12(1), 106 - 113.

276. Lloyd, J. W., Forness, S. R., & Kavale, K. A. (1998). Some methods are more effective than others. *Intervention in School and Clinic*, 33, 195 - 200.

277. Love, J. M. , Harrison, L. , Sagi - Schwartz, A. , van Ijzendoorn, M. H. , Ross,C. , Ungerer, J. A. , et al. (2003). Child care quality matters: How conclusions may vary with context. *Child Development*, 74, 1021 - 1033.

278. Mabbott, d. J. , & Bisanz, J. (2003). developmental change and individual differences in children's multiplication. *Child Development*, 74(4), 1091 - 1107.

279. Marcus& Witt (2011). School based working memory training: Preliminary finding of improvement in children's mathematical performance. *Advances in Cognitive Psychology*, 7, 7 - 15.

280. Martinussen, R. L. , Kirby, J. R. , & Das, J. P. (1998). Instruction in Successive and Phonological Processing to Improve Reading Acquisition Skills of At - Risk Kindergarten Children. *Developmental Disabilities Bulletin*, 26, 19 - 39.

281. Marston, D. (2005). Tiers of intervention in responsiveness to intervention prevention outcomes and learning disabilities identification patterns. *Journal of Learning Disabilities*, 38 (6), 539 - 544.

282. Mazzocco, M. M. M. (2005). Challenges in identifying target skills for math disability screening and intervention. *Journal of Learning Disabilities*, 38, 318 - 323.

283. Mazzocco, M. M. , Feigenson, L. , & Halberda, J. (2011). Impaired acuity of the approximate number system underlies mathematical learning disability (dyscalculia). *Child development*, 82 (4), 1224 - 1237.

284. McKenzie, B. , Bull, r. , & gray, c. (2003). the effects of phonologi - cal and visual - spatial interference on children's arithmetical performance. *Educational and Child Psychology*, 20(3), 93 - 108.

285. McClelland, M. M. , Acock, A. C. , & Morrison, F. J. (2006). The impact of kindergarten learning - related skills on academic trajectories at the end of elementary school. *Early Childhood Research Quarterly*, 21(4), 471 - 490.

286. McClelland, M. M. , Cameron, C. E. , Connor, C. M. , Farris, C. L. , Jewkes, A. M. , & Morrison, F. J. (2007). Links between behavioral regulation and preschoolers' literacy, vocabulary, and math skills. *Developmental psychology*, 43(4), 947.

287. McConkey, R. , & McEvoy, J. (1986). Games for learning to count. *British Journal of Special Education*, 13, 59 - 62.

288. McKenzie, B. , Bull, R. , & Gray, C. (2003). The effects of phonological and visual - spatial interference on children's arithmetical performance. *Educational and Child Psychology*, 20(3), 93 - 108.

289. McLean, J. F. , & Rusconi, E. (2014). Mathematical difficulties as decoupling of expectation and developmental trajectories. *Frontiers in Human Neuroscience*, 8, 44.

290. Mercer, C. D. (1997). *Students with learning disabilities.* Upper Saddle River, NJ: Merrill

Prentice Hall.

291. Mejias, S. , Mussolin, C. , Rousselle, L. , Grégoire, J. , & No l, M – P. (2012). Numerical and nonnumerical estimation in children with and without mathematical learning disabilities. *Disabilities*, 42(3), 260 – 287.

292. Messer, M. H. , Leseman, P. P. , Boom, J. , & Mayo, A. Y. (2010). Phonotactic probability effect in nonword recall and its relationship with vocabulary in monolingual and bilingual preschoolers. *Journal of Experimental Child Psychology*, 105(4), 306 – 323.

293. Michèle M. M. Mazzocco, M. M. M. , & Kover, S. T. (2007). A longitudinal assessment of executive function skills and their association with math performance. *Child Neuropsychology*, 13, 18 – 45.

294. Milner, B. (1971). Interhemispheric differences in the localization of psychological processes in man. *British Medical Bulletin: Cognitive Psychology*, 27, 272 – 277.

295. Miller, S. P. , & Mercer, C. D. (1992). *Strategic math series: Place value.* Lawrence, KS: Edge Enterprises.

296. Miller, S. P. , & Mercer, C. D. (1993). Using data to learn about concrete – semiconcrete – abstract instructionfor students with math disabilities. *Journal of Learning Disabilities Research and Practice*, 8, 89 – 96.

297. Miller, G. A. , & Chapman, J. P. (2001). Misunderstanding analysis of covariance. *Journal of abnormal psychology*, 110(1), 40.

298. Miller, S. P. , & Hudson, P. J. (2007). Using Evidence – Based Practices to Build Mathematics Competence Related to Conceptual, Procedural, and Declarative Knowledge. *Learning Disabilities Research & Practice*, 22(1), 47 – 57.

299. Miller M, Hinshaw S. (2010). Does childhood executive function predict adolescent functional outcomes in girls with ADHD? *Journal of Abnormal Child Psychology: An official publication of the International Society for Research in Child and Adolescent Psychopathology*, 38(3):315 – 326.

300. Monette, S. , Bigras, M. , & Guay, M. C. (2011). The role of the executive functions in school achievement at the end of Grade 1. *Journal of Experimental Child Psychology*, 109(2), 158 – 173.

301. Morgan, P. L. , Farkas, G. , & Wu, Q. (2009). Five – year growth trajectories of kindergarten children with learning difficulties in mathematics. *Journal of Learning Disabilities*, 42(4), 306 – 321.

302. Morgan, P. L. , Farkas, G. , & Wu, Q. (2011). Kindergarten children\"s growth trajectories in reading and mathematics: who falls increasingly behind? *Journal of Learning Disabilities*, 44(5), 472 – 488.

303. Montague, M. (1997). Cognitive strategy instruction in mathematics for students with learn-

ing disabilities. *Journal of Learning Disabilities*, 30, 164 – 177.

304. Montague, M. , & Dietz, S. (2009). Evaluating the evidence base for cognitive strategy instruction and mathematical problem solving. *Exceptional Children*, 75(3), 285 – 302.

305. Morin, V. A. , & Miller, S. P. (1998). Teaching multiplication to middle school students with mental retardation. *Education and Treatment of Children*, 21, 22 – 36.

306. Murphy M. M. ,Mazzocco M. M. M. ,Hanich L. ,& Early M. C. (2007). Cognitive characteristics of children with mathematics learning disability (MLD) vary as a function of the cut – off criterion used to define MLD. *Journal of Learning Disabilities.* 40, 458 – 478.

307. Murphy, K. R. & Myors, B. (1998). *Statistical Power Analysis.* Lawrence Erlbaum Associates.

308. National Mathematics Advisory Panel. (2008). *Foundations for success: The final report of the National Mathematics Advisory Panel.* Washington, DC: U. S. Department of Education.

309. National Council of Teachers of Mathematics. (2000). *Principles and standards for school mathematics* (Vol. 1). Natl Council of Teachers of.

310. National Council of Teachers of Mathematics (NCTM). (2006). *Curriculum focal points for pre – kindergarten through grade* 8 *mathematics: A quest for coherence.* Reston, VA: NCTM.

311. National Mathematics Advisory Panel. (2008). *Foundations for success: The final report of the National Mathematics Advisory Panel.* US Department of Education.

312. Nelson, G (2007). *Math at their own pace: child – directed activities for developing early number sense.* St. Paul: Redleaf Press.

313. Oettingen, G. , & Gollwitzer, P. M. (2010). Strategies of setting and implementing goals: Mental contrasting and implementation intentions. In J. E. Maddux & J. P. Tangney (Eds.), *Social psychological foundations of clinical psychology.* New York: Guilford.

314. Olesen, P. J. , Westerberg, H. , & Klingberg, T. (2003). Increased prefrontal and parietal activity after training of working memory. *Nature neuroscience*, 7(1), 75 – 79.

315. Opfer, J. E. , & Thompson, C. A. (2008). The trouble with transfer: Insights from microgenetic changes in the representation of numerical magnitude. *Child Development*, 79, 790 – 806.

316. Ostad, S. A. (1997). Developmental differences in addition strategies: a comparison of mathematically disabled and mathematically normal children. *British Journal of Educational Psychology*, 67, 345 – 357.

317. Ostad, S. A. (1999). Developmental progression of subtraction strategies: a comparison of mathematically normal and mathematically disabled children. *European Journal of Special Needs Education*, 14(1), 21 – 36.

318. Östergren, R. , & Träff, U. (2013). Early number knowledge and cognitive ability affect early arithmetic ability. *Journal of experimental child psychology*, 115(3), 405 – 421.

319. Özdoan, E. (2011). Play, mathematic and mathematical play in early childhood education. *Procedia – Social and Behavioral Sciences*, 15, 3118 – 3120.

320. Panaoura, A., & Philippou, G. (2007). The developmental change of young pupils' metacognitive ability in mathematics in relation to their cognitive abilities. *Cognitive Development*, 22(2), 149 – 164.

321. Pape, S. J., & Tchoshanov, M. A. (2001). The role of representation (s) in developing mathematical understanding. *Theory into practice*, 40(2), 118 – 127.

322. Passolunghi, M. C., & Cornoldi, C. (2000). Working memory and cognitive abilities in children with specific difficulties in arithmetic word problem solving. *Advances in Learning and Behavioral Disabilities*, 14, 155 – 178.

323. Passolunghi, M. C, & Pazzagliab, F. (2005). A comparison of updating processes in children good or poor in arithmetic word problem solving. *Learning and Individual Differences*, 15(4), 257 – 269.

324. Passolunghi, M. C. (2011). Cognitive and emotional factors in children with mathematical learning disabilities. *International Journal of Disability, Development and Education*, 58(1), 61 – 73.

325. Peisner – Feinberg, E. S., Burchinal, M. R., Clifford, R. M., Culkin, M. L., Howes, C., Kagan, S. L., & Yazejian, N. (2001). The relation of preschool child – care quality to children's cognitive and social developmental trajectories through second grade. *Child development*, 72(5), 1534 – 1553.

326. Peng, P., & Fuchs, D. (2014). A Meta – Analysis of Working Memory Deficits in Children With Learning Difficulties: Is There a Difference Between Verbal Domain and Numerical Domain? *Journal of learning disabilities*, 49(1), 3 – 20.

327. Peters, S. (1998). Playing games and learning mathematics: The results of two intervention studies. *International Journal of Early Years Education*, 6, 49 – 58.

328. Peteers, F., & Ouvrier – Buffet, C. (2019). Diagnosis tools of dyscalculia – Contribution of didactics of mathematics to numerical cognition. in press Proceedings of the 11th Congress of the European Society for Research in Mathematics Education (CERME11, February 6 – 10, 2019).

329. Piaget, J. (1976). *Piaget's theory* (pp. 11 – 23). Springer Berlin Heidelberg.

330. Ponitz, C. C., McClelland, M. M., Matthews, J. S., & Morrison, F. J. (2009). A structured observation of behavioral self – regulation and its contribution to kindergarten outcomes. *Developmental psychology*, 45(3), 605.

331. Princiotta, D., & Germino Hausken, E. (2006). Fifth Grade: Findings From the Fifth Grade Follow – up of the Early Childhood Longitudinal Study, Kindergarten Class of 1998 – 99 (ECLS – K). ED TAB. NCES 2006 – 038. *National Center for Education Statistics*, 69.

332. Raghubar, K. P., Barnes, M. A., & Hecht S. A., (2010). Working memory and mathematics:

A review of developmental, individual difference, and cognitive approaches. *Learning and Individual Differences*, 20, 110 - 122.

333. Ramani, G. B., & Siegler, R. S. (2008). Promoting Broad and Stable Improvements in Low - Income Children's Numerical Knowledge through Playing Number Board Games. *Child Development*, 79(2), 375 - 394.

334. Ramani, G. B., & Siegler, R. S. (2011). Reducing the gap in numerical knowledgebetween low - and middle - income preschoolers. *Journal of applied developmental Psychology*, 32(3), 146 - 159.

335. Ramey, C. T., & Ramey, S. L. (1998). Early intervention and early experience. *American psychologist*, 53(2), 109.

336. Raymond, E. B. (2000). Learners with mild disabilities. *Cognitive Characteristics*, 169 - 201.

337. Rasmussen, C., & Bisanz, J. (2005). Representation and working memory in early arithmetic. *Journal of Experimental Child Psychology*, 91(2), 137 - 157.

338. Raver, C. C., Jones, S. M., Li - Grining, C., Zhai, F., Bub, K., & Pressler, E. (2011). CSRP's impact on low - income preschoolers' preacademic skills: self - regulation as a mediating mechanism. *Child development*, 82(1), 362 - 378.

339. Renkl, A., & Atkinson, R. K. (2003). Structuring the transition from example study to problem solving in cognitive skill acquisition: A cognitive load perspective. *Educational psychologist*, 38(1), 15 - 22.

340. Rennie, D., Bull, R., & Diamond, A. (2004). Executive functioning in preschoolers: Reducing the inhibitory demands of the dimensional change card sort task. *Developmental Neuropsychology*, 26, 423 - 443.

341. Resnick, L. B. (1983). Mathematics and science learning: A new conception. *Science*, 220 (4596), 477 - 478.

342. Resnick, L. B. (1987). Constructing knowledge in school. InL. Liben (Ed.) *Development and learning: conflict or congruence.* Hillsdale, N. J: Lawrence Erlbaum.

343. Riccomini, P. J., & Smith, G. W. (2012). Response to Intervention. *International Guide to Student Achievement*, 345.

344. Rittle - Johnson, B., & Siegler, R. S. (1998). The relation between conceptual and procedural knowledge in learning mathematics: A review. *c donlan the development of mathematical skills.*

345. Rittle - Johnson, B., Siegler, R. S., & Alibali, M. W. (2001). Developing conceptual understanding and procedural skill in mathematics: An iterative process. *Journal of educational psychology*, 93(2), 346.

346. Rimm - Kaufman, S. E., Pianta, R. C., & Cox, M. J. (2000). Teachers' judgments of

problems in the transition to kindergarten. *Early Childhood Research Quarterly*, 15(2), 147 – 166.

347. Rivera, D. P. (1997). Mathematics education and students with learning disabilities: Introduction to the special series. *Journal of Learning Disabilities*, 30, 2 – 19.

348. Roberts, R. J., & Pennington, B. F. (1996) An interactive framework for examining prefrontal cogni – tive processes. *Developmental Neuropsychology*, 12, 105 - 126.

349. Rotzer, S., Loenneker, T., Kucian, K., Martin, E., Klaver, P., & Von Aster, M. (2009). Dysfunctional neural network of spatial working memory contributes to developmental dyscalculia. *Neuropsychologia*, 47(13), 2859 – 2865.

350. Rousselle, L., & Nol, M. P. (2007). Basic numerical skills in children with mathematics learning disabilities: A comparison of symbolic vs non – symbolic number magnitude processing. *Cognition*, 102(3), 361 – 395.

351. Rueda, M. R., Rothbart, M. K., McCandliss, B. D., & Posner, P. (2005). Training, maturation, and genetic inuences on the development of executive attention. *Proceedings of the National Academy of Sciences*, 102, 14931 - 14936.

352. Rudkin S. J., Pearson D. G., Logie R. H. (2007). Executive processes in visual and spatial working memory tasks. *Quarterly Journal of Experimental Psychology*, 60(1), 79 – 100.

353. Rushworth, M. F., Passingham, R. E., & Nobre, A. C. (2005). Components of attentional set – switching. *Experimental psychology*, 52(2), 83.

354. Sarama, J., & Clements, D. H. (2009). "Concrete" computer manipulatives in mathematics education. *Child Development Perspectives*, 3(3), 145 – 150.

355. Sarama, J., & Clements, D. H. (2009). Building blocks and cognitive building blocks. *A-merican Journal of Play*, 1(3), 313 – 337.

356. Sarama, J., Lange, A. A., Clements, D. H., & Wolfe, C. B. (2012). The impacts of an early mathematics curriculum on oral language and literacy. *Early Childhood Research Quarterly*, 27 (3), 489 – 502.

357. Schnotz, W., & Kürschner, C. (2007). A reconsiderationof cognitive load theory. *Educational Psychology Review*, 19(4), 469 – 508.

358. Seo, K. H., & Ginsburg, H. P. (2004). What is developmentally appropriate in early childhood mathematics education? Lessons from new research. *Engaging young children in mathematics: Standards for early childhood mathematics education*, 91 – 104.

359. Seyler, D. J., Kirk, E. P., & Ashcraft, M. H. (2003). Elementary subtraction. Journal of Experimental Psychology. *Learning, Memory, and Cognition*, 29, 1339 – 1352.

360. Shalev, L., Tsal, Y., & Mevorach,C. (2007). Computerized progressive attentional training (CPAT) program: effective direct intervention for children with ADHD. *Child neuropsychology*, 13 (4), 382 – 388.

361. Siegler, R. S. , & Shrager, J. (1984). Strategy choice in addition and subtraction: Howdo children know what to do? In C. Sophian (Ed.), *Origins of cognitive skills* (pp. 229 - 293). Mahwah, NJ: Erlbaum.

362. Siegler, R. S. (1988). Individual differences in strategy choices: Good students, not - so - good students, and perfectionists. *Child Development*, 59(4), 833 - 851.

363. Siegler, R. S. (1989). Mechanisms of cognitive development. *American Review of Psychology*, 40, 353 - 379.

364. Siegler, R. S. , & Jenkins, E. (1989). *How children discover news trategies.* Hillsdale, NJ: Erlbaum.

365. Siegler. R. S, & Opfer. J. E. (2003). The development of numerical estimation: Evidence for multiple representations of numerical quantity. *Psychological Science*, 14, 237 - 243.

366. Siegler, R. S. (1998). *Children's thinking* (3rd ed.). Upper Saddle River, NJ: Prentice - Hall.

367. Siegler, R. S. (2005). Children's learning. *American Psychologist*, 60(8), 769.

368. Siegler, R. S. , & Booth, J. L. (2004). Development of numerical estimation in young children. *Child Development*, 75, 428 - 444.

369. Siegler, R. S. , & Chen, Z. (2008). Differentiation and integration: Guiding principles for analyzing cognitive change. *Developmental Science*, 11(4), 433 - 448.

370. Simmons, F. R. , Willis, C. , & Adams, A. M. (2012). Different components of working memory have different relationships with different mathematical skills. *Journal of experimental child psychology*, 111(2), 139 - 155.

371. Simon, T. J. , & Halford, G. S. (Eds.). (1995). *Developing cognitive competence: New approaches to process modeling.* Psychology Press.

372. Shipstead, Z. , Redick, T. S. , & Engle, R. W. (2012). Is working memory training effective? . *Psychological bulletin*, 138(4), 628.

373. Sood, S. , & Jitendra, A. K. (2013). An Exploratory Study of a Number Sense Program to Develop Kindergarten Students' Number Proficiency. *Journal of learning disabilities*, 46 (4), 328 - 346.

374. Starkey, P. , Klein, A. , & Wakeley, A. (2004). Enhancing young children's mathematical knowledge through a pre - kindergarten mathematics intervention. *Early Childhood Research Quarterly*, 19(1), 99 - 120.

375. Starkey, P. , Klein, A. , & Wakeley, A. (2004). Enhancing young children's mathematical knowledge through a pre - kindergarten mathematics intervention. *Early Childhood Research Quarterly*, 19(1), 99 - 120.

376. St Clair Thompson, H. L. & Gathercole. S. E. (2006). Executive functions and achieven-

ments in school: shifting ,updating, inhibition, and working memory. *Quarterly Journal of Experimental Psychology*, 59, 745 – 759.

377. St Clair – Thompson, H. , Stevens, R. , Hunt, A. , & Bolder, E. (2010). Improving children's working memory and classroom performance. *Educational Psychology*, 30(2), 203 – 219.

378. Steele, A. , Karmiloff – Smith, A. , Cornish, K. , & Scerif, G. (2012). The multiple subfunctions of attention: differential developmental gateways to literacy and numeracy. *Child development*, 83(6), 2028 – 2041.

379. Stevenson, H. W. , & Newman, R. S. (1986). Longterm prediction of achievement andattitudes in mathematics and reading. *Child Development*, 57, 646 – 659.

380. Stock, P. , Desoete, A. , & Roeyers, H. (2009). Mastery of the counting principles in toddlers: A crucial step in the development of budding arithmetic abilities? . *Learning and Individual Differences*, 19(4), 419 – 422.

381. Sommerville, J. A. , & Decety, J. (2006). Weaving the fabric of social interaction: Articulating developmental psychology and cognitive neuroscience in the domain of motor cognition. *Psychonomic Bulletin & Review*, 13, 179 – 200.

382. Swanson, H. L. , & Sachs – Lee, C. (2000). A meta – analysis of single – subject – design intervention research for students with LD. *Journal of Learning Disabilities*, 33, 114 – 136.

383. Swanson H L; Sachse – Lee C(2001), Mathematical problem solving and working memory in children with learning disabilities: both executive and phonological processes are important. *Journal of Experimental Child Psychology*, 79, 294 – 321.

384. Swanson, H. L. , & Jerman, O. (2006). Math disabilities: A selective meta – analysis of the literature. *Review of Educational Research*, 76(2), 249 – 274.

385. Swanson, H. L. , Zheng, X. , & Jerman, O. (2009). Working memory, short – term memory, and reading disabilities a selective meta – analysis of the literature. *Journal of Learning*, 42(3), 260 – 287.

386. Skwarchuk, S. L. , Sowiński, C. , & LeFevre, J. A. (2014). Formal and informal home learning activities in relation to children's early numeracy and literacy skills: The development of a home numeracy model. *Journal of experimental child psychology*, 121, 63 – 84.

387. Sweller, J. (1999). *Instructional design in technical areas.* Camberwell, Vic: Acer Press.

388. Sylke W. M. Toll & Johannes E. H. Van Luit. (2012). Early Numeracy Intervention for Low – Performing Kindergartners. *Journal of early children intervention*, 34(4), 243 – 264.

389. Sylvia, K. (2009). *Early childhood matters: Evidence from the effective preschool and primary education project.* London: Taylor and Francis.

390. Szucs, D. , Devine, A. , Soltesz, F. , Nobes, A. , & Gabriel, F. (2013). Developmental dyscalculia is related to visuo – spatial memory and inhibition impairment. *Cortex*, 49 (10),

2674 - 2688.

391. Taylor, H. G. , Albo, V. C. , Phebus, C. K. , Sachs, B. R. , & Bierl, P. G. (1987). Postirradiation treat - ment outcomes for chidlren with acute lymphocytic leukemia: Clarification of risks. *Journal of Pediatric Psychology*, 12, 395 - 411.

392. Temple, C. M. , & Sherwood, S. (2002). Representation and retrieval of arithmetical facts: Developmental difficulties. *The Quarterly Journal of Experimental Psychology: Section A*, 55(3), 733 - 752.

393. Thorell, L. B. , Lindqvist, S. , Bergman Nutley, S. , Bohlin, G. , & Klingberg, T. (2009). Training and transfer effects of executive functions in preschool children. *Developmental science*, 12(1), 106 - 113.

394. Thanheiser, E. , Browning, C. , Edson, A. , Kastberg, S. , & Lo, J. J. (2013). Building a Knowledge Base: Understanding Prospective Elementary Teachers' Mathematical Content Knowledge. *International journal for mathematics teaching & learning*.

395. Thompson, C. A. , & Opfer, J. E. (2008). Costs and benefits of representational change: Effects of context on age and sex differences in magnitude estimation. *Journal of Experimental Child Psychology*, 101, 20 - 51.

396. Toll, S. W. , Van der Ven, S. H. , Kroesbergen, E. H. , & Van Luit, J. E. (2011). Executive functions as predictors of math learning disabilities. *Journal of learning disabilities*, 44(6), 521 - 532.

397. Toll SW , Van Luit JE. (2012). Accelerating the early numeracy development of kindergartners with limited working memory skills through remedial education. *Research of Development Disability*, 34(2): 745 - 755.

398. Toll, S. W. M. , Van der Ven, S. H. G. , Kroesbergen, E. H. , & Van Luit, J. E. H. (2012). Executive Functions as Predictors of Math Learning Disabilities. *Journal of Learning Disabilities*, 44(6), 521 - 532.

399. Toll, S. W. , & Van Luit, J. E. (2012). Early Numeracy Intervention for Low Performing Kindergartners. *Journal of Early Intervention*, 34(4), 243 - 264.

400. Tomporowski, P. D. , Davis, C. L. , Miller, P. H. , & Naglieri, J. (2008). Exercise and children′s intelligence, cognition, and academic achievement. *Educational Psychology Review*, 20, 111 - 131.

401. Torbeyns, J. , Verschaffel, L. , & Ghesquiere, P. (2005). Simple addition strategies in a first - grade class with multiple strategy instruction. *Cognition and Instruction*, 23(1), 1 - 21.

402. Turnuklu, E. , & Yesildere, S. (2007). The pedagogical knowledge in mathematics: Preserve primary mathematics teachers' perspectives in Turkey. *IUMPST*, 1, 1 - 13.

403. Tymms, P. B. (2001). Inattention, hyperactivity and impulsiveness: their impact on aca-

demic achievement and progress. *British Journal of Educational Psychology*, 71(1), 43 – 56.

404. Ursache, A., Blair, C., Bierman, K., & Nix, R. (2011). Executive function as a mediator of effects on kindergarten learning behaviors one year after the pre – K Head Start REDI intervention. *Poster presented at the Society for Research on Educational Effectiveness Conference*, Washington,

405. Van de Rijt, B. A. M., & Van Luit, J. E. H. (1998). Effectiveness of the additional early mathematics program for teaching children early mathematics. *Instructional Science*, 26, 337 – 358.

406. van der Sluis, S., van der Leij, A., & de Jong, P. F. (2005). Working memory in Dutch children with reading – and arithmetic – related LD. *Journal of Learning Disabilities*, 38 (3), 207 – 221.

407. Van der Sluis, S., de Jong, P. F., & van der Leij, A. (2007). Executive functioning in children, and its relations with reasoning, reading, and arithmetic. *Intelligence*, 35(5), 427 – 449.

408. Van der Ven, S. H., Kroesbergen, E. H., Boom, J., & Leseman, P. P. (2012). The development of executive functions and early mathematics: A dynamic relationship. *British Journal of Educational Psychology*, 82(1), 100 – 119.

409. van der Ven, S. H., van der Maas, H. L., Straatemeier, M., & Jansen, B. R. (2013). Visuospatial working memory and mathematical ability at different ages throughout primary school. *Learning and Individual Differences*, 27, 182 – 192.

410. Verdine, B. N., Irwin, C. M., Golinkoff, R. M., & Hirsh – Pasek, K. (2014). Contributions of executive function and spatial skills to preschool mathematics achievement. *Journal of experimental child psychology*, 126, 37 – 51.

411. Vygotsky, L. S. (1967). Play and its role in the mental development of the child. *Journal of Russian and East European Psychology*, 5(3), 6 – 18. Vygotsky, L. S. (1978). Mind in society. Mind in society the development of higher psychological processes. Cambridge, MA: Harvard University Press.

412. Vygotsky, L. S. (1978). Mind in society. *Mind in society the development of higher psychological processes.* Cambridge, MA: Harvard University Press.

413. Vygotsky, L. (1987). *Zone of proximal development.* Springer US.

414. Wassermann, S. (2000). *Serious players in the primary classroom: Empowering children through active learning experiences.* Teachers College Press.

415. Waxman, H. C., Padron, Y. N., & Arnold, K. M. (2001). Effective instructional practices for students placed at risk of academic failure. *Compensatory education at the crossroads*, 137 – 170.

416. Wechsler, D. (2003). *Wechsler intelligence scale for children – Fourth Edition (WISC – IV)*. San Antonio, TX: The Psychological Corporation.

417. Welsh, J. A., Nix, R. L., Blair, C., Bierman, K. L. & Nelson, K. E. (2010). The de-

velopment of cognitive skills and gains in academic school readiness for children from low - income families. *Journal of Educational Psychology*, 102(1), 43.

418. Wendling, B. J., & Mather, N. (2008). *Essentials of evidence - based academic interventions* (Vol. 57). John Wiley & Sons.

419. West, J., Denton, K., & Germino - Hausken, E. (2000). *America's kindergartners: Findings from the early childhood longitudinal study, kindergarten class of* 1999 - 99, *Fall* 1998. Washington, DC: U. S. Department of Education, National Center for Educational Statistic.

420. Westerberg, H., & Klingberg, T. (2007). Changes in cortical activity after training of working memory—a single - subject analysis. *Physiology & Behavior*, 92(1), 186 - 192.

421. Whitebread, D., Coltman, P., Jameson, H., & Lander, R. (2009). Play, cognition and self - regulation: What exactly are children learning when they learn through play? . *Educational and Child Psychology*, 26(2), 40.

422. Willoughby, M. T., Blair, C. B., Wirth, R. J., & Greenberg, M. (2012). The measurement of executive function at age 5: Psychometric properties and relationship to academic achievement. *Psychological assessment*, 24(1), 226.

423. Wilson, A. J., & Dehaene, S. (2007). Number sense and developmental dyscalculia. In D. Coch, G. Dawson, & K. Fischer (Eds.), *Human behavior, learning, and the developing brain: Atypical development* (pp. 212 - 238). New York: Guilford.

424. Willis, G. B., & Fuson, K. C. (1988). Teaching children to use schematic drawings to solve addition and subtraction word problems. *Journal of Educational Psychology*, 80(2), 192.

425. Wilson, A. J., & Räsänen, P. (2008). *Effective interventions for numeracy difficulties.* Encyclopedia of Language and Literacy Development London: Canadian Language and Literacy Research Network.

426. Wilson, E. O. (1999). *Consilience: The unity of knowledge* (Vol. 31). Random House LLC.

427. Witt, J. C., VanDerHeyden, A. M., & Gilbertson, D. (2004). Troubleshooting behavioral interventions. A systematic process for finding and eliminating problems. *School Psychology Review*, 33, 363 - 383.

428. Witt, M. (2011). School based working memory training: Preliminary finding of improvement in children's mathematical performance. *Advances in Cognitive Psychology*, 7, 7.

429. Witzel, B. S. (2005). Using CRA to teach algebra to students with math difficulties in inclusive settings. *Learning Disabilities—A Contemporary Journal*, 3(2), 49 - 60.

430. Wood, D., Bruner, J. S., & Ross, G. (1976). The role of tutoring in problem solving. *Journal of child psychology and psychiatry*, 17(2), 89 - 100.

431. W. J. Barbaresi, S. K. Katusic, R. C. Colligan, A. L. Weaver, and S. J. Jacobsen.

(2005) Math learning disorder: incidence in a population—based birth cohort, 1976 - 82, Rochester, Minn. *Ambulatory Pediatrics*, 5, 281 - 289.

432. Wright, R. J., Martland, J., & Stafford, A. K. (2000). *Early numeracy: Assessment for teaching and intervention.* London: Paul Chapman.

433. Xin, Y. P., & Jitendra, A. K. (1999). The effect of instruction in solving mathematical word problems for students with learning problems: A meta - analysis. *The Journal of Special Education*, 32(4), 207 - 225.

434. Young - Loveridge, J. M. (2004). Effects on early numeracy of a program using number books and games. *Early Childhood Research Quarterly*, 19(1), 82 - 98.

435. Young - Loveridge, J. M., Peters, S. A., & Carr, M. (1998). Enhancing the mathematics of four - year - olds: An overview of the EMI - 4s study. *Journal of Australian Research in Early Childhood Education*, 1, 82 - 93.

436. Zelazo P. D., Bosevski J. J. (2001). Video reminders in a representational change task: Memory for cues but not beliefs or statements. *Journal of Experimental Child Psychology*, 58, 107 - 129.

437. Zelazo, P. D., Craik, F. I., & Booth, L. (2004). Executive function across the life span. *Acta psychologica*, 115(2), 167 - 183.

438. Zigmond, M. J. (2006). *Neurobiology of exercise. Obesity (Silver Spring)*, 14, 345 - 356.

439. Zimmerman, B. J. (1994). *Dimensions of academic self - regulation: A conceptual framework for education.* Lawrence Erlbaum Associates, Inc.

440. Schunk, D. H., & Zimmerman, B. J. (1994). *Self - Regulation of Learning and Performance: Issues and Educational Applications.* Lawrence Erlbaum Associates.

中文参考文献

1. 贝尔克,温斯勒．鹰架儿童的学习:维果斯基与幼儿教育[M]．南京:南京师范大学出版社,2007.

2. 常欣．王沛．认知负荷理论在教学设计中的应用及其启示[J]．心理科学,2006,28(5).

3. 陈哲．王瑞明．莫雷．儿童问题解决中的类比迁移[J]．心理科学进展．2008,16(1).

4. 蔡丹,李其维,邓赐平．工作记忆新探:基于个体差异的研究[J]．心理发展与教育,2010, 26(2).

5. 蔡丹,李其维,邓赐平．数学学习困难初中生的中央执行系统特点[J]．心理科学,2011,34(2).

6. 陈向明．质的研究方法与社会科学研究[M]．北京:教育科学出版社,2000.

7. 陈英和,赵延芹,张可娟,王明怡．7—8 岁数学学习困难与正常儿童加法策略比较研究[J]．中国特殊教育,2008(11).

8. 陈爱国,殷恒婵, 颜军,杨钰．不同强度短时有氧运动对执行功能的影响[J]．心理学报,2011,43(9).

9. 程大志,陈春萍,隋光远．数学学习困难儿童抑制控制能力的 ERP 研究[J]．心理科学,2010(3).

10. 陈康．初中生数学学习困难心理诱因调查及个案干预研究[D]．烟台:鲁东大学,2014.

11. 林崇德．学习与发展——中小学心理能力发展与培养[M]．北京:北京师范大学出版社．1999.

12. 杜月红．数学学业不良学生问题解决机制研究[D]．上海: 华东师范大学, 2005.

13. 丁芳,刘大文．儿童心理理论的发展[J]．烟台师范学院学报(哲学社会科学版),2004,20(2).

14. 郭力平．早期学习标准与发展适宜性教育的冲突、融合及其启示[J]．幼儿教育(教育科学), 2008(10).

15. 郭玉峰,潘冬花．从元认知的角度分析高中数困生的成因及其转化[J]．数学教育学报, 2006,15(1).

16. 郝嘉佳,陈英和．小学儿童在线和离线元认知监控的发展特点及其对问题解决的影响[J]．心理科学,2010(5).

17. 黄都,李佳．基于“最近发展区”的教与学[J]．江西教育科研,2006(9).

18. 黄瑾．论学前儿童数学学习中的多元表征[J]．全球教育展望,2011,40(1).

19. 卡特伦,艾伦著．学前儿童课程：一种创造性游戏模式[M]．北京:中国轻工业出版社,2002.

20. 卡罗尔．斯特维奇(Carol Gestwicki)．霍力岩等译．发展适宜性实践:早期教育课程与发展[M]．北京:教育科学出版社,2011.

21. 林崇德．智力发展与数学学习[M]．北京:中国轻工业出版社,2011.

22. 列夫．谢苗诺维奇·维果茨基著．李维译．思维与语言[M]．北京:北京大学出版社,2010.

23. 李红,李一员．执行功能和心理理论关系的发展研究[J]．西南师范大学学报(人文社会科学版),2005,31(2).

24. 李其维．(2009)．“认知革命”与“第二代认知科学”刍议[J]．心理学报,40(12).

25. 刘焱．儿童游戏通论[M]．北京:北京师范大学出版社,2004.

26. 刘电芝．儿童发展与教育心理学[M]．北京:人民教育出版社,2006.

27. 刘颂．发展性计算障碍儿童早期数认知特点的研究[D]．北京:北京师范大学,2007.

28. 刘红云,张雷,红云．追踪数据分析方法及其应用[M]．北京:教育科学出版社,2005.

29. 刘金花．儿童发展心理学[M]．上海:华东师范大学出版社, 2006.

30. 李娟．促进教师观察了解儿童学习与发展水平的研究[D]．上海：华东师范大学,2011.

31. 刘昌．数学学习困难儿童的认知加工机制研究[J]．南京师大学报(社会科学版),2004(3).

32. 牛卫华,张梅玲．西方有关学习困难问题研究的新进展[J]．心理科学,2000,23(3).

33. 罗琳琳,周晓林．执行功能与数量加工:回顾与展望[J]．心理科学进展,2004,12(5).

34. 潘茂明．6—7 岁儿童数字估计能力发展的追踪研究[D]．北京:首都师范大学,2011.

35. 吕雪．学前儿童数学学习困难的诊断[D]上海:华东师范大学,2013

36. 师保国．元认知训练方法研究述评[J]．西南师范大学学报:人文社会科学版,2002,28(4).

37. Robert S. Siegler 著．林美珍编译．儿童认知发展:概念与应用[M]．台湾:心理出版社股份有限公司,2004.

38. [美]莎莉．穆莫．布伦达著．耶米柔,侯宇岚,陈芳译．数学不仅仅是数数:基于标准的幼儿数学教学活动[M]．南京:南京师范大学出版社,2013.

39. 史亚娟．论模式能力及其对儿童数学认知能力发展的影响[J]．学前教育研究,2003(z1).

40. 金志成,隋洁．学习困难学生认知加工机制的研究[J]．心理学报,1999,31(1).

41. 钱在森．学习困难学生教育的理论与实践[M]．上海:上海科技教育出版社,1995.

42. 魏勇刚,庞丽娟,夏婧. 执行功能与儿童数学认知[J]. 心理科学,2008,31(3).

43. 陶金花,袁国桢,程灶火,等. 儿童数学障碍的发病机制,诊断和干预[J]. 中国行为医学科学, 2006,15(1).

44. 魏勇刚,吴睿明,李红,冯廷勇. 抑制性控制在幼儿执行功能与心理理论中的作用[J]. 心理学报,2006,37(5).

45. 吴先强,韦斯林. 国外认知负荷理论与有效教学的研究进展及启示[J]. 教育学文摘, 2009, (2).

46. 吴明隆. 结构方程模型:AMOS 的操作与应用[M]. 重庆:重庆大学出版社, 2009.

47. 吴明隆. SPSS 统计应用实务——问卷分析与应用统计[M]. 北京:北京科学出版社. 2003.

48. 吴幸玲. 儿童与游戏发展[M]. 台湾:杨智文化事业发展有限公司,2003.

49. 韦小满,杨希洁,刘宇洁. 干预反应模式:学习障碍评估的新途径[J]. 中国特殊教育, 2012(9).

50. 王春梅,辛宠伟. 学困生的学习心理障碍与教育对策[J]. 教育探索,2003(4).

51. 王晶,陈英和,仲宁宁. 小学儿童执行功能各成分的发展特点[J]. 中国临床心理学杂志,2009, (4).

52. 王晓芳,刘潇楠,罗新玉,周仁来. 数学障碍儿童抑制控制的发展性研究[J]. 中国特殊教育,2009,10.

53. 王恩国,刘昌. 数学学习困难与工作记忆关系研究的现状与前瞻[J]. 心理科学进展, 2005, 13(1).

54. 王淑珍,栗洪武. 执行功能子成分与学业成就的关系[J]. 应用心理学,2006,12(2).

55. 王济川,王小倩,姜宝法. 结构方程模型[M]. 北京:高等教育出版社,2011.

56. 徐速. 西方数学学习困难研究的综述[J]. 心理科学,2005,28(1).

57. 文萍,张莉,李红,张雪怡. 儿童执行功能对数学能力的预测模型[J]. 心理发展与教育,2007, 23(3).

58. 胥兴春. 数学学习困难及其心理分析[J]. 中国特殊教育,2003(3).

59. 胥兴春,刘电芝. 数学学习障碍儿童问题解决的表征研究[J]. 心理科学,2005,28(1).

60. 向友余,华国栋. 小学数学学习障碍学生的数学语言转换研究[J]. 中国特殊教育, 2008(8).

61. 周欣. 儿童数概念的早期发展[M]. 南京:南京师范大学出版社,2004.

62. 周欣,黄瑾,杨宗华. 幼儿园综合课程中的数学教育[M]. 南京:南京师范大学出版社,2012.

63. 周欣,黄瑾,赵振国,杨宗华. 大班儿童数学认知的发展[J]. 幼儿教育(教育科学版), 2009(11).

64. 周欣. 中班儿童数学认知的发展[J]. 幼儿教育(教育科学版),2008(5).

65. 周欣,黄瑾,赵振国．大班儿童数学认知的发展[J]. 幼儿教育(教育科学版). 2009(11).

66. 周欣,郭力平,左志宏,李娟．教师对幼儿数数行为的观察，评定和回应的个案分析[J]. 幼儿教育(教育科学版),2010(12).

67. 周欣,黄瑾,王烨芳,王洛丹,王滨,赵振国．4—6 岁儿童书面数符号表征和理解能力发展的个案研究[J]. 学前教育研究,2006,10.

68. 周欣,王烨芳,王洛丹,王滨．5—6 岁儿童对书面数符号的表征和理解能力的发展[J]. 心理科学,2006,2.

69. 周欣,赵振国,毛尼娜,潘琼,肖娟,杨蕾,杨峥峥．日常家庭生活中父母—儿童互动对儿童数学发展的影响[J]. 学前教育研究,2007(Z1).

70. 周欣,黄瑾,王正可,王滨,赵振国,杨蕾,杨峥峥．父母—儿童共同活动中的互动与儿童的数学学习[J]. 心理科学,2007,3.

71. 周欣.《指南》"数学认知"目标解读[J]. 幼儿教育,2013,16.

72. 周欣,赵振国,李娟,康丹,田丽丽,程阳春,吕雪,徐晶晶,李正清,汪光珩．认知因素对儿童早期数学学习困难的影响[J]. 学前教育研究,2013,11.

73. 周欣.《指南》各领域的解读——数学认知．李季湄,冯晓霞(编). 3—6 岁儿童学习与发展指南(解读)[M]. 北京:人民教育出版社,2013.

74. 周欣．儿童数学学习的个别差异和个性化数学教育[J]. 幼儿教育(教育科学版),2006.

75. 周欣．儿童数学学习的个别差异和个性化数学教育[J]. 幼儿教育(教育科学),2006.

76. 周欣,王滨．4—5 岁儿童对书面数符号的表征和理解能力的发展[J]. 心理科学,2005,27(5).

77. 周欣．幼儿在集合比较中运用数数的实验研究[J]. 心理科学,2003,26(1).

78. 周世杰,杨娟,张拉艳,蔡太生．学习障碍儿童的工作记忆研究[J]. 中国临床心理学杂志, 2006,14(2).

79. 周世杰,杨娟,张拉艳．工作记忆、执行功能、加工速度与数学障碍儿童推理和心算能力的关系[J]. 中国临床心理学杂志,2007,14(6).

80. 周淑惠．幼儿数学新论:教材教法[M]. 南京:南京师范大学出版社,2012.

81. 周淑惠．幼儿园课程与教学:探究取向之主题课程[M]. 台湾:心理出版社股份有限公司,2006.

82. 周爱保,马小凤,李晶,崔丹．提取练习在记忆保持与迁移中的优势效应:基于认知负荷理论的解释[J]. 心理学报,2013(8).

83. 赵国祥,刘志军．解密学业负担——学习过程中的认知负荷研究平[M]. 北京:科学出版社, 2011.

84. 于涛,盖笑松．促进自我调节能力发展的心灵工具课程[J]. 中国特殊教育,2011(10).

85. 俞国良,王琦．毕生发展视角:学习困难者的教育干预与展望[J]．中国特殊教育,2013(12).

86. 俞芳,郭力平．对维果斯基"最近发展区"理论的重新解读——整合游戏背景与教学背景下[J]．上海教育科研,2013,8.

87. 叶平枝．幼儿社会退缩特征及干预研究[D]北京:北京师范大学,2006.

88. 赵振国．3—6岁儿童估算和数感的发展研究[D]．上海:华东师范大学,2006.

89. 赵振国．儿童估算发展研究综述[J]．学前教育研究,2007(3).

90. 赵振国．3—6岁儿童数感发展的研究[J]．心理发展与教育,2008,24(4).

91. 赵振国．3—6岁儿童数量估算、数数能力及视觉空间认知能力发展关系的研究[D]．上海:华东师范大学,2009.

92. 赵南．把握儿童的最近发展区[M]．北京:中国经济出版社,2006.

93. [美] B. R. 赫根汉,马修·H. 奥尔森著．郭本禹编．崔光辉,朱晓红译．学习理论导论[M]．上海:上海教育出版社,2011.

94. 张雅明,俞国良．学习不良儿童的元认知研究[J]．心理科学进展,2004,12(3).

95. 钟启泉．差生心理与教育[M]．上海:上海教育出版社,2003.

96. 张树东,董奇．发展性计算障碍的诊断与矫治[J]．中国特殊教育, 2004(2).

97. 张慧萍．试论皮亚杰的数学认识论与儿童的数学学习[J]．内蒙古师范大学学报(教育科学版),2006,19(6).

98. 章建跃,曹才翰．数学教育心理学[M]．北京:北京师范大学出版社,2006.

图书在版编目（CIP）数据

5—6 岁数学学习困难儿童教育干预研究 / 康丹，周欣著. -- 湘潭 : 湘潭大学出版社，2021.6
ISBN 978-7-5687-0570-7

Ⅰ. ①5… Ⅱ. ①康… ②周… Ⅲ. ①数学课一学前教育一学习困难一儿童教育一研究 Ⅳ. ①G613.4 ②G76

中国版本图书馆 CIP 数据核字（2021）第 119971 号

5—6 岁数学学习困难儿童教育干预研究

5—6 SUI SHUXUE XUEXI KUNNAN ERTONG JIAOYU GANYU YANJIU

康丹 周欣 著

责任编辑：吕 花
封面设计：刘 扬
出版发行：湘潭大学出版社
社 址：湖南省湘潭大学工程训练大楼
电 话：0731-58298960 0731-58298966（传真）
邮 编：411105
网 址：http://press.xtu.edu.cn/
印 刷：广东虎彩云印刷有限公司
经 销：湖南省新华书店
开 本：710 mm×1000 mm 1/16
印 张：18
字 数：343 千字
版 次：2021 年 6 月第 1 版
印 次：2021 年 6 月第 1 次印刷
书 号：ISBN 978-7-5687-0570-7
定 价：56.00 元